本书受到河南财经政法大学2022年横向课题项目“自贸区供应链金融支持建筑行业高质量发展的优化路径”（合同编号：20220206）、华贸金融研究院2021年度科研重点项目“区块链视域下信用素养培育赋能科技型中小企业融资可得的路径研究”（项目编号：HCHM-2021ZD003）的资助

经济管理学术文库 • 经济类

中国自贸区金融体系建设研究

Research on Financial System Construction of China Free Trade Zone

杨鑫瑶／著

经济管理出版社
ECONOMY & MANAGEMENT PUBLISHING HOUSE

图书在版编目（CIP）数据

中国自贸区金融体系建设研究 / 杨鑫瑶著. —北京：经济管理出版社，2022. 11
ISBN 978-7-5096-8804-5

Ⅰ. ①中… Ⅱ. ①杨… Ⅲ. ①自由贸易区—金融体系—研究—中国
Ⅳ. ①F832. 1

中国版本图书馆 CIP 数据核字（2022）第 215063 号

组稿编辑：付姝怡
责任编辑：杨　雪
助理编辑：付姝怡　王　蕾
责任印制：许　艳
责任校对：王淑卿

出版发行：经济管理出版社
（北京市海淀区北蜂窝 8 号中雅大厦 A 座 11 层　100038）
网　　址：www. E-mp. com. cn
电　　话：（010）51915602
印　　刷：唐山昊达印刷有限公司
经　　销：新华书店
开　　本：710mm×1000mm /16
印　　张：13. 25
字　　数：245 千字
版　　次：2023 年 3 月第 1 版　　2023 年 3 月第 1 次印刷
书　　号：ISBN 978-7-5096-8804-5
定　　价：69. 00 元

联系地址：北京市海淀区北蜂窝 8 号中雅大厦 11 层
电话：（010）68022974　　邮编：100038

前　言

近年来，随着自由贸易试验区（以下简称“自贸区”）建设的不断推进，自贸区的金融体系建设成为重要的研究议题。当前自贸区发挥着促进我国投资贸易便利化、为全面推进改革开放添砖加瓦等重要作用。上海自贸区于2013年9月率先设立，据官方公布信息整理，截至2020年9月，我国已设立21个自贸区，自贸区的建设队伍也在不断扩大，并在此过程中形成了“1+3+7+1+6+3”的“雁形阵”。当前我国已成为世界第一大贸易国，对外开放与经济发展水平不断提高，但依旧存在金融发展滞后、区域金融发展不平衡等问题，严重阻碍了自贸区推动我国更深层次对外开放的步伐。金融发展能够促进经济增长，并与经济增长产生协同作用；但近年来，中国的金融资源未能被实体经济充分利用，未能有效地支持实体经济与实体产业的发展，导致“脱实向虚”的现象频出：一方面，金融资源的浪费极大地降低了资源配置的效率，抑制了经济增长；另一方面，金融效率的降低也在无形中提升了宏观杠杆率，造成了金融风险的集聚。因此，金融成了经济发展中的一把“双刃剑”，如何提升金融发展与经济增长的协同效应，提升金融服务经济的效率，成为当前经济高质量发展背景下中国亟待解决的现实问题。

自贸区集聚了产业、贸易、金融资源以及相关政策支持，是制度创新的制高点，为推进金融供给侧改革、提升金融服务实体经济的能力提供了许多捷径。自贸区能够构建新时期改革开放的新格局，因此是推动新时期中国金融改革开放的关键桥梁；另外，目前自贸区的金融服务国际化程度不够，限制了资本流出以及对外投融资。对外开放也包括实现金融开放，因此在金融方面，自贸区提出了更加符合当前开放经济环境的金融制度，不断拓宽金融交易场所，不断提升金融开放、投资自由化、贸易便利化程度等。如何通过充分发挥自贸区的优势作用，提升金融机构服务实体经济的能力，拓宽企业的投融资渠道，从而整体提升金融的运行效率是新经济形态下中国经济转型发展过程中刻不容缓的问题。金融体系的发展状况，即金融服务经济的效率、金融是否拓宽了企业的投融资渠道是衡量金融改革开放的重要标准，也是评价自贸区建设成果的关键参考。

在这样的背景下，本书围绕中国自贸区金融体系的发展建设进行分析研究，旨在研究中国自贸区的金融体系是否能够明显提高自贸区所在地金融服务的效率。金融除了有服务实体经济的能力，还能带来金融集聚效应和金融开放效应，对自贸区的金融以及经济发展都能带来明显的调节与改善作用。党的十九届五中全会提出要赋予自贸区更大的改革自主权，建设对外开放新高地；同时提出要构建金融支持实体经济的新动力。因此，在通过设立自贸区构建新经济发展体制时，要考虑如何建立一套完善的金融体系，提升金融发展与经济增长的协同作用，提高金融服务经济的效率，为中国当前以及未来的金融工作指明方向。

目　录

1 引言

1.1 研究背景及研究意义

1.1.1 研究背景

2020年，党的十九届五中全会提出了“双循环”战略来应对当前复杂的经济形势，实行高水平对外开放，自由贸易试验区战略是实施对外开放的重要渠道。党的十七大提出要将自贸区建设上升为国家战略，党的十八大提出要加快自贸区的建设进程，党的十八届三中全会强调要建立全球化的、更高标准的自贸区体系，党的十九大提出要给予自贸区更灵活的自主改革权。近几年我国有关自贸区的政策导向符合自贸区的战略定位，自贸区的建设也取得了显著成果。2015年，我国发布了第一份有关发展建设自贸区的政策文件——《国务院关于加快实施自由贸易区战略的若干意见》，给中国自贸区的建设提供了参考，指明了发展方向。在当前全球贸易保护主义逐渐上升的背景下，我国的自贸区建设还有着很大的发展建设空间；另外，当前我国的自贸协定签署的进程也逐渐加快，对外开放水平也在不断提升，因为当前自贸区的一系列政策文件都是为了紧跟世界经济发展潮流，与全球经贸规则的重构相匹配。自贸区的建设发展要与“一带一路”倡议相结合，构建更高水平、更加开放的大型自贸区。上海自由贸易区于2013年9月设立，是全国最早建立的自由贸易区。截至2022年7月，全国已在21个省区市建成自贸区，涵盖67个片区，55个地级市以上的城市。按照类型划分，当前自贸区可分为综合保税区、高新技术区、金融区、航空港区、数字经济区等十多种类型。自贸区的发展建设以制度创新为中心，着力实现可复制的制度成果，深入探索了投资、贸易、金融、法制等方面的建设。在此过程中，政府对自贸区的制度模式的不断探索促进了贸易便利化、投资便利化、管理模式的创新等方面取得显著成效。金融对于自贸区的发展来说是一个极其重要的板块，自贸区的发展建设离不开金融自由化建设。我国的金融体系发展较为薄弱，而且存在区域发展不平衡等问题。因此，金融体系的薄弱势必会阻碍我国自贸区的建设，要想顺利推进自由贸易区战略，必须推进金融改革创新，提升金融体系赋能自贸区发展的能力。本书将研究如何规划金融发展、制定怎样的金融政策来助力我国自贸区的建设发展，最大限度发挥我国自贸区的优势作用（见表 1-1）。

表 1-1　中国自贸区设立情况

区位	省、区、市	设立时间
沿海	上海	2013 年 9 月
	广东、福建、天津	2015 年 4 月
	浙江、辽宁	2017 年 4 月
	海南	2018 年 10 月
	江苏、山东、河北	2019 年 8 月
内陆	陕西	2016 年 8 月
	湖北、河南、重庆、四川	2017 年 4 月
	北京、湖南、安徽	2020 年 9 月
沿边	广西、云南、黑龙江	2019 年 8 月

资料来源：笔者根据相关新闻资料整理。

1.1.2　研究意义

在面临新经济形势的背景下，自贸区的设立是我国稳步推进改革开放以及扩大对外开放两项基本国策的重要措施，为我国经济、贸易、法律等方面带来了前所未有的机遇和挑战：第一，从微观方面来讲，自贸区的建立增加了企业的投融资渠道，帮助企业改善自身的经营环境；在一定程度上放宽了对金融机构跨境业务的管制，提高了金融机构的盈利能力。第二，从宏观方面来讲，自贸区通过“筑巢引凤”改善当地经济，使产业、金融业以及国家政策支持集聚在自贸区所在地，不断为当地引入外资，提高当地经济增长的动力。当前我国已成为世界第一大贸易国，对外开放水平、经济发展水平不断提高，但存在金融发展滞后、区域金融发展不均衡等问题，严重阻碍了自贸区推进更高水平对外开放的举措。第三，目前自贸区的金融服务国际化程度不够限制了资本的流出以及对外投融资；对外开放包括实现金融开放，在金融方面，自贸区提出了更加符合当前开放经济环境的金融制度，不断拓宽金融交易场所服务范围，不断提升金融开放度、投资自由化、贸易便利化等金融开放措施。

近年来，中国自贸区的建设不断推进。基于这样的背景，本书的研究从自贸区的设立以及配套金融体系发展的角度出发，分析自贸区的建设成果，最终实现发挥自贸区的优势作用，不断推进改革开放的目的。为研究分析自贸区的发展情况以及金融体系的发展状况，本书将总结自贸区的发展模式以及融资模式，从资源优势、区位优势以及产业优势等方面分析自贸区的发展前景。基于上市公司以及经济发展的角度对自贸区建设发展进行供求分析；同时借鉴国外自由贸易区建设经验，参考成功的融资模式以及融资渠道，全方位地分析当前国内自贸区金融体系的发展状况，并据此提出完善国内自贸区建设的政策建议，更好地为改革开放，特别是金融开放注入源源不断的新动力。

1.2 研究思路

自贸区金融体系的发展建设是否能够促进自贸区所在地的经济社会发展？自贸区创建的更加开放的金融制度是否能够推进改革开放，尤其是金融开放？自贸区金融体系的建设发展能从哪些方面助力自贸区的经济发展？为解决以上问题，本书对当前我国自贸区体系建设与金融发展建设的举措进行了深入研究：一是通过阅读大量文献，了解目前有关自贸区的研究进展，进而以国际贸易学、经济学等相关理论为依据，对自贸区的发展模式、发展融资渠道，以及金融体系发展水平相关理论进行了梳理分析。二是分析当前自贸区的发展现状，包括金融体系建设现状与产业发展现状，从区位、产业、资源三个方面进行自贸区空间拓展的发展模式分析。三是对各自贸区进行SWOT分析，得出自贸区所在的城市定位与价值，从整体进行中国自贸区发展前景分析。四是基于上市公司以及经济发展的角度来进行自贸区建设发展的供求分析。五是借鉴国外自由贸易区建设经验，参考国外成功的融资模式以及融资渠道，全方位地分析当前我国自贸区金融体系的发展状况，并据此提出完善自贸区建设的政策建议，更好地为改革开放，特别是金融开放注入源源不断的新动力。

本书的研究思路如下：

第一部分将专业学者对自贸区的发展模式、发展融资渠道，以及金融体系发展水平相关理论与建设经验的前期文献进行了梳理，以期通过文献的梳理紧跟学术前沿。在此基础上对自贸区体系建设与金融发展建设等相关理论进行深入的探讨和分析，这是研究如何完善自贸区金融发展建设的起点，主要内容体现在本书的第一章、第二章。

第二部分主要研究分析当前自贸区的发展现状，包括金融体系建设现状与产业发展现状，再从区位、产业、资源三个方面进行空间拓展的发展模式分析；同时本书对国内各自贸区进行 SWOT 分析，得出自贸区所在城市定位与价值，从整体进行中国自贸区发展前景分析。这部分内容体现在本书的第三章。

第三部分主要研究中国自贸区的金融供需。选取具有代表性的 6 个自贸区，对区内上市公司的经营状况、金融结构等进行深入剖析：第一，对自贸区上市公司的总体情况进行一个小结。第二，分别研究自贸区上市公司发展的金融供给分析和需求分析，并测度出自贸区上市公司发展的金融供给缺口与金融需求缺口。在此基础上，对自贸区上市公司发展的金融供给现状与趋势预测进行总结分析，分析不同自贸区金融发展的异质性。第三，基于经济发展的视角，从融资模式、政府支持力度、金融机构以及企业自身层面来整体分析自贸区的金融供需状况，对选取的省级自贸区分别分析了其经济运行状况、省内金融机构的信贷支持情况。第四，对自贸区经济发展金融的需求现状与未来趋势进行了预测分析，深入探讨了自贸区金融政策发挥作用的渠道以及自贸区存在的异质性问题。这部分内容体现在本书的第四章、第五章。

第四部分为结论以及政策建议，在对自贸区经济发展金融的供给需求与供给缺口的现状及趋势进行了分析，深入探讨了自贸区金融政策发挥作用的渠道以及自贸区存在的异质性问题的基础上，基于现状和测度结果进行总结分析，并针对问题提出可行的政策建议，完善自贸区金融体系的发展建设。主要内容体现在本书的第六章。

1.3 研究的创新点

第一，本书有较为系统和完善的理论体系作支撑，特别是关于金融体系发展的相关理论，例如，书中涉及经济学、金融学以及国际贸易学等方面的理论；关于金融体系的建设相关理论有规模经济理论、福利经济理论、人力资本理论、相对比较优势理论等，这些理论为后续进行深入分析奠定了坚实的基础。

第二，研究样本创新。本书研究的样本区间为 1990～2021 年，数据较新。近年来自贸区金融体系建设发展迅速，但现有的研究数据大多较老且片面，难以反映当前自贸区金融体系的建设状况和最新进展，本书则弥补了这方面研究的空白。本书通过国内各个自贸区的对比分析，创新性地从金融服务实体经济效率的视角、自贸区的金融建设现状，以及产业发展的现状着手，分析自贸区的产业、资源以及区位的空间发展前景，并对各个自贸区的定位与价值进行了更深层次的分析。基于以上视角，本书分别从上市公司的角度和经济发展的角度分析了自贸区的金融供需异质性，进而有针对性地发现问题、解决问题。

第三，研究方法创新。现有文献大多用单个自贸区进行该自贸区的发展分析，且大多文献只分析自贸区的建设现状，较少从中国整体出发，分析当前中国自贸区的金融发展现状以及前景预测。因此，本书共从沿海、内陆和沿边三个区位选取了6个代表性自贸区进行金融的供需分析，对比分析了自贸区金融发展的区位异质性。

1.4 研究方法

本书采用的研究方法主要有：

第一，文献分析法。笔者通过阅读大量相关文献和相关资料，对目前有关自贸区的研究现状进行解读，借鉴现有关于国外自贸区发展融资经验的研究成果，对现有文献的研究问题进行扩展，准确把握国内自贸区发展现状及研究视角，讨论现阶段国内自贸区金融发展现状和测度结果。分析大量文献为本书的研究思路提供了一定帮助，也为本书的后续研究奠定理论基础。

第二，比较分析法。本书基于区域产业结构差异的视角，从沿海、内陆以及沿边三个区位分析自贸区的产业、资源以及区位的空间发展前景，并对各个自贸区的定位与价值进行了更深层次的分析。基于以上分析结果，本书分别从上市公司和经济发展的角度分析了自贸区的金融供给与需求，并对两者进行比较，以分析自贸区的融资缺口状况。

第三，静态分析与动态分析相结合的方法。在研究过程中，本书采用静态考察和动态考察相结合的方法：通过静态分析研究金融体系建设在当前的时间和空间内的发展状况；通过动态分析即以时间的演变为主线分析自贸区金融的供需状况如何随时间而演变。

2 文献综述

在经济全球化不断加深的背景之下，世界各国的发展都面临全新的环境，贸易往来也更加频繁。我国在发展过程中充分抓住新机遇，通过建立自由贸易区进行深入开放，引领发展。在自贸区发展和实践的同时，关于自贸区的理论研究也越来越丰富，本节主要从中国自贸区的发展模式、融资状况和金融体系三个方面进行综述。

2.1 关于中国自贸区发展模式的研究述评

2.1.1 关于自由贸易区的概念界定及其发展历程

随着中国经济的稳定发展以及世界经济体系的开放程度不断加深，自由贸易区的建立与发展就显得尤为重要。何枭吟（2019）从自由贸易区与自由贸易港的角度进行对比，提出所谓的自贸区就是与自由港比较相像的经济区，并且自贸区的功能要更多，可以实现真正的“境内关外”的特殊管理模式。该模式对当地吸引外资、产业结构转型升级和产品精加工等有着积极的影响。我国关于自贸区发展的战略，是从 2007 年开始的，国家从战略角度明确开始自贸区的建设；在 2013 年国家再次明确提出加快基础设施建设，满足自贸区建设条件，加快建设自贸区，从此以后我国自由贸易区进入快速发展的时代，并在沿海地区依次成立了上海自由贸易试验区、广东自由贸易试验区、天津自由贸易试验区、深圳自由贸易试验区等，之后在内陆省份也依次成立了 7 个自由贸易试验区。在我国对外开放以“一带一路”倡议为基础的背景之下，将国家自由贸易区战略与“一带一路”倡议有效地结合在一起，发挥出自贸区最大的优势也成为越来越重要的话题。此外，韩民春和张燕玲（2018）等从区位优势的角度来分析我国自贸区的建立以及发展过程，提出自由贸易区在政治范畴内享有关税豁免权，其成立的目的便是为了实现贸易自由化，促进贸易的发展。并且也从国外的视角详细描述了自贸区的发展历程，从公元前开始直到公元 241 年，西方最早向外国商人提供自由通行的权利，这便是当代自贸区的前身；16 世纪中叶欧洲成立自由港，这在一定程度上标志着现代自贸区前身的诞生；17世纪以后，西方国家为进行全球利益的争夺，陆续开始在沿海城市形成所谓开放贸易自由的“自贸港”，标志着自贸区的发展开始有了雏形；18世纪和19世纪，工业革命带来的经济发展变革加速了自贸区的发展；而直到20世纪以后，才出现了具有现代化意义的自贸区：例如，一些国家已经开始实行在港口城市进行关税豁免，这种特定的区域在当时被称为“自由区”，但“二战”的爆发使得自贸区的发展被迫停止；“二战”后，也就是19世纪中叶以后，以出口为导向的政策的兴起，加上之前的自贸港和自由区的建立，使自贸区进入飞速发展阶段；20世纪90年代以后，在全球经济形势不断变化发展的基础上，自贸区也在不断地适应着环境的变化，不断满足着现在日益多样化的经济发展需求；因此，自贸区的发展随之进入繁荣时期，目前有自贸试验区、自由港等数十种不同的概念体系被纳入自贸区。张帆和姜亚坤（2017）从贸易便利性的角度对自由贸易区进行了解释，认为自由贸易区指在一个地区内单独设立出小范围的特殊区域，在此区域内进行贸易便利最大化，给予特殊的政治政策和监管政策，并且进行关税豁免。实际上就是在简化贸易方式，减少贸易成本，上海自由贸易区就是最经典的自由贸易区。

最近几十年来，不管是国内国外都把自贸区的建设作为发展的重要机遇，因此自贸区的建设也取得了巨大的成就。李善民和史欣向（2020）认为，我国自贸区通过地理位置有序覆盖，沿海地区基本全涉及，属于开放前沿的地区，以此可以有效地辐射带动内陆的发展，形成沿海和内陆双向联动的开放格局；内陆与沿海的各个自贸区也都根据各自的位置优势，形成不同的产业定位，发展不同领域。例如，上海自贸区的金融进一步开放与创新、广东自贸区的珠三角地区深度合作、辽宁自贸区的东北产业结构转型升级探索等，这些具有自身独特区位优势的自贸区都在不同层次上不断实施国家部署的重点战略。经济功能区作为国家战略实施的根据地，对国家发展具有重要意义：在1990年，保税区作为我国自贸区的萌芽出现，具有了出口和减税等自贸区的经济功能，此后几年时间里，我国陆续建立十几个保税区；21世纪初，国家出口导向政策开始实施，我国的出口加工区随之建立，而后为了对此进行统一监管，开始设立保税港区，同时内地开始发展综合保税区，这是我国21世纪初期开放程度最高的地区；从2013年开始，在经济形势的变化下，国家开始战略部署自由贸易区的发展，从制度层面创新，目的是适应经济的不断变化发展。

2.1.2 关于国内自贸区发展模式的研究述评

近年来国内学者针对自贸区的发展规划，从众多不同的领域以及不同的侧重点分析自贸区的发展模式。何枭吟（2019）提出“临空经济+自贸区”的发展方向，他首先分析了临空经济作为中国开放型的经济发展格局的重要战略，在相关的产业聚集和地区发展程度等多重作用下逐渐形成；而且从我国国内发展现状来看，临空经济近年来的区域分布发展的格局基本上已经形成体系，在区域经济发展方面起到了重要作用。尤其是在郑州、西安等内陆城市的自贸区建立以后，没有沿海地区的临海区位优势，更要依托自身的航空港的优势，形成“自贸区+临空经济”的自贸区发展模式。特别是在当前国家战略的支持下，各个内陆城市自贸区都在逐渐建立航空港，并且规划了航空经济区，这也标志着临空经济对内陆区域城市发展的重要作用，“临空经济+自贸区”的内外联动的发展模式，也将成为提升内陆城市自贸区竞争力的重要方法；两者之间也有着必然的相互促进的关系，自贸区的设立有助于内陆城市在全球化的过程中更快速地融入国际市场，形成集聚效应，从而形成更高水平的对外开放经济新格局；但内陆地区相比于沿海地区的先天性不足也非常明显，国际化程度较低，跨国企业数量较少，一些国际上高端产业数量不足，所以内陆城市的自贸区发展不能照搬沿海地区的经验，应当发展自己的创新模式。临空经济可以将内陆城市打造为“速度经济”，通过临空优势，推动内陆地区发展成商品与信息的集聚地，更好地促进内陆自贸区建设，实现两者之间的高效结合。

关于内陆自贸区的发展，韩民春和张艳玲（2018）提出，如果自贸区所处的阶段不同，其面临的发展方式也不一样；根据各个要素之间的不同将自贸区所处的发展模式分为七大类，分别是服务型、科技型、制造业型、贸易型、综合型、跨边境型自由区以及跨国界区域一体化，李志鹏（2013）也从不同功能的角度，把自贸区发展方式分为不同的类型，分别是物流配送、出口加工、保税仓储、贸工结合、商业批发零售、综合发展六种发展模式，而内陆自贸区要根据经济基础、环境因素与开放度、产业结构来具体选择符合自身的发展模式：第一，经济是内陆地区发展自贸区必须考虑的因素，地区自身的经济基础与自贸区的发展是互相成就的。第二，开放度也是内陆地区发展自贸区的关键，当前经济的发展形势是全球市场自由流动，因此一个地区的经济自由度是发展自贸区的关键要素，环境因素也是内陆自贸区发展模式的重要外部条件，包括自然环境和基础设施等各方面的环境，它们都可以影响自贸区的发展。张幼文（2017）则从战略层次剖析了我国自贸区由点到面的发展过程：在第一个阶段由上海向内陆地区全面展开，从 20 世纪 90 年代上海设立浦东新区以来，上海一直就是我国改革创新的前沿地带，因此上海作为自贸区的先行者非常具有代表性的意义；在深化改革时必须要在金融方面进行改革，因此必须提升金融中心城市的创新度，以金融来支撑我国不断开放的对外型经济，因此自贸区的初步实验阶段必须以上海为起点。在第二个阶段为了适应开放型经济发展的要求，在沿海地区增加三个自贸区，形成由点到线的模式。沿海地区经过几十年的发展之后，相比于内陆具有明显的经济优势，因此在发展阶段，在沿海地区设立自贸区更有利于实行国家的开放发展战略，加速我国经济与世界经济体系的融合。在第三个阶段自贸区发展开始由沿海地区向内陆地区扩张，形成由线到面的总体布局。沿海自贸区的发展，体现了国家用开放促进发展的战略部署。通过长时间的发展，我国基本上已经明确了自贸区的功能与定位——秉承开放与创新的本质，因此在"一带一路"倡议把内陆地区同样变成更加开放的前沿地带之后，通过自贸区由线到面的发展，使自贸区发展与"一带一路"倡议产生联动效应，更好地促进开放型经济发展。

彭羽和陈争辉（2014）从国际贸易的角度提出对于投资贸易的便利化进行界定，并建立了新的评价体系。通过实际结合上海自贸区的投融资发展策略，以及上海自贸区进行国际化战略投资时企业的运作方式，建立了国际投资贸易方面的新的评价体系，并运用层次分析法，重新对新的评价指标体系进行了初步评价。刘明显和莫洪兰（2015）也通过层次分析法研究指出，中国的自贸区在发展过程中存在制约和影响自贸区发展的一些环境因素，其中法律的完善性、经济发展程度、银行业的发展水平以及政府的干预程度等都是极为重要的因素。张绍乐（2017）则通过结合河南自贸区的发展实际水平，综合参考我国经济发展水平和对外开放水平，以及政府政策因素来构建针对自贸区发展水平影响因素的评价指标体系。徐明强和董大海（2020）通过层次分析法以及熵值法对中国四大自贸区（上海、天津、福建、广东）的发展程度进行了初步评价，认为自贸区发展水平的高低直接影响了区域经济的发展水平，以及自贸区政策在区域内的推广。

上述文献总体上来说都对我国自贸区的发展水平做出了初步的指标评价体系，通过当前自贸区发展的领域进行划分或者在此基础上进一步进行多级指标的建立，从而形成一个较为完整的理论评价体系。当前不管是国际还是国内，对于自贸区各个领域的指标评价体系已经有了较为完整的框架模型，而且所得出的分析结果也可以在各个行业之中得到运用，用以改善行业问题；但当前中国自贸区的指标评价体系的构建尚处在发展的初级阶段，构建过程中存在的数据的完整性问题、指标可比性问题以及结果的可运用性问题都需要注意。因此，本书在研究过程中，在中国自贸区当前发展阶段上采取衡量区域发展水平最常用的三大指标，即经济、科技和生态，构建出较为简洁和全面的指标评价体系，在评估中国自贸区发展水平的同时对自贸区的发展方向作出初步探索。总而言之，自贸区建立与发展的不同模式进一步发挥了自贸区所在各区域经济的地理优势与资源优势，推动了各个区域的发展；同时各个自贸区所产生的联动效应进一步推进了我国整体经济的发展以及贸易自由化程度的加深，推动经济体系的不断升级改革与创新。

2.1.3 关于国外自贸区发展模式的研究述评

当前世界经济的发展模式表明，任何一个国家的发展都没有办法脱离高度一体化的经济发展方式，自由贸易区作为对外贸易的基础，因此我国需要在探索自贸区建设的道路上借鉴他国的发展模式与经验。李华（2019）提出美国自由贸易区的一般做法，美国没有特定的自贸港，自由贸易区在美国属于较为宽泛的概念，包括一切具备自由贸易功能的经济区域。美国自贸区起步较早，1936 年就在纽约设立了第一个自贸区，但此后几十年间由于受到各种政治力量的影响发展较为缓慢；直到 20 世纪 70 年代美国的自贸区数量仅有 10 个，“二战”后由于其他国家的经济快速复苏，对美国形成了严重竞争，为了通过自贸区的政策优势发展对外贸易，美国政府开始大量发展自贸区的建设，自贸区数量也迅速增加，自贸区进入持续发展时期，此后一直到 2015 年，美国自贸区数量已经达到 854 个，是全球自贸区发展最成熟的国家。美国自贸区在发展过程中所表现出的贸易开放度、经济自由度，以及自身的发展模式也可以为我国提供借鉴。第一，不同于一般自贸区吸引外部资源用于内部集聚，美国自贸区的发展通常是以内外部贸易兼修来提升内部的产业衔接能力，这种内外贸结合，以内贸为主、外贸为辅的贸易发展方式对传统自贸区发展而言，是一个创新。通过这种发展模式，自贸区不仅可以充分吸收外资，形成产业集聚效应，还可以把本土优势与外资深度结合，而且美国自贸区内通过这种模式生产的产品基本上可以在国内市场进行自销，这与其他自贸区只能外销的模式存在根本上的区别，极大地提升了美国自贸区的竞争力。第二，美国自贸区的主副区机制也有效地提升了自贸区的承载力，邵学峰和任春杨（2016）也提到过，通常自贸区都设立在交通要塞，极度依赖地理区位和外资；而副区的产生，可以使区位优势不再是自贸区选址唯一的条件，副区只要是在条件成熟的地区都可以设立，且美国自贸副区的生产经营已经超越自贸区，成为了自贸区的主体，这种自贸区主副区共同发展的模式，可以形成以点带面的空间联动效应，也为我国内陆地区的进一步开放提供了新的借鉴。第三，通过“场地可选择”来进一步提升自贸区内的开放度，从而进一步提升自贸区的产业承载力，自贸区可根据自身发展需要选择适合自身发展的场地作为自贸区，并且企业入驻自贸区或者建立副区都由自贸区内部审批决定，提升自贸区的自主权，这吸引了大量的投资者，促进自贸区的迅速发展。

世界各国的自贸区发展模式也不尽相同。邵学峰和任春杨（2016）提到日本自贸区的发展，日本自贸区作为世界上发展较为成熟的地区，主要实行的是外商投资准入制度，其内容主要是准入前国民待遇与负面清单。在国民待遇方面，日本的自贸区在实行时，进行的是准入前国民待遇；且在对负面清单的管理方面，日本是亚洲地区的先驱，负面清单管理具体为设立不符合措施的两大清单，包括现有清单与指定部门清单，通过成熟稳定的自贸区管理体系来促进自贸区的发展。

新加坡自贸区作为发展较好的地区，也有自身的先进的管理制度。李猛和胡振娟（2021）研究出新加坡自贸区先进的管理制度包括双层级管理，即由中央政府和港务集团统一管理，中央负责规划引领，港务集团负责日常经营；此行为是市场化程度达到一定阶段后的集中体现，由市场主体对自贸区进行经营管理，从而彻底激发自贸区的市场活力。标准的服务型政府对于自贸区内的企业注册资本要求低，满足大多数企业的要求，同时要避免政府进行过多干预，实行年报制度，把自贸区的经营管理与监督交给市场。政府为外商设立宽松的投资环境，在外商准入方面全面放开，并且对于市场竞争有着成熟的事中事后监管制度。在对外贸易方面，新加坡自贸区国际贸易结算自由，不用缴纳相应的税费；且自贸区对外贸易管理方式简单规范，给予了企业很多便利，使自贸区的贸易更加的高效便捷。朱煜（2021）也提到过新加坡作为新兴经济体的代表，在发展自贸区方面拥有先进的管理经验以及优越的地理环境；并且新加坡作为著名的贸易中心，有众多跨国公司资源。新加坡自贸区主要采取公司型模式，把自贸区的管理权下放给企业，一方面有助于降低政府的相关成本；另一方面由企业进行专业化管理可以使自贸区的规模经济以及发展空间都得到有效提升。

通过对国外成熟的自贸区发展模式的分析，可以为我们提供一些借鉴经验。邵学峰和任春杨（2016）提出，我国在自贸区发展过程中，一是应当注重对相关法律法规的完善，外商准入制度是自贸区得以发展的基础。尤其在我国自贸区相关法律体系还不是特别完善的情况下，必须在全面发展的基础上对现行法律法规进行相关的完善梳理与调整。二是要重视对负面清单的模式管理，不仅要在形式上进一步缩短负面清单，同时还要在投资内容上对外资企业的准入进行适当放宽，借鉴美国自贸区的外商准入制度。三是要完善监管制度，我国自贸区的发展意味着进一步的对外开放，这必然会形成高度自由化的市场机制，因此必然会面临风险，以上背景对我国的监管体系提出了更高的要求，我国要通过分类监管，建立更加专业化和具有权威性的监管体系。四是要完善监管配套制度，建立规范的评估体系，注重权益保护；通过学习国外自贸区的发展模式经验来促进我国自贸区的发展。

2.1.4 关于自贸区发展过程中存在问题的研究述评

通过近些年的发展，我国自贸区已经建立起相对完备的体系，但是在发展过程中仍然存在诸多问题需要解决。沈伟（2017）提出我国自贸区在发展创新过程中会不断促进金融业的自由化，但由于自贸区本身具有高度的自由性，现金流的流动难以得到准确的检测，因此需要合理控制自贸区之间的资本流动。如果在资本账户自由化的情况下，国家对现金流的监管不够到位，那么就会极容易出现套利机会，从而破坏金融稳定。因此监管机构必须制定详细的准入标准，以防止资本账户过度自由化，危害金融稳定；但在国外实践过程中为自贸区制定相关的法律法规对于目前我国的自贸区发展模式不太现实。因此，我国政府需要努力去弥补政策法规所面临的空缺：第一，在监管方面，自贸区应该协同不同的监管机构，克服监管失效的问题；同时政府需要制定详细的资本市场运行机制，形成体系化的资本流动方式。第二，在自贸区金融改革的过程中，中国作为一个总体上实施金融风险抑制的国家，但自贸区内必然会实行越来越宽松的监管模式，这就会导致中国自贸区发展过程中出现区内区外完全不同的监管模式，容易形成监管套利的现象，即通过将金融业务转移至区内来规避监管，形成投机；这种情况就会导致资本跨境流动的异常，由于金融体系之间具有极强的关联性，这种资本的异常流动就可能会导致整个金融体系的动荡；且随着自贸区发展的逐渐深入，必然会面临更多的金融纠纷问题，这既会影响自贸区的发展，也会影响我国金融体系的成熟性。因此，政府必须要探索有效的改革经验：一是基于立法方面，应该改变当前所固化的结构属性，目前我国自贸区改革领域一方面要求金融监管宽松化，另一方面地方立法仍然被严格管控，这正是需要改变的矛盾行为；二是基于司法方面，自贸区相关法律体系建设要跟得上金融改革的需要，尤其是当自贸区内金融自由化程度越来越高时，现有的司法体系已经在一定程度上阻碍了自贸区金融改革的深入和金融市场的发展。因此，针对这些发展过程中所面临的问题，我们需要借助自贸区的资源配置作用和市场开放度，进行市场准入改革，以便提升交易投资的灵活性；监管是个长期的积累过程，为了解决金融纠纷的问题，政府可以使区内、区外监管机构有效融合，防范投机行为；或者借鉴其他地区成功的金融改革经验，根据不同地区的特点合理吸收建议。高增安和李肖萌（2019）提出自贸区发展面临的问题，自贸区发展最重要的是要估计科技创新的产出，不仅要加大创新要素投入，完善创新机制，更要注重创新效果，通过科技创新提升企业竞争力，形成持续发展动力。在注重创新的同时，重要的是要解决区域之间创新发展不平衡的问题：不仅自贸区内的各个区域创新分布要平衡，自贸区与非自贸区的创新要素也要合理分配，这样可以全面提升创新水平；同时要有效推进自贸区人才吸引与培养机制，促进经济全面发展；在自贸区建成良好的配套设施，使自贸区的教育资源和经济增长有效融合，提高自贸区自身的创新能力与问题解决能力。

2.2 关于中国自贸区发展融资的研究述评

2.2.1 我国自贸区发展融资现状的研究述评

发展自贸区作为我国经济新常态下改革的重大举措，实施过程中对于自贸区的融资方式，在不同的自贸区也有不一样的操作。王孝松等（2014）就从发展融资的角度提出上海自贸区发展融资具有众多创新之处：一是政府对风险的把控极为重视，因此自贸区企业投融资的风险必须把握在可控范围内，在自贸区对人民币利率市场化先行试点，将金融资产的价格真正交给市场，以此来降低自贸区内部发展融资的交易成本，为自贸区的融资方式提供更多渠道。二是政府从监管角度来创新融资管理机制，形成自贸区到境外逐渐彻底放开、自贸区到境内自由流动的监管体系，从而可以将自贸区融资手续简单化，以及提升效率，降低成本，严密把控风险问题，吸收高质量资产，对融资进行有效监管。并且在行政管理体制上转变政府职能，加快服务型政府的建设，完善自贸区基础设施建设，允许符合条件的资产在自贸区内自由流动；提升资产流动性，建立综合审批机制，实现不同部门之间的协同管理；提升融资审批效率；同时在服务业方面要同时提升各个行业的服务水平，完善自贸区发展配套设施。上海自贸区在我国起步较早，是改革开放以来第一个在中国成立的自贸区，其自身的发展也引领着中国的经济转型发展。上海自贸区作为金融经济中心，通过创新规章制度和完善发展配套设施，来倒逼金融机构改革，从而促进自贸区融资水平发展。总体来讲，上海自贸区融资发展原则就是在风险可控的前提下，尽可能去进行创新，这一原则起到对我国自贸区的引领作用。

项后军等（2016）主要从自贸区设立的目的，以及自贸区对资本流动的作用的角度来分析自贸区的发展，通过实证分析法总结了自贸区对货物进出口的影响，即自贸区与货物进口有着显著的正相关关系，而进出口变化对应的是资本跨境流动问题，资本跨境流动规模扩大意味着自贸区融资规模的扩大，因此本书通过分析自贸区设立的目的得出以下结论：政府通过设立自贸区，促进了制度改革和金融创新，从而使交易便捷化，最终给相关企业的发展带来巨大的便利；通过促进企业投融资的发展，从而进一步推动改革的深化。谢宝剑等（2016）从金融创新的角度指出，自贸区通过对金融领域的创新来促进区内企业的资本流动效率，从而提升自贸区内发展融资的规模水平。自贸区内部企业的发展需求引导了金融创新的方向，自贸区的金融功能通过自贸区的金融服务者向区内企业提供金融服务的方式得以实现。因此，在自贸区进行金融创新时，要考虑以下两个方面：一是对金融服务机制进行创新，从而促使金融服务者可以提供更加多样化的金融服务，从而满足自贸区企业的金融发展需求，并且在微观层面可以促进企业融资结构、盈利能力等方面的进步与发展。二是从总体来看，在经济新常态的背景下，自贸区内的企业都要充分抓住机遇，利用自贸区平台和政策的便利实现企业自身的可持续发展，将企业自身的发展状况与自贸区的金融环境有效衔接，从利用企业自身的优势发展起步，进而为自贸区的永续发展提供保障。李忠（2015）则从人民币国际化的视角出发，指出货币国际化实际上是债券属性的转移，从人民币目前保持的资本账户逆差和经常账户顺差来看，我国可以充分发行国际人民币债券，促进人民币国际化；而自贸区的国际金融中心在人民币国际化中有着巨大作用，因此目前最重要的是我国应当在自贸区推行人民币国际化，大力发展自贸区经济，提升人民币国际化进程，例如，在自贸区建设“丝路债券”，既可以借助自贸区推进人民币国际化，又能以债券融资的方式为自贸区的发展提供资金支持。且从目前自贸区的发展现状来看，在自贸区内发行债券促进人民币国际化的方式对今后自贸区的发展也具有很大的引领作用，因为人民币通过这种方式形成与自贸区的内外双循环机制，有利于自贸区内发展融资的资金供给稳定。

冯洁（2018）认为，由于现在许多跨国公司聚集在自贸区内，随着供应链融资和商品融资等金融服务需求上升，意味着自贸区要投入大量资金和配套的金融服务，在全球资本自由转移的大环境下，金融服务业在供应链融资、租赁融资和商品融资等方面有了更多的要求。杨振华和肖军（2021）针对自贸区金融经济的优化发展，提出自贸区产业的供应链需要有新的供给者出现，且要有新的需求者：第一，自贸区经济发展的方式要重点突出产业价值，发挥自贸区自身的特色，并使自身的特色和优势处于产业领先的地位，从而既有整合行业的能力，又有通过自贸区独特优势吸引国际资本入驻，有效发挥自贸区的优势，提升自贸区产业分配的能力，进而享受全球资源配置，实现产业供应链全球布局。我国自贸区的许多高新产业都依靠强大的产业供应链发展，要深刻意识到国际贸易往来的重要性；自贸区的产业合作要注重国际化，自贸区拥有我国最开放的金融制度，对国际资本有着巨大的吸引力；自贸区要通过优惠条件来吸引融资，促进自贸区向着国际化发展，并且自贸区企业通过产业间不断地合作与交流，来促进自贸区产业结构的转型升级。第二，自贸区相较于其他地区具有更加明显的政策优势，产业链供应链政策较为宽松，在税收以及市场准入方面都更加灵活，限制性因素较少；随着自贸区在贸易发展过程中，相关政策越来越便利化，在这种较为宽松的政策环境下，金融体系的发展也可以为自贸区内企业的发展提供更多的金融服务，创造更大的利润。第三，自贸区内金融市场的发展都是以注册制为主，监管效率较高，这为自贸区的发展提供了更加便利化的市场环境优势；且自贸区在自身发展的同时可以为自贸区周围区域的产业发展提供引动，形成带动周边的辐射型产业链，形成区域性经济产业链，同时可以为自贸区的发展提供坚实的保障，为自贸区提供支持，充分发挥区域经济的优势。

蔡兆瑞（2020）以中国（河南）自由贸易试验区（以下称河南自贸区）建设为依据，提出部分自贸区的中小微企业存在融资难等问题，通过一些传统的融资方式，例如通过银行获取贷款融资等方式已经不能维持自贸区内中小微企业的发展以及创新。因此，在自贸区企业进行融资通过其他方式进行融资尤为重要，一个是争取对企业进行融资方面的积极引导，使具备上市能力的企业进行上市融资；另一个是增加对风险投资等直接融资的引导，从而促进企业在直接融资上进行扩张。该文还指出内陆自贸区与沿海自贸区发展相比，侧重点的不同之处有：第一，金融需求的指向性，对于内陆自贸区建设来说，其发展过程当中涉及资金的使用时间长、规模较大，因此内陆自贸区的金融机构建设必须更具有针对性，要建立多层次的金融机构。第二，由于自贸区的高度对外开放性，其贸易往来的跨境支付结算业务较多，这对自贸区内金融机构的要求也更高，自贸区内的企业在发展过程中对融资的需求越来越大；金融发展作为自贸区发展关键的经济功能，也是自贸区的融资模式得以不断发展的重要条件。自贸区企业发展所产生的金融产品需求主要是贸易便利化、对风险的控制需求，以及河南作为航空中心所特有的航空金融产品需求；且航空资产由于其特殊性，对资金的需求量大、需求周期长，适合以租赁的方式发展融资。第三，自贸区在金融经济发展过程中离不开政府政策的扶持，自贸区自身所具有的高度开放性必然会导致自贸区的资金流动得更加频繁，贸易规模更大，需要有与其相适应的经济政策。自贸区内积聚的大量中小型企业发展战略新兴产业的资金需求只靠市场需求难以满足，还需要政府参与自贸区的发展过程，为这些战略新兴企业提供政策性的贷款、担保等优惠政策，来促进自贸区企业的发展。

郑豫晓等（2015）指出，自贸区建设是经济全球化发展的大势所趋，也是推进开放型经济发展的重要举措，必须要牢牢把握。例如，上海自贸区的建设发展引领了我国经济发展各个时期的新常态。在自贸区建设过程中，金融的功能作用是极为重要的，由于我国区域间金融发展的不协调性给我国自贸区的建设发展带来了极大的挑战，因此必须在自贸区内采取合适的金融政策，真正发挥自贸区的作用。上海自贸区作为我国自贸区发展创新的引领者，在建设过程中从深化金融制度创新、扩大金融服务业的开放、拓展金融市场功能、完善金融监管体制四个方面下手，通过制度创新来促进我国金融产业的改革发展，并促进我国自贸区整体的不断转型升级。天津自贸区的建设模式主要复制推广了上海自贸区的发展模式，但融入了自身的特色，侧重点是在京津冀一体化的大背景之下对金融业进行探索，金融创新仍然是天津自贸区发展的关键。我国内陆自贸区的发展也在学习借鉴上海自贸区的基础之上，着重从投资自由化、科技金融创新、贸易便利化等方向进行改革发展，并且相较于沿海自贸区更加注重地区特色和区域内资源的利用，通过自贸区的开放发展与创新，带动区域经济的发展，从而与自贸区内部发展形成良性的互促作用，能在自贸区周围为自贸区的发展提供支持。

罗贞等（2016）从银行机构的角度为自贸区发展融资提出了新的要求，通过创新政策推动自贸区银行机构的金融创新，以此来协同推进自贸区内金融的更大程度开放。在探索自贸区发展融资路径时要发挥政策引导：第一，银行机构不仅自身要进行金融创新，作为自贸区的金融机构，还要加强和央行合作、监管机构等共同开展金融体制的改革开放，并且紧密结合时政，针对政府政策措施做出及时的反映，确保创新方向上的正确性，满足客户的个性化需求。第二，增强金融服务的功能，由于自贸区内的贸易融资占比较高的特征，因此可以借助国际较为成熟的相关经验，通过设立牌照制，即政府发放有限的牌照支持不同体系的银行在自贸区内的公平竞争；且就自贸区内中小企业来说，中小银行对这些企业的融资作用是十分重要的，且自贸区内的金融机构也要重视对风险的管控，保持稳定发展。第三，在自贸区内的金融机构由于其特殊性，要设立专门服务于自贸区的金融业务，为自贸区的发展提供便利；给予企业更多业务自主权，为自贸区内企业发展融资提供最大的便利条件。本书针对自贸区的风险控制问题，指出风险的来源主要是由于监管的放松，但自贸区金融创新要求风险的管控必须达到要求，因此自贸区应当建立合理的金融监管体制，监测实时风险，完善区内资本开放的风险预警机制，规避自贸区内的资本流动风险。

李航（2020）针对沈阳自贸区提出，自贸区在融资发展过程中要着重发展贸易便利化和贸易国际化。第一，要使贸易便利最大化，必须从转变政府职能方面入手，由管理型政府变为服务型政府，把握好政府和市场的关系，提升自贸区的发展效率，防止自贸区企业发展自身事项还需要向市政府部门审批。政府也要树立主动服务的意识，一方面要主动了解自贸区企业发展融资过程中所遇到的困难，并进行有针对性的服务，最大限度提升自贸区内企业贸易的便利性；另一方面要健全信息共享机制，减轻企业的信息成本，提升服务效率，大力发展电子服务系统。第二，加强政策引导性。沈阳自贸区地处东北老工业基地，应当加快制造业与服务业的联合发展，从而为区域产业转型升级提供助力。政府要引导沈阳自贸区加快转变重工业为主的发展方式，使自贸区内产业发展逐渐高端化，利于发挥区域制造业集中优势，形成新的经济增长动力和自贸区企业发展新的着力点，从而可以不断吸引国际投融资，促进自贸区的国际化；通过最大限度使企业融资便利化，降低企业融资成本；同时对风险设立基金补偿，降低担保等方式降低自贸区内融资成本，以及通过更多优惠政策吸引金融企业的入住，从而推动更多金融产品的创新，给予企业更多选择融资的机会。第三，通过加强建设自贸区内的中介服务组织，把由市场负责的职能交给市场，鼓励培育中介组织，通过第三方服务降低企业的运营成本。第四，加强自贸区基础设施建设，基础设施建设程度决定了自贸区国际化的速度，建设连接国际的交通运输网络；同时加强自贸区软件环境建设，打造高水平政务服务体系，提升企业的发展效率。

我国自贸区发展融资在不同地区有着不同的方式和方法，不同自贸区之间也可以通过联动发展来提升自身的水平，任再萍等（2016）指出我国不同地区的自贸区可以利用自身区位优势发展，增强各地区的协同互补效应。上海自贸区、天津自贸区、广东自贸区和海南自贸区都是通过“港口—产业—城市”的协同方向进行发展的，港口群、产业群和城市群之间相互作用，形成空间一体化的协同发展局面。自贸区的成立以及产业相关的优惠政策带来自贸区内企业数量的急剧增加，从而提升了自贸区之间的协同互补效应以及区位优势的互补。上海自贸区作为我国自贸区的引领者，须在连通发展时向其他自贸区传授相关经验。天津自贸区通过航运金融与上海自贸区联动发展，以此来辐射带动周边地区。上海自贸区可通过粤港澳合作机制将广东自贸区的外来资金带到上海，形成连环资金链，实现协同发展。在不同自贸区协同发展时，可以相互利用各自互补优势，并且建立高效的资本流动机制，实现不同自贸区的联动发展。

2.2.2 我国自贸区发展融资问题的研究述评

目前我国自贸区发展非常迅速，各个自贸区都有不同的发展融资的方式，但是在自贸区发展融资过程中也存在不少问题。郑豫晓等（2015）在对河南自贸区的研究中指出，郑州航空港经济综合实验区在发展融资过程中金融业发展仍然存在不少问题：一是金融需求和金融供给之间的不均衡，自贸试验区在建设过程中基础设施的完善以及区内小微企业的发展都导致通过信贷方式融资的需求大幅上升，并且随着自贸区规模的不断扩大，势必会引起更大规模的信贷融资；第三方电子商务在自贸区的发展也导致了支付需求、金融租赁需求以及多层次资本市场融资需求不断扩大；但同一时间的金融供给量远远不足，能够提供金融服务的机构仍然局限于传统的金融服务机构，自贸区的金融服务相对落后，信贷供给量也有限，新型金融服务方式比较缺乏。二是金融集聚程度也较低，创新程度不足。在河南自贸区内入驻的银行类金融机构总部大都不在河南，分支金融机构在业务创新和发展方面都会受到一定限制，缺乏有效的金融产品，大多数科技型小企业都难以满足银行所要求的抵押担保；且河南自贸区缺乏支持一部分新兴金融产业所需要的外部市场环境。自贸区建设涉及资金流动的融合和许多专业服务机构的参与，但自贸区许多中介服务相关机构存在空白，相关法制建设也不够健全，造成金融融资过程中存在很多操作细则问题。

张明和郭子睿（2013）在分析上海自贸区的融资发展时指出：第一，上海自贸区在融资发展时的金融自由化政策可能会使上海自贸区的人民币价格与自贸区外形成明显的价差，这将会为跨境套利提供强大动力。第二，负面清单管理过度流于形式，缺乏实质性的突破，上海自贸区负面清单管理的开放程度在一定程度上不如全国适用的负面清单管理，这严重影响了上海自贸区的发展融资的开放度。第三，上海自贸区的监管思路需要转变，监管能力需要提升。上海自贸区在实行“境内关外”的监管政策时，需要既能让自贸区平稳发展，又不能影响自贸区外经济的正常发展，这要求政府各个部门做好协调工作。需要注意的是上海自贸区重点的发展方向是创新，在全面推进自贸区建设的过程中，可能会形成自贸区热潮，政策的叠加、交叉和冲突等原因使本身针对上海自贸区的政策失去其原有的效果，严重情况下会导致自贸区失去引领当地经济发展的功能和成为我国改革先行地的作用，所以有必要在发展过程中把握好自贸区建设的进度和自贸区发展的过程，使自贸区成为政策高地而不是政策洼地。

殷华和高维和（2017）指出：第一，我国自贸区的建设是市场经济的新探索，自贸区的建立极大地促进了经济的发展；且由于“制度红利”效应的存在，自贸区对于区域经济发展的作用更加明显，因此在自贸区内企业发展融资的过程中应当充分利用政策优势，进行深入发展，但在发展过程中需要注意可能产生的问题，各地区在借鉴上海自贸区的发展经验时吸取其值得推广的地方，但要注意避免千篇一律，各地区要充分利用区位优势，发挥自身的特色。第二，要防止制度的过度创新，对自贸区政策制度的创新不应当一味追求形式上的达标，应该针对自贸区的实际情况做到适度创新，探索出适合自贸区发展的“制度之路”。第三，要加强政府各部门之间的联系，防止重复建设，提升建设效率。各地区的自贸区在建设管理方面有一定的差异，如果不针对各地区的发展管理模式制定统一标准，就很容易产生各地区资金的浪费，以及各地区的企业贸易交易难以有效对接等问题，这会在一定程度上阻碍自贸区内企业发展的速度和规模的扩张。欧阳卫民（2016）在分析广州自贸区时指出：第一，我国自贸区设立的目的之一就是为了对接高标准的国际贸易投资，所以自贸区改革的关键是要加大金融体制的改革力度，使自贸区金融体制能够符合国际贸易融资的标准。目前我国金融业的成熟度与发达国家仍有差距，因此自贸区投融资要符合跨境投融资运行规则的要求，金融改革是关键；而且自贸区在进行金融创新时，目的之一就是要提升人民币国际化水平，以此来推进贸易便利化，从而增加我国自贸区在国际投资贸易中的话语权；并且通过和国际金融市场的直接对接，可以有效降低自贸区内企业的交易成本，在很大程度上提升自贸区内企业跨境投融资的便利性和积极性；但自贸区在金融改革中存在的问题也必须引起重视。在我国改革创新不断加快的背景下，必须使广东自贸区的发展步伐跟上我国整体的创新速度，自贸区只有走在我国整体创新的前面，增加自身的主动性，才能更好地发展，更好地履行改革先行地的职责，为我国整体的金融改革探索新路径和新方法。第二，金融开放与金融改革的差异化需求。由于自贸区的不同领域其功能定位不同，金融开放、金融改革的要求也存在差异，因此金融改革要在自贸区整体推进的情况下，根据不同功能地区提出不同的创新要求。在金融改革创新过程中的实施细则和操作方案也必须紧跟我国整体的创新步伐，使金融创新的措施可以真正地、及时地落地实施，最大化地满足自贸区内企业的发展需求，积极配合金融相关部门制定实施细则，早日满足自贸区内企业的投融资需求。

2.3 关于中国自贸区金融体系发展的研究述评

2.3.1 我国自贸区金融体系发展现状的研究述评

目前我国自贸区金融体系的构建大多依靠区域经济的发展特点。自贸区的建设、贸易的发展，以及资本的不断流动，都对自贸区的金融体系建设提出了更高的要求。谢宝剑等（2016）指出，自贸区金融发展对自贸区内企业的影响，主要是以区内企业的可持续发展为核心，要根据区内企业的发展来进行金融体系的创新和建设；并通过自贸区金融体系的构建来满足自贸区内企业的发展，建立多元化的金融体系，进而强化自贸区内企业自身的功能，促进自贸区金融规模化和体系化。

王淑云（2016）指出：第一，自贸区的建设有助于资金和资源的跨境流动，发展金融一方面要注重实现金融自由化，给资金在国内外的流动带来便利性；另一方面各个自贸区有着不同的定位，要因地制宜，结合自贸区的设立目标，制定有针对性的金融发展创新举措。第二，我国自贸区建设在沿海城市和内陆有着很大不同：相比沿海地区的海港型自贸区建设以海上贸易为主，构建沿海型金融体系，内陆地区大多发展空港型自贸区，以临空经济区作为对外发展的窗口，建设空港型自贸区金融发展体系。我国目前的空港型自贸区发展经验不够成熟，相关基础设施建设需要借鉴国外成熟的体系：一是成立专业的开发机构指导内陆自贸区的具体规划与建议，可以高效提升内陆自贸区的运作。二是要强化基础设施建设和科研力量投入，必须及时促进设备的更新与人才的引进。给予内陆自贸区税收、汇兑等最大的政策优惠；作为临空型自贸区，临空经济要特征明确，政府服务功能突出，自贸区内产业不断优化。这些国外成熟的金融体系建设经验，我国在建设空港自贸区时可以学习借鉴，一是必须要具备完善的基础设施，这是构建空港自贸区金融体系最基本的要求；二是必须具备高效的管理体制和监管体系，为自贸区内企业发展提供最大的便利；三是充分发挥产业集聚效应，能够满足自贸区内企业贸易往来的要求；四是空港自贸区在进行发展时要将重点放在金融自由化上，为自贸区资金的流动提供最大的便利，金融发展要紧扣区域经济的特征。金融体系的建立除了要促进资金流通、企业投融资发展外，也要推进当地政策和措施的实行。李光辉和王芮（2017）通过研究得出，自贸区通过不断发展贸易自由化和贸易便利化，以及发展投融资，从而带动区域经济不断向好。我国四大自贸区（上海、天津、福建、广东）自成立以来都以国际标准为标杆，积极推进金融体系建设，取得了较为明显的成就：第一，在贸易方面，高水平的贸易便利化体系初步建成，为建设金融体系奠定了坚实的基础。第二，在投融资方面，高水平的投资管理体系初步建成，吸引了境外投资资金大规模在自贸区集聚，并且创新了一系列手段，为企业节省了大量的时间和成本，为金融体系化建设积累了足够的资金规模。第三，在政府管理方面，高水平的政府治理体系初步形成，政府通过对自贸区管理体制的进一步明确规定，为自贸区的运行提供了制度保障，也为高水平的政府治理体系提供了基本的框架，确保自贸区金融体系在构建过程中的平稳运行。第四，在金融创新方面，金融开放创新体系逐步建立，自贸区通过与央行的积极配合，在人民币跨境交易、投融资、金融协同发展等方面都制定了相应的改革措施，进一步加大了对自贸区发展的金融支持，在促进自贸区内企业发展方面发挥积极作用。总体来说，做好自贸区的总体布局，并有效与自贸区本身的特色结合；在构建自贸区发展体系时既要探索新的改革开放路径，又要做好与地方特色相结合，这样才能让自贸区建设以高效的方式与区域经济密切配合。

蔡兆瑞（2020）也提出金融体系的建设决定自贸区的发展方向，因此建设金融体系是自贸区建设过程中不可或缺的部分。并且根据国际成熟的自贸区发展经验来看，自贸区金融体系的建设需要根据区内企业明确的金融需求来发展，同时要逐渐向贸易自由化的方向进行建设。郑豫晓等（2015）指出，当前自贸区金融发展是建设自贸区的关键，我国作为世界第二大经济体，存在着金融发展落后以及区域间不平衡等问题。因此，制定出金融发展以及金融监管的政策措施尤为重要，既要充分发挥自贸区的优势，又要采取合适的措施进行避险，为自贸区的经济金融发展保驾护航；同时要为自贸区金融业务的发展寻找合适的着力点，充分利用现有的金融政策，在符合市场化金融改革的方向上进行大胆尝试，为自贸区建设合理的金融体系。蔡兆瑞（2020）认为，自贸区当前的发展必须依靠金融体系的建设，同时随着自贸区的贸易发展，货物与资本的不断流动，都使自贸区对金融创新的需求不断增加，且随着金融改革和金融创新，金融服务的指向性需求也越来越明显，这部分需求可以分为两方面：一是要发展多层次金融体系的需求。自贸区的项目建设具有涉及面广、资金使用期限长、使用量大等特点。因此，这些特点要求多层次的金融机构广泛参与。二是自贸区的建设有助于推动对外开放，因此必然需要多种经营跨境支付、离岸金融业务的境内外金融机构，并需要这些机构根据金融政策的需求不断创新金融体系，着力打造新型化的金融机构以及金融创新产品和金融创新服务，构建现代化金融服务体系。

针对上海自贸区金融体系创新发展的方向问题，张伟和杨文硕（2014）通过上海自贸区发展的方向与香港自贸区的金融体系建立的对比得出，上海自贸区金融服务体系的定位应当是符合现代商贸服务业发展的，尤其是区内金融业的发展在相当程度上满足了相关服务业的投融资需求。金融体系的配套性措施应当着眼于转变贸易发展的方式，金融体系应当支撑起贸易升级的需求，这就要求我国自贸区金融体系应当尽快与发达国家成熟的金融体系接轨。上海自贸区与香港自贸区所依托的市场经济环境不同，因此所建立金融体系的路径也不尽一致，上海自贸区所依托的内地经济市场尚处于经济转型过程中，金融环境还不够成熟；香港自贸区则依托百年成熟的市场经济体系。所以上海自贸区发展要依据周边金融环境，加快金融创新，建立稳定的金融体系，在沿着国际化、市场化、体系化的方向上转变地理优势为经济优势；上海自贸区的金融体系的建立与发展要始终依靠自身的灵活应变性，政策的有效性以及监管的高效。上海自贸区作为中国经济政策的先行地，长期引导着中国经济体系的建立与发展，不应成为国内其他自贸区的竞争者，而是要最大化带领中国自贸区融入世界自贸区体系之中。

我国自贸区的金融体系建设是全方面展开的，李艳（2014）从自贸区金融体系建设中金融司法能动的方面分析，指出：第一，自贸区金融体系的创新主要是金融机构的创新、金融业务的创新、金融管理制度的创新和金融服务工具的创新。针对金融体系创新中这些方式方法，金融司法能动是非常必要的，可以弥补自贸区金融体系创新中立法实践的不足，即在金融体系不断创新的过程中，金融立法没有随之进行创新，导致金融立法在自贸区的滞后性更加突出，这就需要金融司法能动的存在去弥补金融创新过程中法律的空白，为自贸区的金融体系创新提供稳定的、有力的保障。第二，金融司法能动可以最大限度地保障自贸区金融创新中各类主体的正当权益，司法通常是权利保障的最后一道防线，在自贸区金融体系创新背景下的各类金融主体，都依赖金融司法来保障自身的基本权利，为金融创新提供必要的成长空间。自贸区金融体系安全稳定的运行也需要金融司法的能动实践，金融体系不断创新的背后有着许多潜在的金融风险，因此自贸区的金融风险管控十分严格，需要金融司法及时制止各种不利于自贸区金融体系发展的行为。第三，自贸区金融法治环境也需要金融司法的能动实践，金融环境的本质要求是金融自由化，金融司法要保障金融自主创新的动力，成为金融体系创新的“助推器”。关于金融体系创新过程中的金融监管，阳建勋（2017）指出，金融体系创新与金融监管的互动由于自贸区的兴起，成为近年来我国经济发展的重要战略。金融体系创新在自贸区的地位越来越重要，由于自贸区大多具有区位优势，通过区位优势来进行产业集聚，并在此过程中对金融体系进行创新性改革，在创新改革中金融自由化是金融创新始终坚持的重点。在金融自由化的趋势中势必导致政府对金融监管相对放松；但自贸区建设会导致经济全球化时代的贸易竞争更加激烈，面临的各种金融风险会更加严重，这就对金融监管提出了更高的要求，金融创新使金融结构发生了重大的变化，混业经营的趋势随之更加明显。金融创新也加速了金融市场的国际化进程，但在形成金融体系的过程中也将金融风险全球化，因此金融自由化背景下的放松金融监管不是放任不管，而是通过创新金融监管的方式，在简化监管流程的情况下提升金融监管的效率，实现对金融监管的更高要求。金融监管实质上是金融体系创新过程中的政府干预，目的是要在金融体系创新的过程中维护金融业的安全稳定，促进金融公平。因此，在当前金融体系构建的过程中，金融监管也要与时俱进，政府要把握好合理的监管尺度。

在自贸区金融体系的创新发展过程中融入绿色金融发展理念也是当下自贸区

金融体系建设的重要一步。安国俊和訾文硕（2020）指出：第一，中国当前正处在绿色金融体系快速发展的阶段，融入绿色金融对自贸区的金融发展具有重要意义。自贸区可以充分利用自身的制度优势和经济基础优势，绿色金融在自贸区的发展有着优越的环境优势，同时自贸区的绿色金融发展可以为全国的绿色金融发展提供借鉴。第二，绿色金融作为当前全球经济发展的重要方向，自贸区作为全球开放的窗口应当顺应时代发展的方向，在自贸区金融体系中融入绿色金融体系；且自贸区的地理位置大多位于经济较为发达、市场开放较高、金融体系较为成熟的地区，有着丰富的绿色金融发展资源，有助于自贸区金融体系的创新发展。第三，自贸区内的大批优质产业群和绿色产业相融合，可以激发自贸区更强的经济发展活力，促进自贸区区域实体经济的发展，从而助推自贸区建立更全面的金融体系。从绿色金融改革的实验成果来看，各个绿色金融改革试验区建立了相对完善的绿色金融体系，自贸区在融入绿色金融体系时可以借鉴绿色金融改革试验区相对成熟的经验，促进自贸区金融体系多维度发展，为自贸区金融创新提供稳定的保障。

2.3.2 有关自贸区金融体系建设过程中的问题的研究述评

我国自贸区的金融体系的发展和创新处在规模化快速发展的过程中，各个自贸区的金融体系在发展创新过程中难免会面临各种问题，刘家骅（2019）指出，河南自贸区在其金融体系建设过程中，相对于发达的金融市场地区而言，金融投放较少，刘家骅通过数据分析得出，河南省 GDP 增长主要是通过金融信贷的拉动，自贸区金融支持实体经济的发展，以及对经济增长的作用有限；传统行业国有企业使用资金较多，且这些企业效益较低、规模较大，必须依靠借贷维持自身运营，这又会进一步压榨自贸区内企业的发展空间；且中小企业发展受到阻碍的根本原因没有得到解决，中小企业自身缺乏恢复能力，加上近期金融市场资金收紧，中小企业融资难的问题被进一步暴露，这将严重影响自贸区依靠稳健的金融体系来促进企业的发展。自贸区内金融专业高端人才较少，随着金融体系的不断创新和产业结构的不断优化升级，金融开放度也随之不断加深，因此对金融方面的专业人才需求也会上升，但由于河南自贸区的自身发展水平有限，大多数人才会选择经济更为发达的地区，且受到人才流动机制较为僵化的影响，人才流失情况也较为严重。并且从整体来看，自贸区金融体系建设过程中也存在问题，艾蓉（2019）从金融体系建设中金融产业集聚的方面指出：第一，自贸区的建设使区域内的金融产业产生集聚，使金融产业集聚速度明显加快，但是我国各地由于经济发展程度不同，各个自贸区的金融产业集聚存在明显的差异，上海等发达地区的自贸区的金融产业集聚水平远高于河南等内陆省份的自贸区，这就需要金融集聚度高的自贸区对金融集聚度较低的地区进行带动，加强自贸区之间的经济交流与互动。第二，金融产业的集聚虽然有着明显的空间溢出效应，但是这种辐射效应在以地理距离远近为特征的自贸区之间发挥更加强烈，容易忽视以经济水平高低为特征的自贸区的金融产业集聚效应，影响自贸区金融产业的均衡发展。第三，自贸区的经济开放度和政府支持度虽然在一定程度上促进了自贸区金融体系的建设，但是这会导致自贸区之间产生竞争效应，从而降低自贸区总体金融发展的效率；且技术创新对自贸区金融体系建设的促进作用还没有得到体现，新兴技术的发展导致自贸区金融体系建设过程中对金融人才的要求也有新的变化，但相关的人才吸引政策没有随之及时更新，造成大量专业人才紧缺，使金融产业要素趋于分散，对自贸区金融产业的体系化建设产生了一定的负面影响。

2.3.3　自贸区金融体系建设未来展望的研究述评

由于之前我国自贸区金融体系建设取得了显著的成果，初步形成了完整的自贸区金融体系，并不断进行探索创新的背景，蔺捷（2016）针对我国自贸区金融体系的构建从金融规制的角度进行分析，认为我国在构建自贸区金融规制体系时应当逐渐改变自身的地位作用，做全球金融秩序的引领者：对外要完善金融规制，构建合理的金融规制体系；对内要处理好金融市场改革开放和金融规制实施的关系。刘家骅（2019）在对河南自贸区金融体系进行分析时也提出，金融体系的建设要从多方面进行：第一，优化金融资源配置，将金融资金从“僵尸企业”中释放出来，加大对高新技术行业的投融资，提升资金的配置效率，实现金融的良性互动。第二，完善企业的金融投融资渠道，利用自贸区自身的区位优势，扩大资本注入量，从而带动自贸区的创新发展。第三，大力发展新型融资方式，并引导自贸区内大型企业对中小企业进行企业兼并，提升企业竞争力；根据自贸区自身的环境实行不一样的金融运行模式，河南自贸区金融体系应当让实体经济与金融业效益互相促进，共同发展。第四，政府及金融监管当局立足于现有的金融情况，大力扩展金融业态，着眼于当前金融改革的趋势，重点培育优势金融行业，不断开创新型的金融服务，最大化为自贸区内企业的发展提供便利，提升自贸区对国内外大型金融机构的吸引力，建立便捷化的金融电子商务中心，为自贸区金融体系发展奠定良好的基础。

李光辉（2017）指出，未来自贸区金融体系的发展方向一是需要从贸易端入手，面对当前复杂的国际环境，我国自贸区应当主动求变，建设高标准的自贸区贸易网络，向着产业链高端跃进，建立开放型经济新体制，这对建设高水平自贸区金融体系也提出了新的要求，要在新形势下发挥自贸区金融对经济的指导作用。二是要自贸区金融体系与国家政策相配合，并与其他经济体展开合作，使我国自贸区金融体系建设尽快与国际接轨，与其他经济体相互配合，共同促进自贸区经济的发展，实现互利共赢；充分利用自贸区本身有利的地理位置和自贸区在区域合作中的作用，自贸区要逐步建立辐射周边、面向全球的自贸区金融体系。三是我国政府在全球层面上要同大部分国家建立国家大市场，充分带动自贸区的发展。并且进一步提升自贸区的金融开放度，降低税费，尽量放开金融服务限制，扩大开放领域，建设高水平的自贸区金融体系，促使国际金融规则向公平合理有利于我国的方向发展，提升我国自贸区的金融竞争力。四是自贸区在发展创新的同时要做好风险防控，在先行先试的同时严格把控风险底线，不断提升自贸区的建设水平，建立安全高效创新型的自贸区金融服务体系。

通过前述学者对当前我国自贸区发展情况的分析可以得出以下结论：自贸区的建立与发展确实提升了我国对外开放的水平，自贸区内的金融建设也对我国金融市场的发展起着引领作用；但通过对已有文献的梳理研究发现，我国自贸区的起步比较晚，自贸区市场的体系还不够健全，对自贸区的相关问题研究较少，本书主要针对我国自贸区内部存在的金融问题和功能问题进行研究，并提出相关建设性的建议。

3 中国自贸区发展前景分析

中国自贸区的类型，从地理位置上可以分为沿海型自贸区、内陆型自贸区和沿边自贸区三类。随着历年来的发展，中国自贸区的数量较多，所以本书根据以上三种类型选取了六个典型的自贸区进行分析：从所处的区位上来说，分别是上海、福建、海南三个沿海型自贸区，河南、陕西两个内陆型自贸区，以及广西一个沿边型自贸区，以此来对中国自贸区发展的前景进行综合性分析。

3.1 国内自贸区的类型与发展格局

国内自贸区成立以来，注重制度创新，坚持可复制、可推广的基本原则，进行了深度探索和大胆试验，范围包括投资、贸易、金融、政府职能、法治建设等方面，对自贸区吸引外资、注册新企业以及推动产业转型升级发挥了重要作用。本章通过分析沿海型、内陆型和沿边型自贸区的发展现状与发展模式，研究三类自贸区的定位与价值，进而分析其发展前景，探究自贸区建设过程中取得的成就和存在的问题，为探索自贸区的发展前景，以及实现我国经济发展、更高水平开放提供借鉴和参考。

2013 年 9 月，中国建立首个自贸区——上海自贸区；2015 年 4 月，第二批自贸区——广东、天津、福建自贸区获得批准，上海自贸区扩大区域；2017 年 3 月，第三批自贸区——辽宁、浙江、河南、湖北、重庆、四川、陕西自贸区获得批准；2018 年 9 月，海南自贸区建立；2019 年 8 月，第五批自贸区——江苏、河北、黑龙江、广西、山东、云南获得国务院批准；2020 年 9 月，新设北京、湖南、安徽自贸区，同时扩大浙江自贸区，中国自贸区发展至 21 个，呈现“1+3+7+1+6+3”的雁阵形，基本实现对主要经济领域的全覆盖，形成了东部、中部、西部，陆地、海洋共同发展的全方位、高水平开放格局。由于地理位置不同，且社会经济条件存在较大差别，不同自贸区的区位特征、资源禀赋和产业优势自然不同，导致发展重点和模式存在差异，本书为了研究方便，把我国设立的 21 个自贸区按地理位置分为沿海型自贸区、内陆型自贸区和沿边型自贸区三类。其中，沿海型自贸区有十个，分别是上海、广东、天津、福建、辽宁、浙江、海南、江苏、河北、山东；内陆型自贸区有八个，分别是河南、湖北、重庆、四川、陕西、北京、湖南、安徽；沿边型自贸区有三个，分别是广西、云南、黑龙江。

随着我国经济体制改革步入深水区，我国经济发展亟待新突破，从体制上不断创新，以支持我国经济的持续增长。党的十七大报告把自贸区建设上升为国家战略，党的十八大报告提出要加快推进自贸区建设，党的十八届三中全会提出要形成面向全球的高标准自贸区网络，党的十九大报告提出自贸区要进一步改革创新，建设自由贸易港。由此可见，自贸区是中国经济体制改革、制度创新的实验田，对中国通过深化改革和扩大开放形成全面开放新格局，以及推动中国以对外开放促进对内改革，进而实现经济高质量发展具有重要意义；与此同时，必须加快我国自贸区的建设，使之与国际投资规则、国际贸易规则相适应，形成国际化的、有竞争力的商业环境，配合国内外改革，使我国经济发展和全球化经济体制相容，形成国内大循环为主体、国内与国际双循环互促共进的新型发展模式。

3.2 沿海型自贸区发展前景分析

目前，我国的自贸试验区已覆盖了所有东部沿海省份，沿海型自贸试验区的发展重点主要有以下六个方面：第一，以港口片区为依托实行对外开放。我国的沿海型自贸区都有自己的港口，并凭借其港口片区，通过制定投资、贸易、金融等方面的相关政策，带动整个自贸区的发展；且沿海型自贸区拥有丰富的海洋资源，具有发展海洋经济的优势，发展空间非常大。第二，积极推动沿海地区发展高端产业和现代服务业。沿海地区经济比较发达，拥有大量高端制造业，在此设立自贸区，有利于我国经济和产业结构实现转型升级。第三，积极带动所属周边区域的发展。每一个自贸区的设立，不仅能推动其所在的省份经济发展，更能促进周边省份的经济发展，带动所属经济区域的连片发展，从而服务于国家的重大战略，如京津冀协同发展、长江经济带和粤港澳大湾区等。第四，在实现对外开放和“一带一路”高质量发展方面发挥引领作用。沿海型自贸区在对外经济贸易方面具有优势，能够担任我国对外开放的排头兵。第五，在对接国际先进规则的过程中推动制度创新。在沿海地区，特别是在经济发达的沿海地区，自贸区建设和制度创新相比其他自贸区有更高的起点。因此，在建设我国发达的沿海型自贸区的过程中，应对接国际的先进规则，坚持风险可控的原则；同时积极探索，大胆突破，勇于创新，将建设过程中积累的成功经验复制、推广到其他自贸区。第六，营造国际化的优良商业环境。沿海型自贸试验区应积极转变政府职能，为自贸区内企业提供法制化、市场化、便利化的营商环境。本节选取具有代表性的三个沿海型自贸试验区：中国（上海）自由贸易试验、中国（福建）自由贸易试验和中国（海南）自由贸易试验区，详细分析沿海型自贸试验区的发展前景。

3.2.1 中国（上海）自由贸易试验区

中国（上海）自由贸易试验区（以下简称上海自贸区），是中国政府设立在上海的区域性自由贸易园区，位于浦东境内，属中国自由贸易区范畴。2013 年 9 月 29 日中国（上海）自由贸易试验区正式成立，面积 28.78 平方千米，涵盖上海市外高桥保税区、外高桥保税物流园区、洋山保税港区和上海浦东机场综合保税区等 4 个海关特殊监管区域。2014 年 12 月 28 日全国人大常务委员会授权国务院扩展中国（上海）自由贸易试验区区域，将面积扩展到 120.72 平方千米[①]。上海自贸区为中国建立的首个自贸区，改革试点最早，制度创新成果丰富，为我国其他地区设立自贸区提供了上海经验；并且，上海自贸试验区具有较好的经济基础条件，丰富的产业种类，综合实力强劲。本节主要从发展现状、发展模式、区域定位和价值三个方面分析上海自贸试验区的发展前景。

3.2.1.1 自贸区发展现状分析

上海自贸区从 2013 年成立以来，在促进政府职能转换、投资对外开放、提升贸易自由化和便利化水平、金融创新、完善法制化建设等方面进行了一系列改革创新，取得了显著的成绩，在自由贸易试验区建设中发挥了“领头雁”“排头兵”的作用。

3.2.1.1.1 自贸区的总体发展现状

本节将从投资水平、消费水平、进出口水平及营商环境四个方面介绍上海自贸试验区的总体发展情况。由于数据可得性及上海自贸试验区扩区的影响，研究区间选择了 2015～2019 年的数据，数据来源于 2016～2020 年的《上海统计年鉴》。

（1）投资水平。

笔者用全社会固定资产投资总额、外商直接投资实际到位金额两个指标衡量上海自贸试验区的投资水平。由图 3-1 和图 3-2 可以看出，上海自贸区的全社会固定资产投资水平和实际利用外资水平均呈现在波动中上升的趋势，且两者增速均波动较大，均在 2018 年增速达到最低，为-10%。由此可见，上海自贸区应加强投资管理体制改革、持续优化投资环境，促进投资领域的进一步开放。

---

① 资料来源：上海市人民政府。

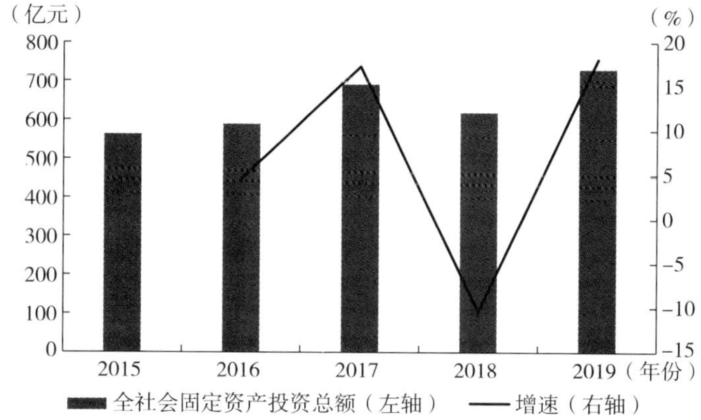

图 3-1 上海自贸区 2015~2019 年全社会固定资产投资水平

资料来源：《上海统计年鉴》（2016~2020 年）。

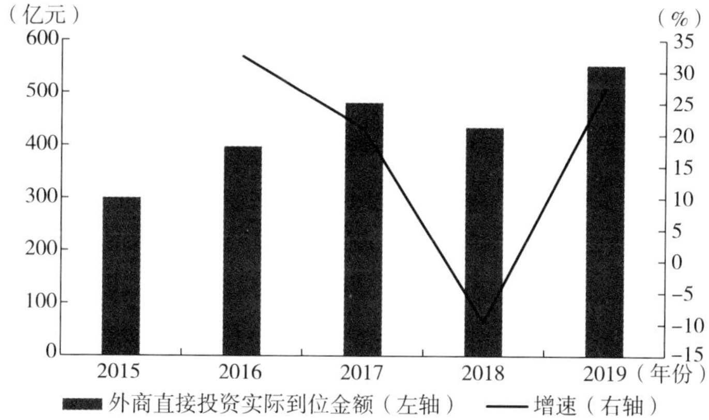

图 3-2 上海自贸区 2015~2019 年实际利用外资水平

资料来源：《上海统计年鉴》（2016~2020 年）。

（2）消费水平。

图 3-3 体现了上海自贸区 2015~2019 年的社会消费水平，可以看出，上海自贸区社会 2015~2019 年消费品零售额除在 2018 年略有下降外，基本呈现稳步增长的趋势。增速呈现先下降，然后缓慢上升的趋势，在 2016 年达到了最大值，为 30%，然后逐渐下降，在 2018 年达到最小值，为−3. 15%。上海自贸区的消费水平整体较高，为拉动经济增长做出了较大贡献。

（3）进出口水平。

由图 3-4 可以看出，上海自贸区的外贸进出口总额保持增长态势，在 2017

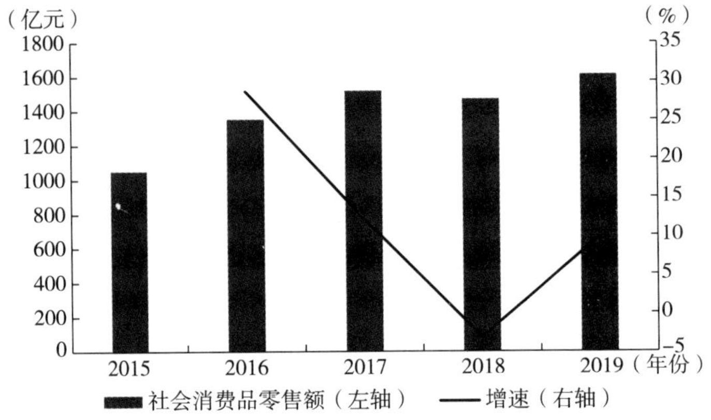

图 3-3　上海自贸区 2015~2019 年社会消费水平

资料来源：《上海统计年鉴》（2016~2020 年）。

年更是出现了跨越式增长；其增速同样在 2017 年达到最大，然后急剧下降，但仍然保持正值。可见，上海自贸区在促进贸易自由化、贸易便利化方面取得了重大成就，对外开放水平进一步提升。

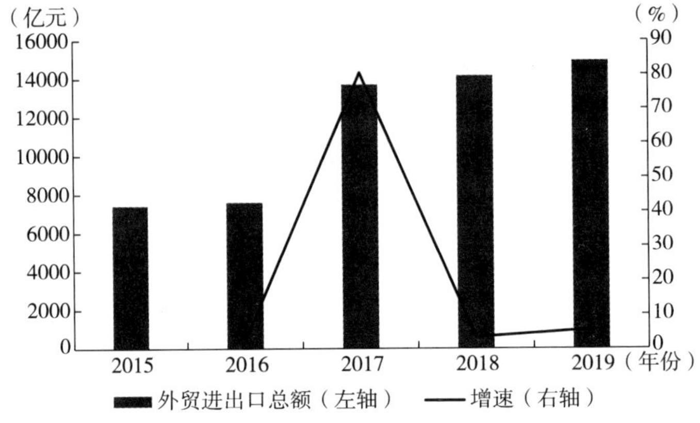

图 3-4　上海自贸区 2015~2019 年进出口水平

资料来源：《上海统计年鉴》（2016~2020 年）。

（4）营商环境。

笔者用新增内资企业注册户数和新增内资企业注册资本两个指标衡量上海自贸区的营商环境水平。由图 3-5 和图 3-6 可以看出，上海自贸区新增内资企业注册户数和注册资本在 2015~2019 年呈现急剧下降趋势，新增内资企业注册资本仅在 2019 年有所回升。可见，上海自贸区对内资企业的吸引力逐渐下降；这可

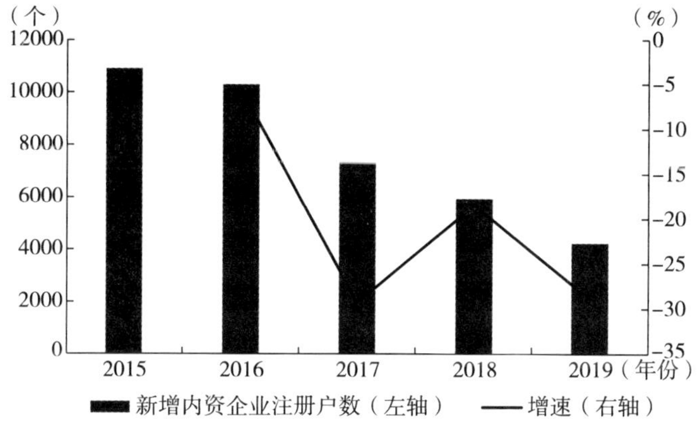

图 3-5　上海自贸区 2015~2019 年吸引内资企业注册户数

资料来源：《上海统计年鉴》（2016~2020 年）。

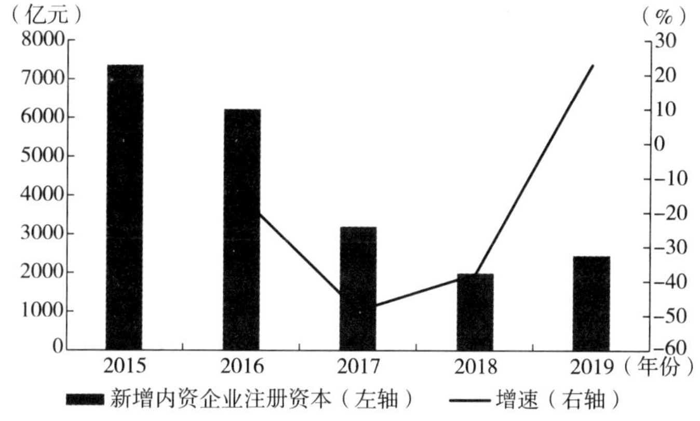

图 3-6　上海自贸区 2015~2019 年吸引内资企业注册资本

资料来源：《上海统计年鉴》（2016~2020 年）。

能是由于其上海自贸区在对外商投资管理方面的改革举措取得了成效，对外资的吸引力逐渐增强。

3.2.1.1.2　自贸区的金融体系建设现状

上海自贸试验区在开放金融服务业、集聚重要金融机构、建设国际化金融市场平台、推动自贸区内人民币利率和汇率市场化、创建自由贸易账户等方面进行大量金融创新，助力上海建设成国际金融中心。

（1）金融基础设施。

笔者分别用 2015~2019 年期末监管类金融机构数量和 2015~2017 年新兴金融机构数量显示上海自贸区的金融基础设施水平。由图 3-7 可以看出，2015~

2019年，期末监管类金融机构数量基本呈现稳步增长态势，增速保持在4%左右；由图3-8可以看出，2016年新兴金融机构数量达到最大。可见，上海自贸区金融基础设施不断完善、金融业态不断丰富。

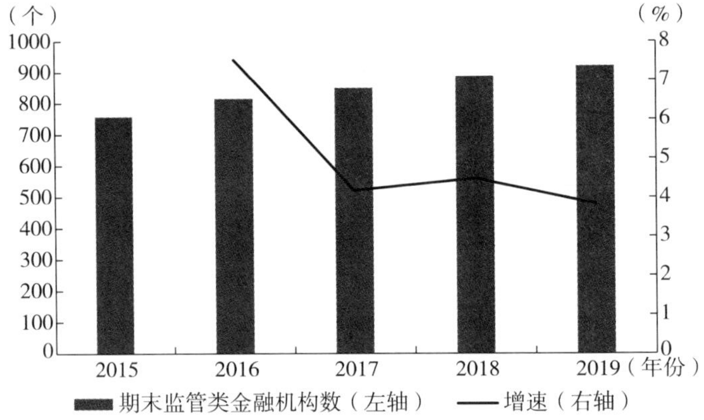

图3-7 上海自贸区2015~2019年期末监管类金融机构数量

资料来源：《上海统计年鉴》（2016~2020年）。

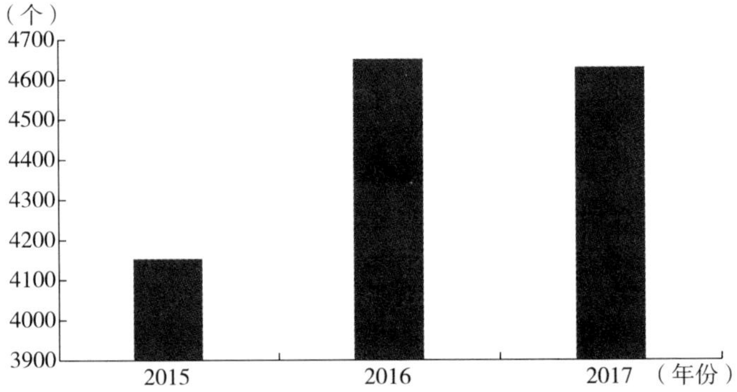

图3-8 上海自贸区2015~2017年新兴金融机构数量

资料来源：《上海统计年鉴》（2016~2018年）。

（2）跨境金融发展。

由图3-9可知，2015~2019年，上海自贸区跨境人民币结算总额增长迅猛，且增速先上升后下降，在2018年达到最大值。人民币跨境流通和使用规模逐渐增加，有利于上海自贸区打造跨境投融资中心，提升上海自贸区参与国际金融竞争、配置全球资源的能力。

3.2.1.1.3 自贸区的产业发展现状

上海自贸试验区以国际贸易、国际物流、出口加工为重点产业，以进出口贸

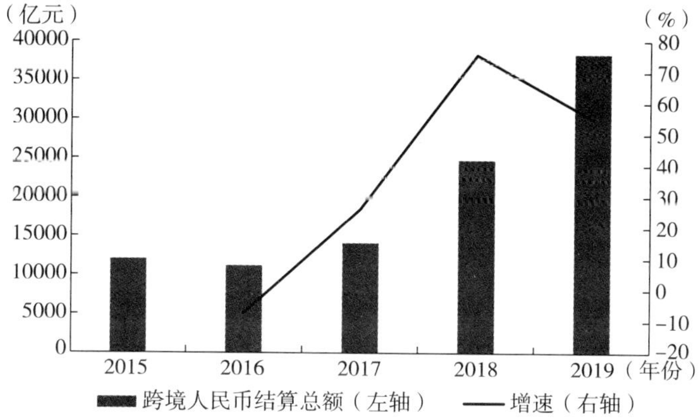

图 3-9　上海自贸区 2015~2019 年人民币跨境流通和使用水平

资料来源:《上海统计年鉴》(2016~2020 年)。

易、转口贸易、国际中转、国际配送、国际采购为主业,以金融、商务、会展、信息、休闲等服务业为支撑,打造重点产业与配套产业相协调、竞争力显著的产业体系。

(1)工业。

图 3-10 展示了上海自贸区 2015~2019 年的工业发展水平,可以看出,其工业总产值及增速均呈现先上升后下降的趋势,并在 2017 年达到最大值。可见,上海自贸区的工业发展水平不高,可能是由于其主要发展金融、贸易、航运等服务业。

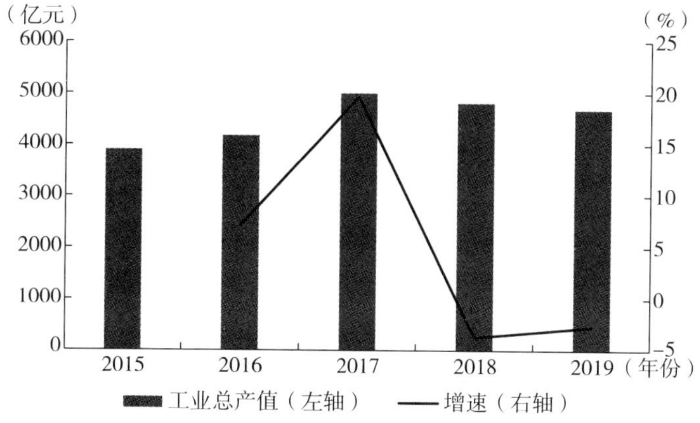

图 3-10　上海自贸区 2015~2019 年工业发展水平

资料来源:《上海统计年鉴》(2016~2020 年)。

（2）服务业。

笔者用服务业营业收入来衡量服务业发展水平，由图 3-11 可以看出，2015~2019 年上海自贸区的服务业营业收入呈现稳步增长态势，其增速则先上升后下降，在 2017 年达到最大值。服务业在上海自贸区产业体系中占据较大比重，有利于上海自贸区产业结构合理化、高级化。

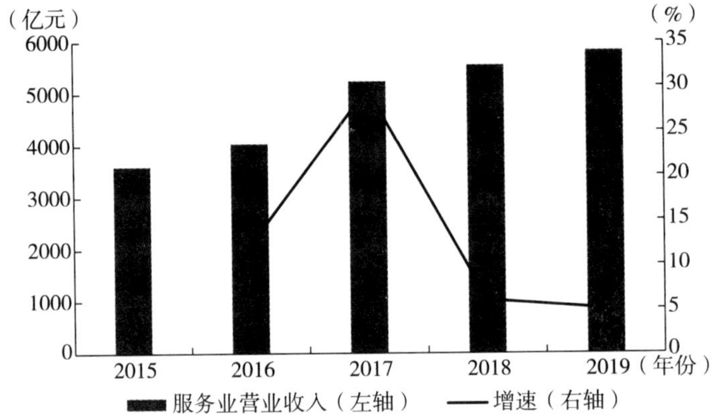

图 3-11　上海自贸区 2015~20219 年服务业发展水平

资料来源：《上海统计年鉴》（2016~2020 年）。

3.2.1.2　自贸区发展模式分析

上海自贸区是我国第一个成立的自贸区，也是典型的沿海型自贸区，为了全面深化上海自贸区改革开放，上海自贸区采取了以下四点措施：一是近几年不断推进“三区一堡”建设，即打造综合改革试验区，实现对外开放、对内创新协调联动；二是建立风险压力测试区，构建更加开放的经济体系；三是设立先行区，重点加强政府管治能力；四是打造对外开放的“桥头堡”，服务于国家战略。本节主要从上海自贸区的资源、区位和产业三个方面分析其发展模式。

3.2.1.2.1　自贸区空间拓展之资源

（1）经济基础好、实力强。

上海经济发展实力强，为我国主要经济中心；上海还是一个国际化的大都市，集聚了各类资源要素、优秀人才、市场和专业服务，有利于发展各种产业。

（2）金融资源。

上海是国际金融中心，其综合竞争力名列第 28 期全球金融中心指数（GFCI）第三；且上交所 IPO 融资额、上期所商品期货和期权的成交量位居全球第一，金融市场要素的聚集度位居国内第一，股票的总市值位居全球第四。

（3）港口贸易资源。

根据海关总署和前瞻产业研究院《中国保税区发展前瞻及招商引资策略分析报告》的数据资料，上海自贸区保税片区凭借外高桥港（长江出海口港口）、洋山深水港和浦东国际机场（国内第二大机场），承担了全国1/4的货物进出口额。洋山深水港拥有世界先进的全自动装卸码头，能靠泊世界最大集装箱轮船。上海港集装箱年吞吐量超过4000万标准箱，多年居世界首位。

3.2.1.2.2 自贸区空间拓展之区位

上海是远东最大都市、世界著名城市，被称为“中国的商业橱窗”。在地理位置上，上海地处东海之滨，位于长江出海口，是中国海岸线中心。上海不仅连接着丝绸之路经济带和海上丝绸之路，而且位于“一带一路”和长江经济带的交汇之地，是我国陆海双向开放的重要节点，也是我国向亚太地区乃至欧亚大陆开放的中心，在我国对外开放整体布局中，处于重要地位，具有战略性意义。

3.2.1.2.3 自贸区空间拓展之产业

（1）金融服务。

上海陆家嘴金融片区金融体系建全，金融生态完善，汇集了一大批银行、保险、证券等持牌金融机构，进行了诸多金融创新活动，吸引了一大批海内外杰出的金融人才。与此同时，上海陆家嘴金融片区还发展融资租赁、资产管理等新型金融形式，更好地服务实体经济。

（2）国际贸易。

根据海关总署的数据资料显示，上海致力于建立国际贸易中心，其货物、集装箱吞吐量在世界排名第一。上海自贸区成立后，积极培育贸易新业态，推进贸易转型升级，扩大国际贸易结算中心建设试点范围，促进国际贸易和国内贸易的协调发展。

3.2.1.3 自贸区的定位与价值

中国各自贸区成立时就有不同的功能定位，自贸区内各个片区之间也是统筹协调，各有侧重。本节首先对上海自贸区进行SWOT分析，进而研究保税片区、陆家嘴金融片区、金桥开发片区等五个片区的区域定位与价值。

3.2.1.3.1 自贸区的SWOT分析

笔者通过SWOT分析法确定自由贸易试验区的内部优势和劣势，了解其外部机会和挑战，从而制定其未来发展战略。

（1）优势。

第一，经济实力强劲。上海是国际化世界大都市，GDP总量在我国城市中位居前列。上海的奋斗目标是建成国际经济、金融、贸易和航运中心。

第二，地理位置十分优越。上海不仅连接着丝绸之路经济带和海上丝绸之路，而且位于“一带一路”和长江经济带的交汇点。

第三，港口贸易优势。上海港是世界著名的滨江沿海国际港口，具有世界上最大的货物吞吐量和集装箱吞吐量。

（2）劣势。

第一，上海自贸区入驻的企业多为服务型企业、贸易型企业，制造业发展偏弱。

第二，上海自贸区土地有限，发展受限。

（3）机会。

第一，以丝绸之路经济带、海上丝绸之路为契机，全面深化改革开放，推进上海“四个中心”建设。

第二，以自贸区制度与政策为支撑，高标准衔接国际投资规则、贸易规则，建设高水平、高标准的自由贸易园区。

（4）挑战。

第一，新冠肺炎疫情冲击了以服务、贸易为主导产业的上海经济。

第二，世界出现了反全球化的声音，贸易保护主义抬头，不利于上海对外开放。

3.2.1.3.2　自贸区内片区的定位

上海自贸区保税片区重点发展贸易产业、航运物流、金融服务、专业服务和加工制造业，形成了以贸易产业为核心的五大产业集群。陆家嘴金融片区（又名陆家嘴金融城、陆家嘴金融贸易区）大力发展以跨境金融和融资租赁为主导的金融服务业，致力于建设国际金融中心。金桥开发片区紧跟科技前沿，重点发展集成电路、人工智能、生物医药、航天、新材料、智能制造等产业。张江高科技园区的发展重点是“医产业”，即医疗、医药等领域，以及“E 产业”，即网络。临港新区集聚发展集成电路、人工智能、生物医药、航空航天四大产业，发展新型国际贸易、跨境金融、高能级航运、信息服务、专业服务五大高端服务功能，培育发展离岸经济、智能经济、总部经济、蓝色经济四大创新经济业态。

3.2.1.3.3　自贸区内片区的区域价值

上海自贸区保税片区承载了上海的港口功能，是长三角乃至全国的商品进出口贸易主要枢纽，是上海建设国际贸易中心、国际航运中心的重要基地。陆家嘴金融片区内共有 13 个金融要素市场，包括上海证券交易所、上海期货交易所、上海保险交易所，以及 1000 多家持有牌照的金融机构，是上海建设国际金融中心的核心地区。金桥开发区的发展目标是打造上海的先进制造业、生产性服务业、战略性新兴产业、生态产业示范园区。作为实施创新型国家战略、发展上海高新技术产业的核心地区，张江高科技园区的建立具有重要意义。临港新区旨在构建开放式产业体系，成为在国际市场上有影响力、有竞争力的地区。

3.2.2 中国（福建）自由贸易试验区

中国（福建）自由贸易试验区（以下简称福建自贸区）面积118.04平方千米，由三个片区组成。其中，福州片区面积31.26平方千米，厦门片区面积43.78平方千米，平潭片区面积43平方千米。福建自贸区主要面向台湾，突出对台特色，在与台湾企业开展深入交流、深入合作方面有优势；福建自贸区致力于建设21世纪海上丝绸之路核心区，成为21世纪海上丝绸之路沿线国家和区域开放合作新高地。本节主要从发展现状、发展模式、区域定位与价值三个方面分析福建自贸试验区的发展前景。由于数据可得性，在分析福建自贸区发展现状时采用省级层面的数据。

3.2.2.1 自贸区发展现状分析

3.2.2.1.1 自贸区的总体发展现状

福建自贸区成立以来，改革开放不断加快，营商环境明显改善，金融开放扎实推进，两岸合作不断深入，“一带一路”走深走实，有力地支撑了福建经济高质量发展。本节从经济发展水平、区域创新能力、投资水平、消费水平、进出口水平等方面分析福建自贸区的总体发展现状。

（1）经济发展水平。

由图3-12可以看出，福建省的GDP在2010~2021年呈现稳步增长态势，但GDP增长速度却呈现先上升再下降，随后快速回升的趋势；GDP增速在2020年跌入谷底，主要是由于新冠肺炎疫情的冲击。可以预见，福建省未来经济发展持续向好。

（2）区域创新能力。

笔者用专利授权数量来衡量福建省的区域创新能力。由图3-13可知，福建省的专利授权数量呈现在波动中增长的趋势；在2015年、2018年出现了跨越式增长，可能是由于中国（福建）自由贸易试验区的建立，以及福建省和自贸区推出的一系列制度创新举措，推动福建省的区域创新能力不断提升。

（3）投资水平。

笔者以实际利用外商直接投资（FDI）金额及其与GDP之比作为福建省实际利用外资水平的测度指标，从图3-14中可知，2010~2017年，福建省实际利用FDI金额呈现先降后升的趋势，在2018年出现断崖式下降，其占GDP的比重则一直呈现下降趋势，表明福建省利用外资的水平不断下降，营商环境有待进一步改善。

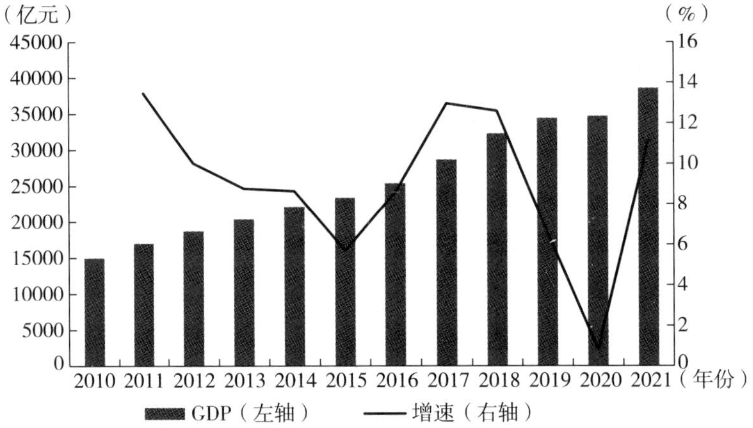

图 3-12 福建省 2010~2021 年经济发展水平

资料来源：《中国统计年鉴》（2011~2022 年）。

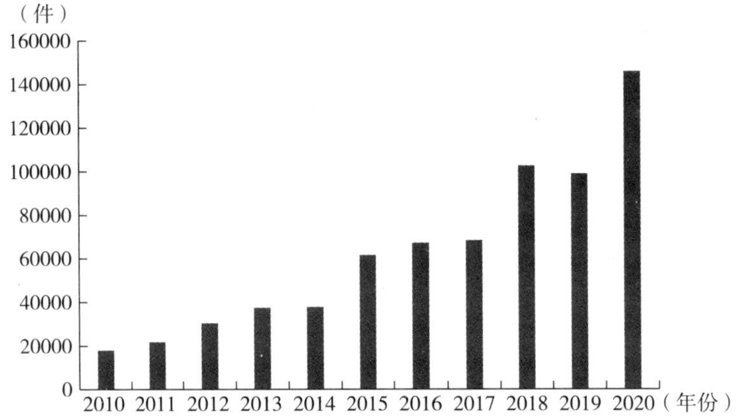

图 3-13 福建省 2010~2020 年专利授权数量

资料来源：《中国统计年鉴》（2011~2021 年）。

（4）消费水平。

由图 3-15 可以看出，2010~2021 年福建社会消费品零售总额除在 2020 年有所下降外，基本保持稳步增长，而其占 GDP 的比重（即消费水平）则呈现先上升后下降的趋势，说明消费在福建省经济中的拉动作用正在逐步下降；如何刺激消费、增强消费在经济中的带动作用，是今后福建省经济发展的一个重点。

（5）进出口水平。

由图 3-16 可知，福建省的进出口总额在 2010~2020 年没有大幅波动，仅在 2021 年大幅增加；但进出口总额占 GDP 的比重却不断下降，仅在 2021 年有所回

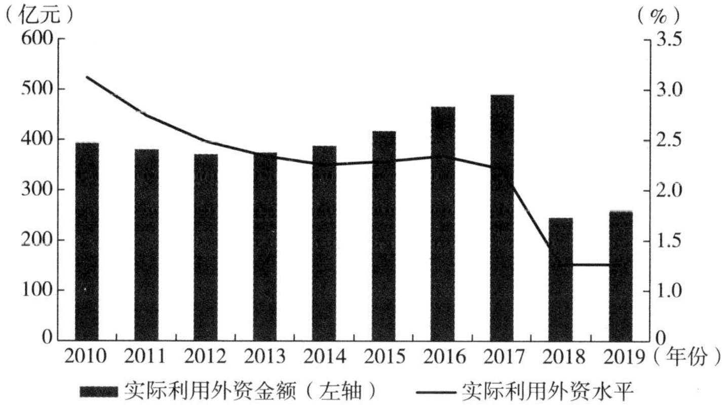

图 3-14 福建省 2010~2020 年实际利用外资水平

资料来源：《福建统计年鉴》（2011~2020 年）。

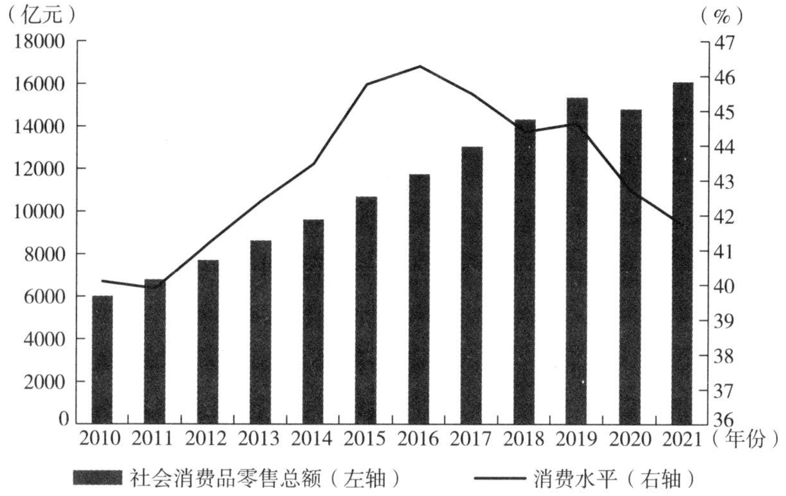

图 3-15 福建省 2010~2021 年社会消费水平

资料来源：《中国统计年鉴》（2011~2022 年）。

升，可能是由于从 2021 年以来，福建省利用自由贸易试验区的制度创新优势和政策优势，同时促进投资贸易便利化方面等一系列措施发挥了作用。

（6）政府干预程度。

由图 3-17 可知，2010~2021 年福建省地方财政支出逐渐增加，但政府支出水平（即地方财政支出占 GDP 的比重）却呈现先上升后下降的趋势，从 2015 年开始逐渐下降，表明福建自贸试验区在深化政府行政管理体制改革、转变政府职能方面取得了显著成效。

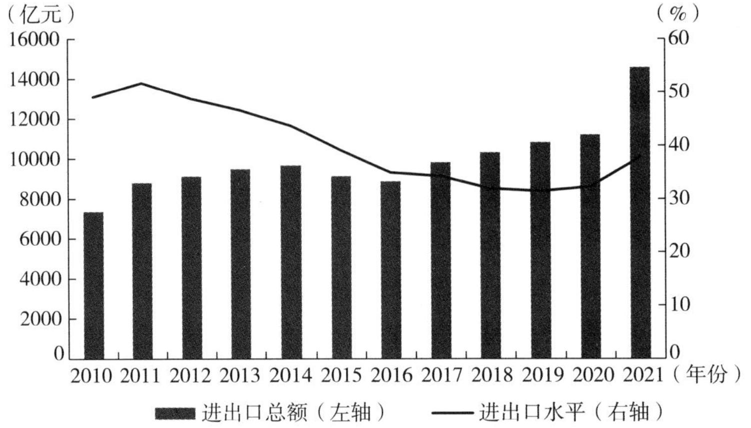

图 3-16 福建省 2010~2021 年对外贸易情况

资料来源：《福建统计年鉴》（2011~2022 年）。

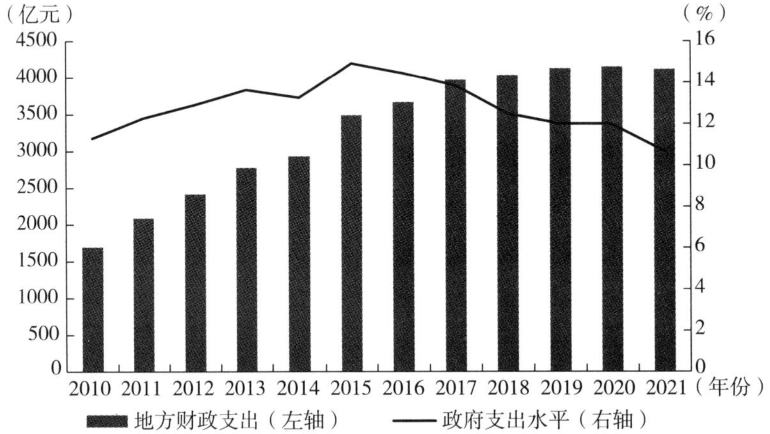

图 3-17 福建省 2010~2021 年政府干预程度

资料来源：《中国统计年鉴》（2011~2022 年）。

3.2.2.1.2 自贸区的金融体系建设现状

良好的金融市场环境和健全的金融机构体系，可以更好地推动实体经济的发展。本章将从金融总体发展、金融规模发展以及金融行业发展三个方面介绍福建自贸区的金融体系建设现状。其中，金融规模发展包含金融资产规模、金融设施规模和金融人员规模；金融行业发展包括银行、证券、保险三大主要行业。

（1）金融总体发展。

图 3-18 显示了福建省 2010~2021 年的金融业发展水平，可以看出，金融业

增加值连年上升，在 GDP 中的占比稳中有升，说明福建省金融服务体系日臻完善，金融服务实体经济的能力日益提高。

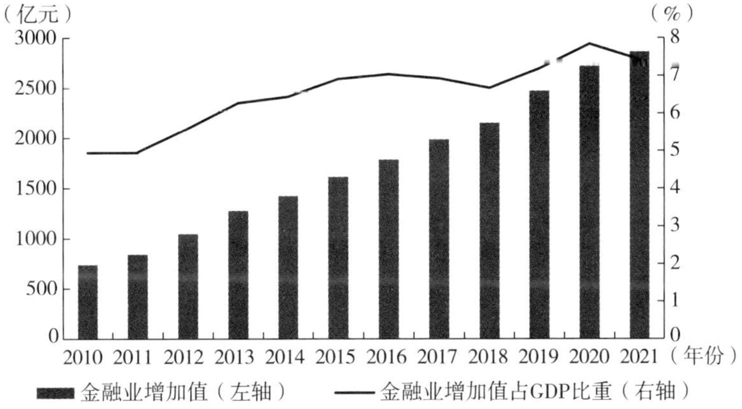

图 3-18　福建省 2010~2021 年金融业发展水平

资料来源：《福建统计年鉴》（2011~2022 年）。

（2）金融规模发展。

所谓社会融资规模，就是实体经济在一定期限内从金融体系所获取的总资金量，它反映金融服务实体经济的能力大小，笔者用该指标表示金融的资金规模。由图 3-19 可以看出，福建省社会融资规模在波动中不断增加，在 2019 年增幅较大。其中，无论是直接融资规模还是间接融资规模都呈增长态势，但是间接融资的比重要远高于直接融资。因此，福建省金融结构有待进一步优化。

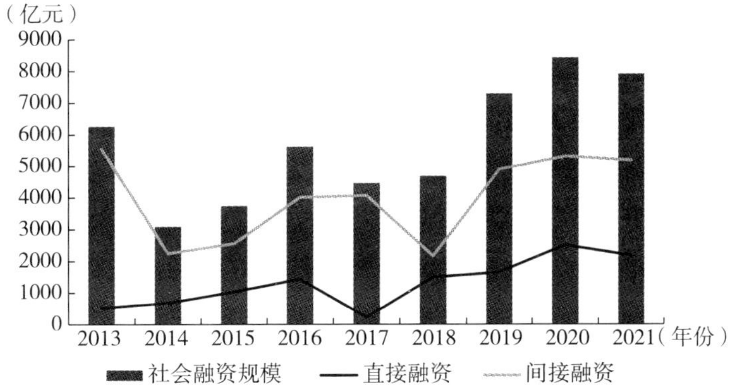

图 3-19　福建省 2013~2021 年金融资金规模

资料来源：中国人民银行官网。

笔者用人均金融机构数衡量金融设施规模，用金融业从业人员比例表征金融人员规模。由图 3-20 可以看出，2010~2020 年，福建省金融设施规模几乎没有变化，而金融人员规模缓慢增加，表明福建省金融从业人员数量的增加有利于金融业的发展。

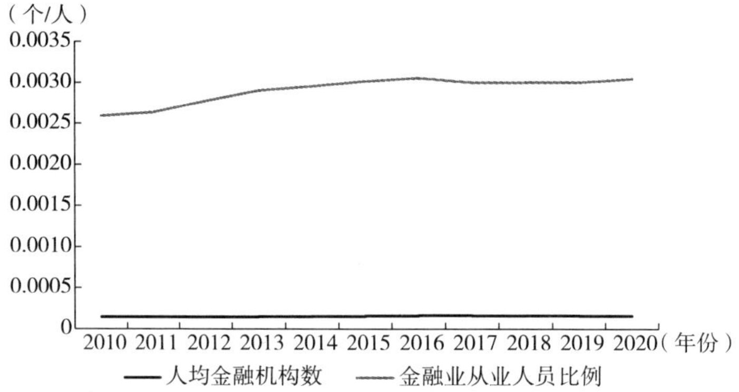

图 3-20 福建省 2010~2020 年金融设施和人员规模

资料来源：福建省金融运行报告。

（3）金融行业发展。

笔者以金融机构各项存贷款余额及在 GDP 中的占比作为银行业发展的测度指标。由图 3-21 可知，福建省金融机构各项存贷款余额在 2010~2020 年呈现阶梯状上升趋势，其占 GDP 的比重总体来看同样呈上升趋势，表明福建省银行业稳步发展，与福建省以间接融资为主导的金融结构相吻合。

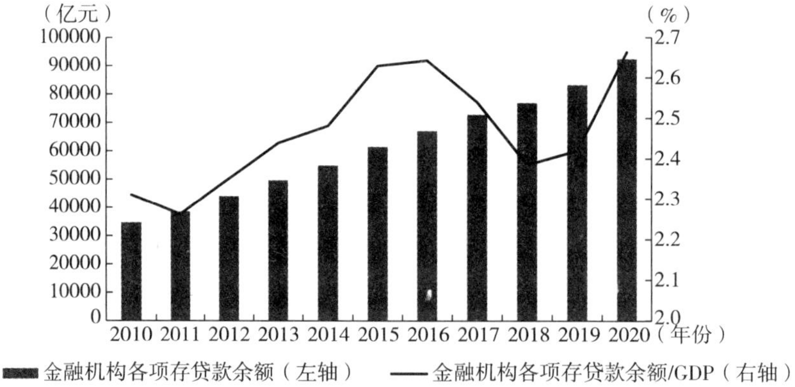

图 3-21 福建省 2010~2020 年银行业发展水平

资料来源：福建省金融运行报告。

笔者用股票流通市值及其占 GDP 的比重来描述福建省证券业的发展。股票流通市值是指福建省全部上市公司流通市值总和。由图 3-22 可以看出，福建省股票流通市值在 2010~2018 年波动上升，2019~2021 年直线上升；股票流通市值占 GDP 比重的变化趋势与之相似，表明 2019 年以来，福建省不断推进资本市场建设，证券业发展水平突飞猛进。

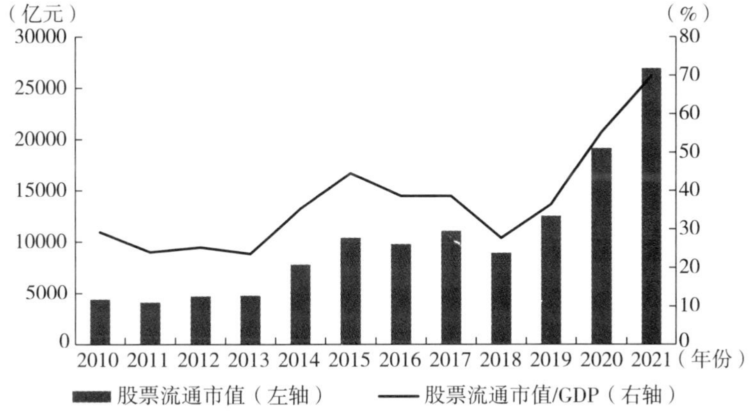

图 3-22　福建省 2010~2021 年证券业发展

资料来源：东方财富网。

保险深度代表保费收入占 GDP 的比重，保险密度则代表人均保费收入，这两项指标可以很好地测度保险业发展水平。由图 3-23 可知，2010~2020 年，福建保险深度没有较大变化，而保险密度由 1147 元/人增加到了 2376 元/人，保险业发展水平不断提高。

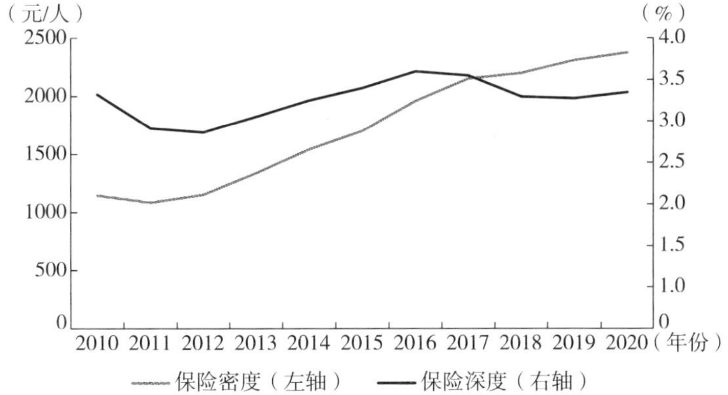

图 3-23　福建省 2010~2020 年保险业发展

资料来源：福建省金融运行报告。

3.2.2.1.3 自贸区的产业发展现状

现阶段，中国经济已经从高速增长阶段进入高质量发展阶段，实现经济高质量发展势在必行，而经济发展中的结构性问题，如产业结构低级、不合理等问题制约着经济实现高质量发展。因此，研究自由贸易试验区的产业发展现状对我国实现对外贸易由价值链低端向价值链高端转变、经济结构转型和升级有着十分重要的意义。

（1）第一产业。

图3-24为福建省2010~2021年第一产业的发展现状，由此可见，第一产业增加值在逐年增加，而其在GDP中的占比在逐年降低，说明第一产业在福建省经济中的贡献在逐步减小，而第二、第三产业的贡献则在逐步增大。

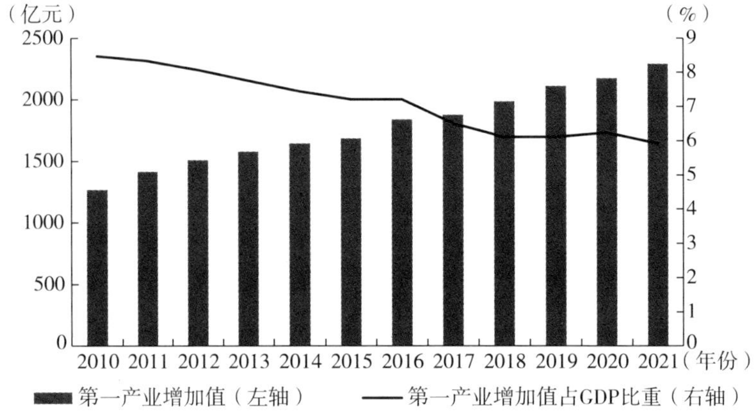

图3-24 福建省2010~2021年第一产业发展水平

资料来源：《中国统计年鉴》（2011~2022年）。

（2）第二产业。

如图3-25所示，2010~2021年福建省第二产业发展趋势与第一产业相同，福建省第二产业增加值逐渐上升，但其在GDP中的占比却在逐步降低，而且降低的幅度要大于第一产业。2021年，第二产业增加值占GDP的比重为46.85%，对经济的贡献度仍然较高。

（3）第三产业。

福建省2010~2021年第三产业发展水平如图3-26所示，2010~2021年，福建省第三产业增加值及其占GDP的比重均呈阶梯状上升趋势，第三产业占比从40.18%上升到了47.22%，超过了福建省第二产业占比，表明福建省产业结构逐渐趋向高级化、合理化。

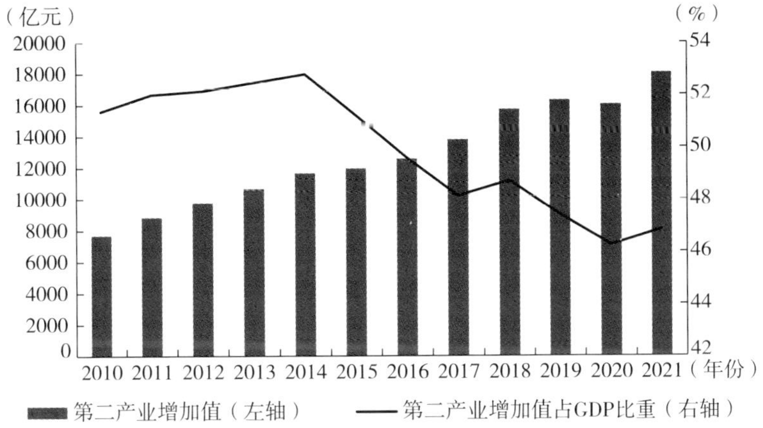

图 3-25 福建省 2010~2021 年第二产业发展水平

资料来源：《中国统计年鉴》（2011~2022 年）。

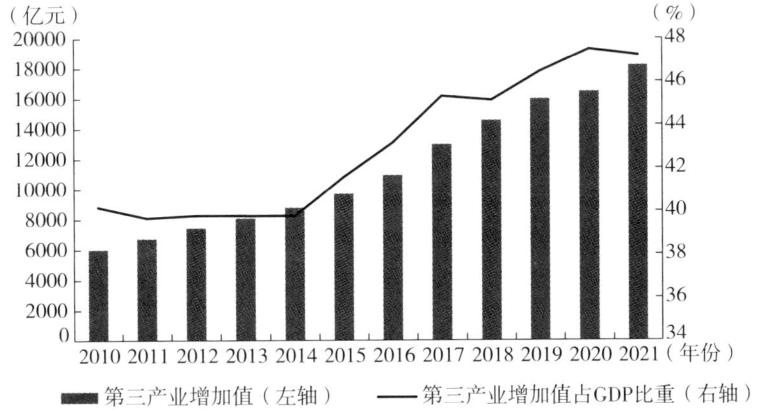

图 3-26 福建省 2010~2021 年第三产业发展水平

资料来源：《中国统计年鉴》（2011~2022 年）。

3.2.2.2 自贸区发展模式分析

福建自贸区依托两岸经济合作，重点打造 21 世纪海上丝绸之路核心区，促进 21 世纪海上丝绸之路沿线国家（地区）开放合作，本节将从福建自贸区的资源、区位和产业三个方面分析其发展模式。

3.2.2.2.1 自贸区空间拓展之资源

（1）对台开放。

对台开放是福建自贸区的一大特色，也是福建自贸区区别于其他自贸试验区的主要特征。福建自贸区应充分发挥对台的区位优势和政策优势：一是加强福建与台湾的关检合作，提升福建与台湾的贸易便利化水平；二是深化福建与台湾的金融合作，不断构建和完善两岸金融合作的平台，促进海峡两岸区域性金融服务中心的发展；三是加强与台湾地区在文创、物流、旅游等领域的合作；四是促进闽台人员来往自由化，深入推动海峡两岸经济交流与合作。

（2）与海上丝绸之路沿线国家和地区合作。

福建是海上丝绸之路的起点，与海上丝绸之路沿线国家和地区在经贸合作上有较多优势：区位相近、交通方便快捷，闽侨众多、实力雄厚，交往历史悠久，并且具有稳固的合作基础。福建自贸试验区通过融入海上丝绸之路发展，构建大通道、大商贸、大合作新格局，推动贸易自由化、贸易便利化，进而加强与海上丝绸之路沿线国家的贸易交流与合作。

3.2.2.2.2　自贸区空间拓展之区位

福建省地处中国东南沿海地区，东北接浙江省，西北接江西省，西南接广东省，东靠台湾海峡。福建自贸区是“一带一路”的重要战略节点，承载着两岸交流合作的使命。福建自贸区由福州、厦门、平潭三个片区组成。福州片区作为福建省省会，在中国东南沿海占有重要地位，是海峡西岸的政治、经济、文化、科研和现代金融服务的枢纽。厦门片区是全国十大综合配套改革试验区之一，对推动两岸金融合作、东南国际航运、对台贸易等方面具有重要作用。平潭片区以岛屿为主，是中国大陆最接近台湾岛之地，也是福州港的重要组成部分。平潭片区不仅是开放建设海峡西岸经济区和先行示范区的重要依托，也是海峡两岸“三通”的重要枢纽和口岸。

3.2.2.2.3　自贸区空间拓展之特色金融产业

福建自贸区不仅拥有银行、证券、保险等传统金融业主体，还出现了许多新兴金融业态，形成了多层次金融生态圈：福州片区金融业态不断丰富，特色金融平台也随之建立，例如马尾基金小镇是金融产业集聚与创新创业平台，重点面向新兴行业、高成长性企业进行基金投资，有力推动了基金与实体经济融合；并且，片区内的海峡基金港是一个全国性的基金管理综合服务平台，能够积极推动基金对接优秀项目，助力成长性企业获得融资。厦门片区出现了明显的金融产业集聚。厦门片区一方面加大金融专营机构和金融平台的创新力度，推出“区块链贸易金融综合平台”，实现供应链金融的配套，让银行能够追踪企业的交易信息、信用信息，从而对企业提供授信额度，便利中小企业进行贸易融资；另一方面加强两岸金融合作交流、融合发展。平潭片区主要发展基金管理、风险投资和股权交易等特色金融产业。平潭片区的海峡股权交易中心除了交易所市场之外，还为海峡两岸提供金融服务：作为第一家在国内设立的“台资板”，为台资控股企业提供股权交易、财务咨询、投融资规划等金融服务；并且，“平潭雏鹰”“平潭雄鹰”等产业引导基金有力扶持了初创型和成长型企业发展。

3.2.2.3 自贸区的定位与价值

本节通过对福建自贸区进行SWOT分析，进而研究福州、厦门和平潭三个片区的区域定位和价值。

3.2.2.3.1 自贸区的SWOT分析

（1）优势。

第一，区位优势。福建自贸区临近台湾，拥有近台、对台优势，这对于进一步深化海峡两岸的经济贸易交流、加强两岸关系、促进海峡两岸一体化发展都是有益的。

第二，福建自贸试验区特色金融产业发展成效显著，拥有马尾基金小镇、海峡基金港、产业引导基金等特色金融产业发展模式，形成了金融集聚区域，有力地扶持了成长型企业，推动了金融服务实体经济。

（2）劣势。

第一，经济基础条件与其他沿海型自贸试验区相比仍具有较大差距。

第二，福建自贸区内的企业主要是以民营企业为代表的中小型企业，竞争力薄弱，转型升级受到限制。

（3）机会。

福建作为海上丝绸之路的发祥地，与海上丝绸之路沿线各国经贸合作具有诸多优势，笔者将分析福建自贸区建设与海上丝绸之路建设的结合情况，促进与海上丝绸之路沿线各国经贸合作。

（4）挑战。

第一，福建自贸区人才供求在结构和数量上不平衡，缺乏高端技术人才和国际化人才、复合型人才和专业人才。

第二，两岸的政治关系可能阻碍闽台深化交流与合作，以及实现融合发展。

3.2.2.3.2 自贸区的区域定位

（1）福州片区。

福州片区侧重发展先进制造业，主要包括以海洋生物医药、电子信息、智能装备为主导的高端制造业和相关服务业；定位是建设面向世界的先进制造业基地。福州片区有福建省唯一的物联网产业集聚区——福州物联网产业基地和福建省基金产业最大集聚规模区——马尾基金小镇。

（2）厦门片区。

厦门片区的产业发展主要集中在现代服务业和高端制造业，由国际贸易、航空维修、融资租赁、航运物流、创新创业、文化旅游、高端制造七大功能性产业组成；厦门片区同时设立了“一站式”航空维修基地、厦门国际酒类交易平台、厦门自贸片区国家文化出口基地等；厦门的“一站式”航空维修基地产业规模是国内第一，在全球也是名列前茅；厦门国际酒类交易平台是一个以进口国外高端酒类品牌为主的集中交易平台；2022 年 8 月，商务部办公厅通报首批国家文化出口基地第二次综合评价结果，厦门自贸片区国家文化出口基地连续两年获评功能区类第一名。

（3）平潭片区。

平潭片区优先发展旅游文化康体、金融、航运物流、建筑、风能产业和重点培育会展、电子信息产业，形成“5+2”的产业发展格局，具有总部经济和影视文化产业两个产业基地。平潭总部经济基地成立之后，众多家总部企业进驻；平潭影视文化产业基地，以平潭国际旅游岛为支撑，打造了一座具有国际化特色的影视文化产业基地。

3.2.2.3.3　自贸区的区域价值

（1）福州片区。

福州片区突出区域特色，充分利用对台的有利条件，以海峡两岸经贸合作为中心，在对台投资贸易、航空、金融、旅游、农业等领域积极发展；建设先进制造业基地，建造 21 世纪海上丝绸之路沿线国家（地区）交流合作的重要平台，打造两岸服务贸易和金融创新合作示范区。

（2）厦门片区。

厦门片区定位是东南国际航运中心、两岸贸易中心、两岸区域性金融服务中心。厦门片区以现代服务业和其他新兴产业为依托，在吸引台资、对台投资和吸引外资、对外投资上，着力建设两岸新兴产业和现代服务业合作示范区。

（3）平潭片区。

平潭片区重点利用地理优势，发展对台经贸，促进两岸交流与合作，在投资贸易、人员和资金往来方面推行便利化措施，着力打造两岸共同家园，建设国际旅游岛，打造两岸经贸交流合作的“黄金通道”。

3.2.3　中国（海南）自由贸易港

中国（海南）自由贸易港（以下称海南自贸港）于 2018 年 4 月经批准设立，2020 年 6 月正式挂牌。海南自贸港覆盖海南岛全岛，面积 3.5 万平方千米。

海南打造自贸港的重点是“6+1+4”，其中“6”意味着投资、贸易、跨境资金流动、人员出入、运输自由、数据六个方面安全有序；“1”意味着海南自贸港大力发展以旅游业、现代服务业、高新技术产业为核心的现代产业体系；“4”是指加强税收、加强社会治理、加强法制、防范风险四项工作。本节主要从发展现状、发展模式和定位与价值三个方面分析海南自贸港的发展前景。

3.2.3.1 自贸港发展现状分析

3.2.3.1.1 自贸港的总体发展现状

自建立海南自贸港以来，海南投资贸易自由化、便利化水平显著提升，市场主体快速集聚，制度创新成效显著，风险防控体系不断健全，本节将从海南自贸港经济发展水平、区域创新能力、投资、消费、对外贸易等方面分析其总体发展状况。

（1）经济发展水平。

由图 3-27 可以看出，海南自贸港 2010~2021 年国内生产总值逐年增加，从 2000 亿元增加到了 6000 亿元，经济发展水平大幅提高，但 GDP 增速则呈现在波动中下降的趋势，可能是由于海南自贸港近年来更加注重经济高质量发展，而不是一味追求经济快速发展。

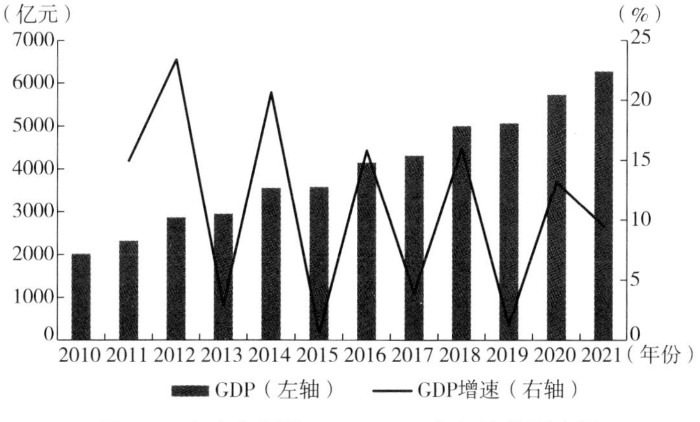

图 3-27 海南自贸港 2010~2021 年经济发展水平

资料来源：《中国统计年鉴》（2011~2022 年）。

（2）区域创新能力。

笔者用专利授权数表征区域创新能力，由图 3-28 可知，2018 年以来，海南自贸港专利授权数量快速增加，从 2017 年的 2000 件增加到了 2020 年的 8500 多件，表明海南自贸港注重改革创新，为企业进行技术创新提供了良好的环境。

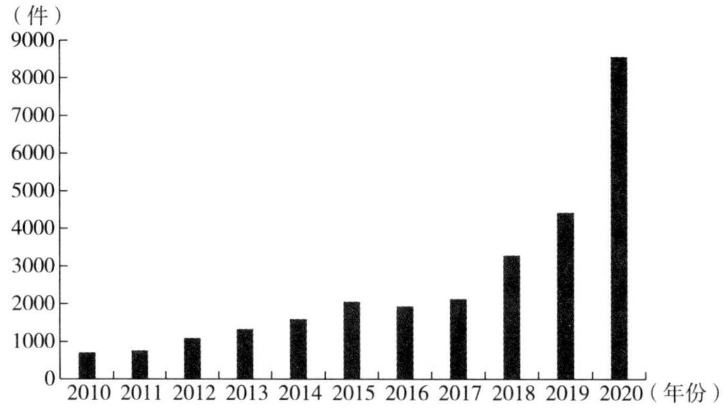

图 3-28　海南自贸港 2010~2020 年专利授权数区域创新能力

资料来源:《中国统计年鉴》(2011~2021 年)。

(3) 投资水平。

由图 3-29 可知,海南自贸港的实际利用外资额在 2018 年达到最小值,2018 年之后则呈现快速上升趋势,2010~2020 年,海南实际利用外资水平(实际利用外资额占 GDP 比重)则呈现先下降后上升的趋势,转折点同样在 2018 年,可能是由于 2018 年海南自贸港的成立显著提升了海南的投资贸易便利化水平。

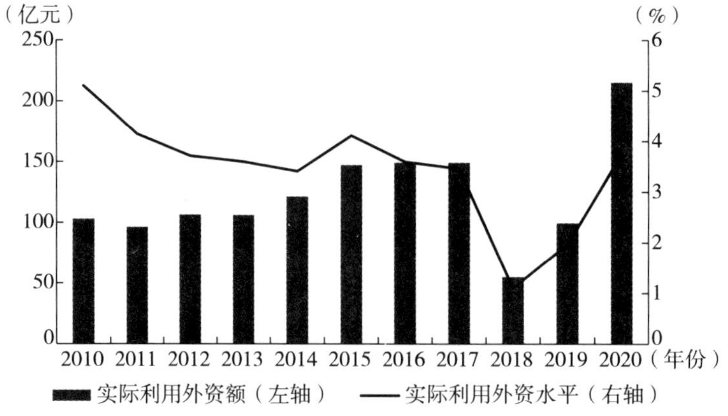

图 3-29　海南自贸港 2010~2020 年实际利用外资水平

资料来源:《海南统计年鉴》(2011~2021 年)。

(4) 社会消费水平。

由图 3-30 可以看出,2010~2021 年,海南自贸港的社会消费品零售总额在波动中增加,但消费水平则呈现先上升后下降再上升的趋势,在 2020 年达到最低点，可能是由于新冠肺炎疫情的冲击。总体来看，海南自贸港的社会消费水平逐渐提高。

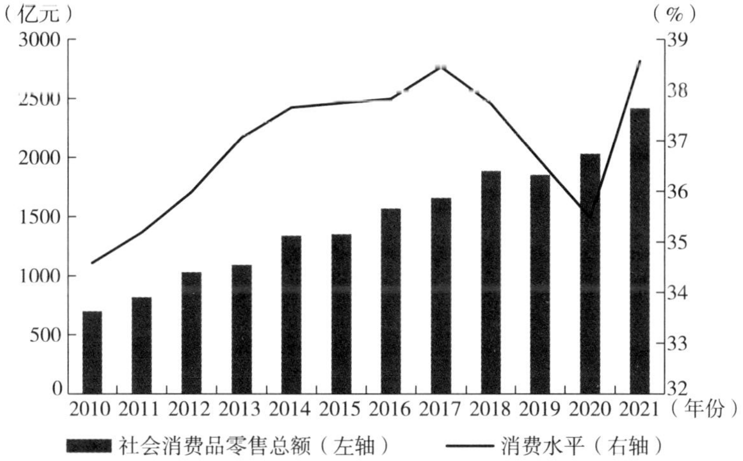

图 3-30　海南自贸港 2010~2021 年社会消费水平

资料来源：《中国统计年鉴》（2011~2022 年）。

（5）对外贸易情况。

由图 3-31 可知，海南自贸港的进出口总额在 2010~2021 年没有明显变化，在 2021 年大幅增加，但进出口水平（进出口总额占 GDP 比重）则呈现逐年下降态势，表明海南自贸港的对外开放程度有待进一步提高。

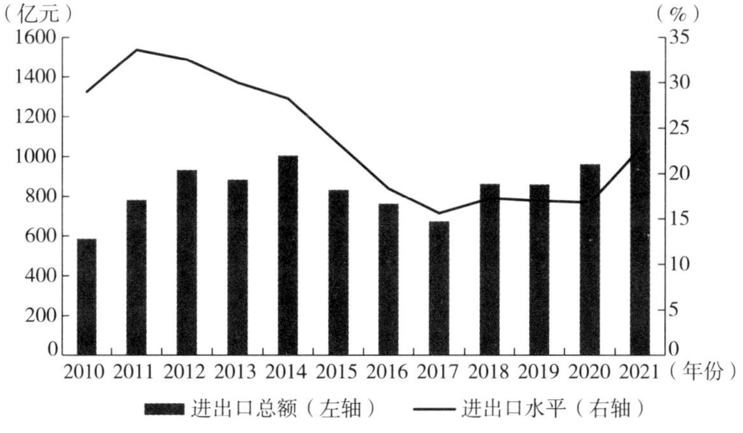

图 3-31　海南自贸港 2010~2021 年进出口水平

资料来源：《海南统计年鉴》（2011~2022 年）。

（6）政府干预程度。

图 3-32 显示了 2010~2021 年海南省的地方财政支出水平。可以看出，海南省地方财政支出在波动中增加；但政府支出水平，即地方财政支出占 GDP 的比重则基本保持不变，说明海南自贸港必须进一步转变政府职能，简政放权。

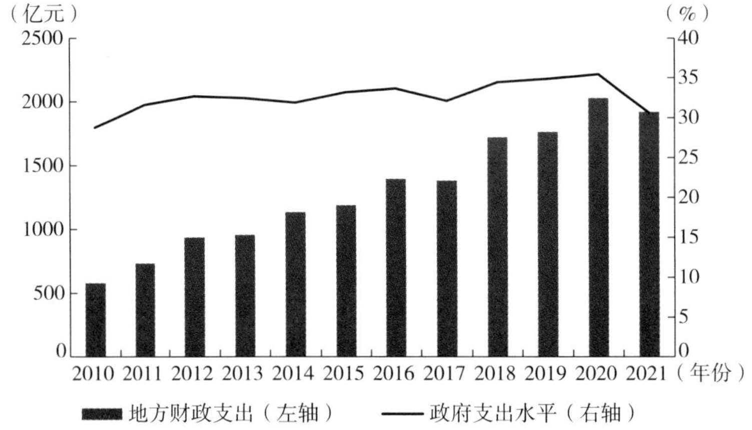

图 3-32　海南自贸港 2010~2021 年政府支出水平

资料来源：《中国统计年鉴》（2011~2022 年）。

3.2.3.1.2　自贸港的金融体系建设现状

笔者从金融总体发展、金融规模发展和金融行业发展三个方面分析海南自贸港的金融体系建设现状。

（1）金融总体发展。

金融是海南自贸港建设的重点领域，金融发展对海南打造中国特色自贸港具有强大的支持作用。图 3-33 显示了海南省 2010~2021 年金融总体发展现状，可以看出，海南省金融业增加值总体不断增加，个别年份略有下降；而金融业增加值占 GDP 的比重则在 2018 年及之前逐渐上升，在 2018 年之后逐渐下降。因此，发展海南自贸港金融业是一项长期而艰巨的任务。

（2）金融规模发展。

笔者用社会融资规模来衡量金融资金规模，由图 3-34 可知，2013~2021 年，海南省社会融资规模呈现先上升后下降再上升的趋势，然而社会融资规模的增量并未提高，表明海南自贸港金融服务实体经济能力有待提高。其中，直接融资规模呈波动增长态势，而间接融资规模在波动中下降，融资结构由间接融资为主体转变为直接融资、间接融资占比相当。

图 3-35 显示了海南省的金融设施和人员规模，可以看出，2010~2016 年，

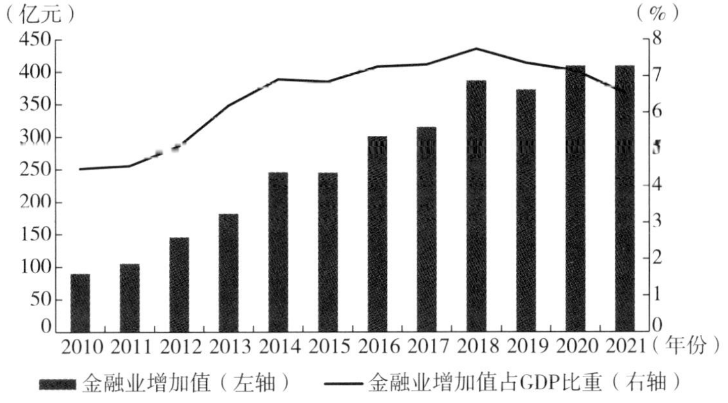

图 3-33　海南自贸港 2010~2021 年金融总体发展水平

资料来源：《海南统计年鉴》（2011~2022 年）。

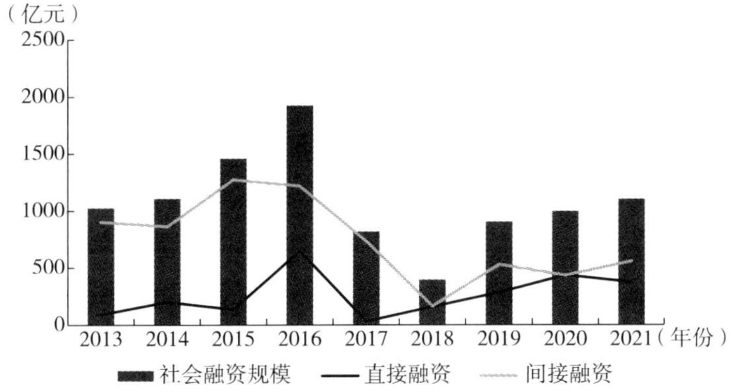

图 3-34　海南自贸港 2013~2021 年金融资金规模

资料来源：中国人民银行官网。

海南省人均金融机构数基本保持不变，而金融业从业人员比例略有上升。因此，海南自贸港的金融基础设施需要不断完善。

（3）金融行业发展。

银行业是金融的三大主体行业之一，银行业的发展有利于国民经济的平稳运行。图 3-36 为海南 2010~2020 年的银行业发展现状，笔者用金融机构各项存贷款余额及其占 GDP 的比重来衡量银行业发展。可以看出，海南自贸港金融机构各项存贷款余额稳定增长，而其占 GDP 的比重也基本保持平稳，表明海南自贸港的银行业发展稳中向好。

随着直接融资规模占比的逐渐增加、多层次资本市场的逐步完善，证券业对

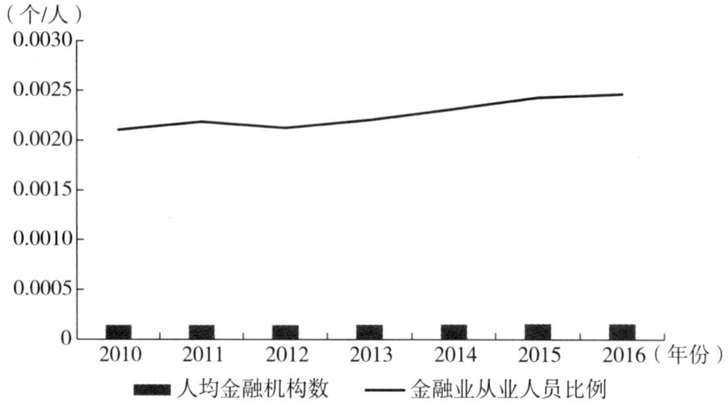

图 3-35 海南自贸港 2010~2016 年金融设施和人员规模

资料来源：海南省金融运行报告。

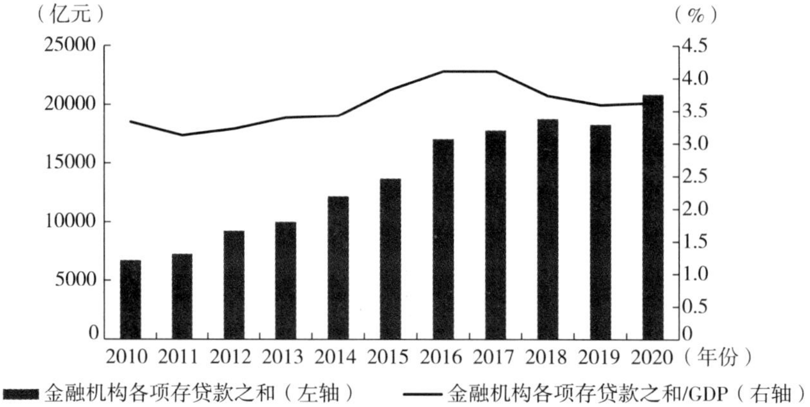

图 3-36 海南自贸港 2010~2020 年银行业发展

资料来源：海南省金融运行报告。

金融发展的贡献不断上升。图 3-37 为海南省 2010~2021 年的证券业发展现状，用股票流通市值及其占 GDP 的比重来衡量，可见股票流通市值的绝对值虽然有所增加，但其占 GDP 的比重仍然较低，证券业发展总体呈现倒“U”形。

保险业也是金融业三大支柱之一，近年来发展迅猛。由图 3-38 可知，海南自贸港保险密度和保险深度均不断增加。其中，保险密度从 553 元/人增加到了 2034 元/人，保险深度从 2.38%增加到了 3.70%，保险业的风险保障能力不断增强。

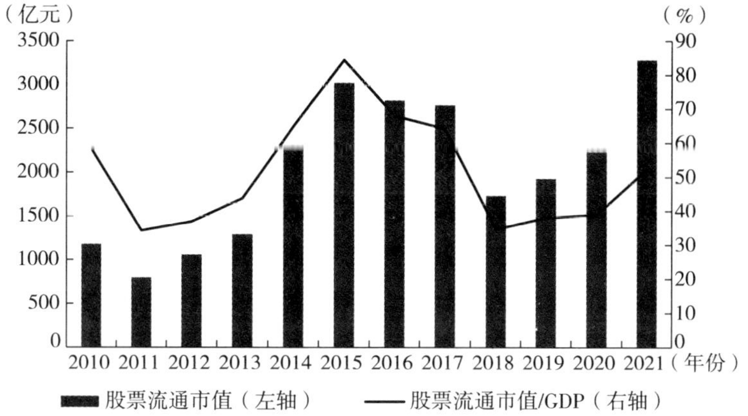

图 3-37 海南自贸港 2010~2021 年证券业发展

资料来源：东方财富网。

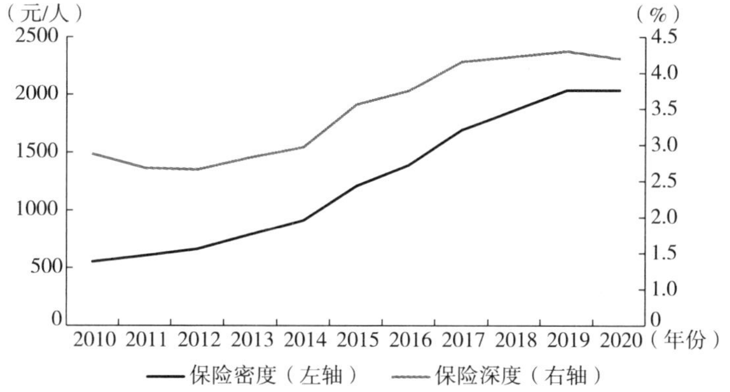

图 3-38 海南自贸港 2010~2020 年保险业发展

资料来源：海南省金融运行报告。

3.2.3.1.3 自贸港的产业发展现状

（1）第一产业。

图 3-39 为海南自贸港 2010~2021 年第一产业的发展现状，第一产业增加值在波动中上升，但其占 GDP 的比重逐渐下降，从 25.83%下降到了 19.37%，海南自贸港第一产业对经济增长的贡献逐渐下降。

（2）第二产业。

由图 3-40 可知，海南自贸港第二产业与第一产业的发展相似，第二产业增加值在波动中上升，但其占 GDP 的比重则从 26.16%下降到了 19.13%，第二产业对经济增长的贡献与第一产业基本持平。

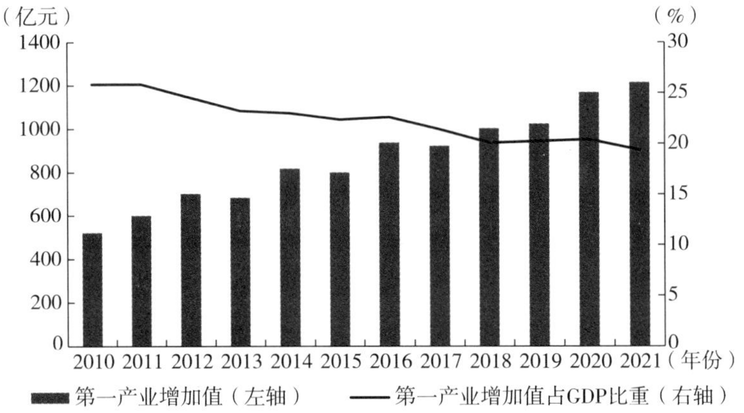

图 3-39　海南自贸港 2010~2021 年第一产业发展

资料来源：《中国统计年鉴》（2011~2022 年）。

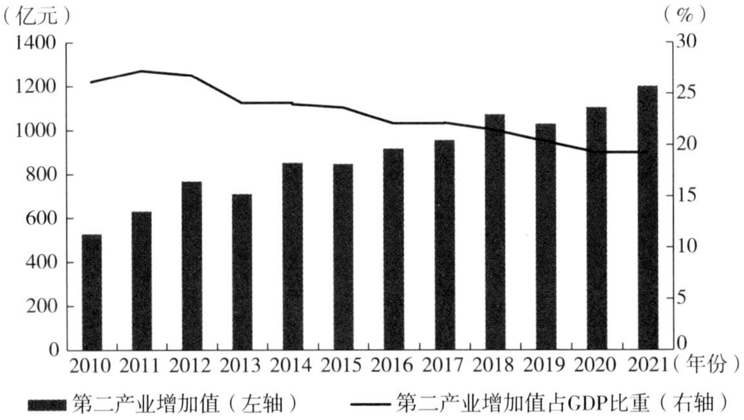

图 3-40　海南自贸港 2010~2021 年第二产业发展

资料来源：《中国统计年鉴》（2011~2022 年）。

（3）第三产业。

图 3-41 为海南自贸港 2010~2021 年第三产业的发展现状，第三产业增加值及其占 GDP 的比重均逐渐上升，第三产业对经济增长的贡献从 48.01%增加到了 61.50%。因此，海南自贸港一直是以第三产业为主导支撑经济发展。

3.2.3.2　自贸港发展模式分析

海南自贸港是我国最大的自贸区，致力于建设全面深化改革开放试验区、全国生态文明试验区、国际旅游消费中心和重大战略服务保障区。本节从海南自贸

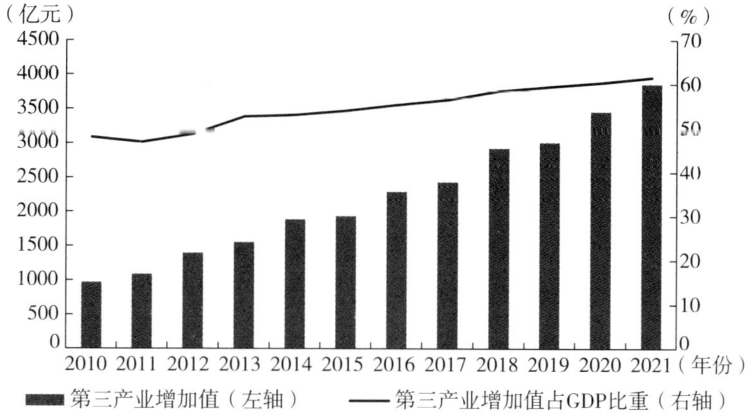

图 3-41 海南自贸港 2010~2021 年第三产业发展

资料来源：《中国统计年鉴》（2011~2022 年）。

港的资源、区位和产业三个方面分析其发展模式。

3.2.3.2.1 自贸港空间拓展之资源

（1）生态环境资源。

第一，海南岛气候资源优越。海南属热带气候，阳光充足，常年温暖，没有冬天，并且雨量充沛，植被四季常青。第二，海南岛生物资源丰富：一是热带森林，即天然林、经济林覆盖面积大，覆盖面广；二是海南岛拥有丰富的热带种质资源，珍稀动植物种类繁多，医药用动植物资源众多，动植物自然保护区众多；三是热带水资源十分丰富，海南岛四面环海，河道纵横交错，水产资源十分丰富，水产养殖产业十分发达。第三，海南岛是资源富集区。海南岛除了海洋渔业、海洋旅游观光资源十分丰富之外，还有石油、天然气、各类金属矿产和海洋能源。海南岛的生态环境资源为海南岛旅游业的发展奠定了重要基础。

（2）社会文化资源。

海南的资源丰富，包括港口、矿产、农业和海洋等资源，也具有丰富的人文旅游资源，且旅游产业发展历史悠久，独具特色；同时，海南聚集了众多少数民族，各少数民族拥有独特的民族文化，如民俗、民居、餐饮、服饰、宗教信仰等，都是宝贵的民族文化财富；海南自贸港汇集了国家多个重大战略，具有政策优势和制度优势。

3.2.3.2.2 自贸港空间拓展之区位

海南自贸港地处中国最南端，北与广东省隔琼州海峡相望，西临北部湾，与越南和广西壮族自治区一衣带水，东临南海和台湾，其南与菲律宾、文莱、马来西亚等东盟国家接壤。海南岛是中国第二大岛，拥有漫长的海岸线，截至2021年底，已发展有海口港、三亚港、八所港、洋浦港、马村港等19个港口；同时，海南岛作为相对独立的地理单元，有特殊区位优势，在国内市场拥有超大规模，经济腹地优势明显；海南自贸港位于南海，连接印度洋和太平洋，是“一带一路”和“21世纪海上丝绸之路”重要节点，也是中国进一步深化改革和扩大开放的主要通道。

3.2.3.2.3　自贸港空间拓展之产业

（1）旅游业。

海南自贸港紧紧围绕“国际旅游消费中心”的战略定位，推动旅游和文化体育、健康医疗、养老养生的深度融合，提升博鳌乐城国际医疗旅游先行区发展水平，建设文化旅游产业园，发展特色旅游产业集群，培育新业态、新模式；推动三亚加快发展国际邮轮母港，建设邮轮旅游试验区；推动海南岛建设国家级旅游度假区和5A级景区。

（2）现代服务业。

海南自贸港通过发展保税仓储、国际物流配送、转口贸易、大宗商品贸易、集装箱拆拼箱等服务业，提升国际物流服务水平，促进港口、产业和城市的融合发展；建设海南国际设计岛、区域性会展中心、理工农医国际教育创新岛，提高服务业对外开放水平；发展海洋旅游、海洋信息服务、海洋金融、海洋商务等，建立海洋服务体系；打造国家级对外文化贸易基地。

（3）高新技术产业。

海南自贸港重点发展物联网、人工智能、区块链、数字贸易等信息技术产业，大力发展环保、生物医药、新能源汽车等高端制造业；依托文昌国际航天城、三亚深水科技城发展深海、深空产业；依托海南岛作为国家南繁科研育种基地的优势，建设世界热带农业、世界动植物种质资源中转站；打造智慧海南。

3.2.3.3　自贸港的定位与价值

本节通过对海南自贸港进行SWOT分析，进而研究海南自贸港的区域定位和价值。

3.2.3.3.1　自贸港的SWOT分析

（1）优势。

第一，海南自贸港自然资源丰富。海南岛良好的气候条件、丰富的生物资源和宝贵的海洋资源，为旅游业的发展提供了良好的条件。

第二，海南自贸港地理位置独特。海南岛四面环海，背靠内陆，面向东南亚多个国家，具有作为独立地理单元的区位优势。

第三，海南自贸港作为全国最大的自由贸易区，在全岛试点全面深化改革、实行高层次对外开放方面，有着得天独厚的优势。

（2）劣势。

第一，海南自贸港经济发展水平同国内外发达地区相比，仍存在较大差距。

第二，海南自贸港人才资源短缺，人才引进面临困境，且人才引进政策同其他地区相比并无突出的创新。

第三，海南自贸港的市场环境还需要进一步完善，政府服务还需要进一步加强。

（3）机会。

第一，海南自贸港作为南海地区的重要枢纽，对促进泛南海经济圈乃至全球范围内的经济贸易合作具有重要意义，为21世纪“海上丝绸之路”建设提供了重要的支撑。

第二，积极主动对接“粤港澳大湾区”“一带一路”。

第三，充分发挥中央赋予海南先行先试的政策优势，拓展与泛南海、东盟、“一带一路”沿线各国（地区）与全球各国（地区）之间的衔接与合作。

（4）挑战。

第一，海南自贸港是我国首个自贸港，没有国内先进经验可以借鉴。

第二，海南自贸港区域面积大，影响大，试验后果控制难度较大。

第三，受全球新冠肺炎疫情冲击，海南自贸港进出口贸易受到影响。

3.2.3.3.2 自贸港的区域定位

第一，全面深化改革开放试验区。海南自贸港在新的经济全球化背景下，采取了更为积极的开放策略，努力构建新的开放型经济体系，使海南成为我国向印度洋、太平洋开放的主要通道。

第二，国家生态文明试验区。海南自贸港树立和实践“绿水青山就是金山银山”的理念，坚持人与自然协调发展，探索出一条适合中国生态文明建设的新路子，取得生态文明建设新经验。

第三，国际旅游消费中心。提升海南自贸港的服务品质和国际化水平，推动国内旅游消费开放，建设业态丰富、品牌聚集、环境宜人、特色突出的国际旅游消费中心。

第四，国家重大战略服务保障区。海南自贸港进一步融入海洋强国、军民融合等国家战略，增强海南的国际竞争力。

3.2.3.3.3 自贸港的区域价值

第一，海南自贸港的建设，是加快中国改革开放步伐的伟大创举，也是推进海南全面深化改革开放新模式，在制度架构上具有明显的顶层设计特征。

第二，海南自贸港发挥了“名片”的作用。习近平总书记关于海南自贸港发展的要求是：努力成为新时代中国改革开放的示范，使海南成为展示中国风范、中国气派、中国形象的亮丽名片，这就要求海南自贸港有中国特色。

第三，中央赋予海南自贸港先行先试的政策优势和更大的改革自主权，海南自贸港既需要利用自身的资源禀赋与比较优势，也要突出改革创新。

第四，海南自贸港能够实现区域内和区域外的双重产业协作：区域内，海南自贸港建设了“海澄文”融合发展综合经济圈、“大三亚”旅游经济圈、环岛黄金海岸带经济圈，是促进海南省区域协调发展、城乡融合发展的重要举措；区域外，海南自贸港积极参与“粤港澳大湾区”建设发展，加强同“一带一路”沿线各国（地区）的交流与合作。

3.3 内陆型自贸区发展前景分析

在制度创新、优化营商环境、发展先进产业等方面，内陆型自贸区与沿海型自贸区具有相似之处，其发展的重点与模式主要有以下五个：第一，大力发展新兴产业和高端制造业。内陆型自贸区虽不像沿海型自贸区具有港口优势，但多集中在武汉、重庆、西安等科技实力较强的城市，因此其发展潜力并不比沿海型自贸区差。第二，内陆型自贸区是中国经济内循环的重要节点。随着劳动力成本的不断上升和地租水平的快速增长，沿海地区的企业不断向中西部地区转移，内陆型自贸区的建立与发展正好可以承接沿海地区的产业转移，促进中国投资、消费与产业转型升级，使中国经济实现双循中的内循环。第三，实现与“一带一路”的衔接。与沿海型自贸区一样，内陆型自贸区同样要与“一带一路”衔接，成为中国对外开放的主要平台。第四，促进中西部地区的发展。建立内陆型自贸区既可以促进中西部地区的经济发展，又能够促进沿海地区参与“西部大开发”。第五，我国实际利用外贸比例不均衡，东部沿海地区实际利用外资占全国80%左右，而内陆型自贸区所在区域与沿海区域相比，经济发展水平还有一定差距，这就导致了内陆型自贸区所在区域的招商引资面临较大压力。本节选择了中国（河南）自由贸易试验区和中国（陕西）自由贸易试验区两个典型的内陆型自贸区，对其发展前景进行了较为详尽的分析。

3.3.1 中国（河南）自由贸易试验区

中国（河南）自由贸易试验区（以下简称河南自贸区）总面积119.77平方

千米，由三个片区组成：郑州片区 73.17 平方千米、洛阳片区 26.66 平方千米、开封片区 19.94 平方千米①。河南自贸区与沿海型自贸区相比，其经济金融发展水平、科技创新水平和人力资本均处于劣势地位。因此，河南自贸区应形成差异化优势、提高自身的核心竞争力，建设服务“一带一路”的现代化综合性交通枢纽、内陆开放型经济示范区、全面深化改革的试验田。本节分别从发展现状、发展模式、区域定位和价值等方面对河南自贸区发展前景进行了细致分析。由于数据的可得性，在自贸区发展现状方面，采用省级层面的数据进行分析。

3.3.1.1 自贸区发展现状分析

3.3.1.1.1 自贸区总体发展现状

河南自贸区自成立以来，在优化营商环境、促进产业结构转型升级、转变政府职能三方面取得了不错的成绩。本节将从经济发展水平、区域创新能力（即专利授权数）、投资水平、消费水平、进出口水平和政府干预程度六个方面对河南自贸区的总体发展情况进行分析。

（1）经济发展水平。

由图 3-42 可以看出，2010~2021 年河南省的经济发展处于稳步增长态势，尤其是 2017 年河南自贸区设立后，河南省 GDP 从 4 万亿元增长到了 5 万亿元；但其增速在 0%~20%剧烈波动，近年来增速和波动程度均逐渐放缓。可见，河南自贸试验区的建设可以促进河南省经济高质量发展。

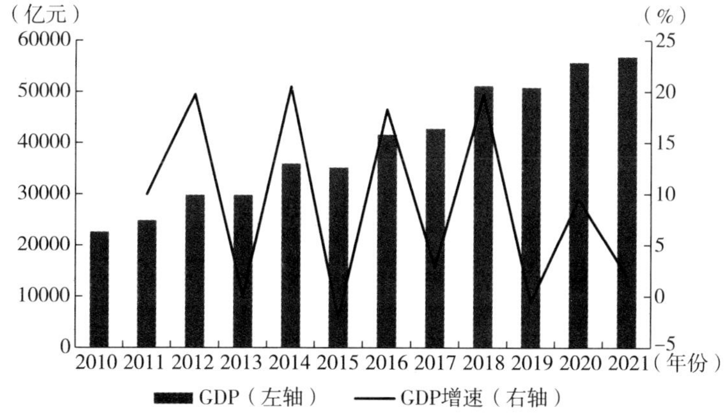

图 3-42 河南省 2010~2021 年经济发展水平

资料来源：《中国统计年鉴》（2011~2022 年）。

① 《国务院关于印发中国（河南）自由贸易试验区总体方案的通知》（国发〔2017〕17 号）。

(2) 区域创新能力。

由图 3-43 可知，自 2017 年以来，河南省专利授权数量大幅增加，呈现阶梯式增长；可能是由于河南自由贸易试验区的建立改善了营商环境，促使企业进行自主研发和科技创新，从而提升了河南省的区域创新能力。

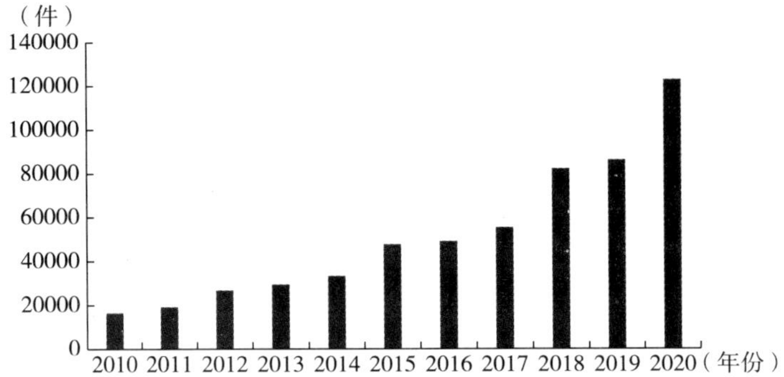

图 3-43　河南省 2010~2020 年专利授权数

资料来源：《中国统计年鉴》（2011~2021 年）。

(3) 投资水平。

由图 3-44 可以看出，2010~2020 年，河南省实际利用外资金额总体逐渐增加，但实际利用外资水平（即实际利用外资金额占 GDP 比重）呈现先上升后下降的趋势，近年来实际利用外资水平虽逐渐回升，但仍然较低。因此，河南自贸区未来的发展应致力于吸引外商直接投资，并在投资领域进行创新。

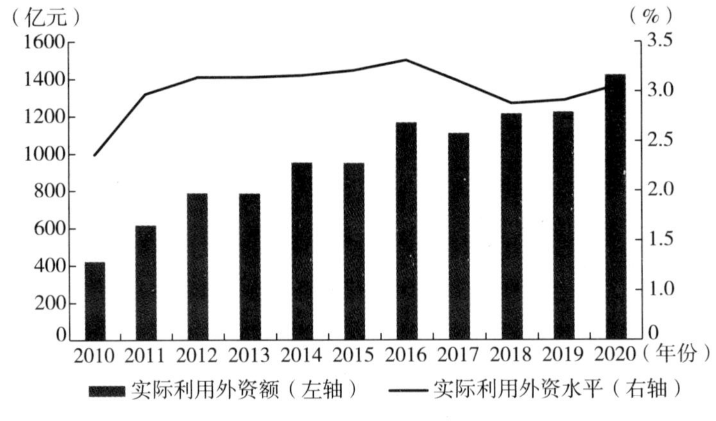

图 3-44　河南省 2010~2020 年实际利用外资水平

资料来源：《河南统计年鉴》（2011~2021 年）。

（4）消费水平。

消费作为拉动经济增长的“三驾马车”之首，对深化经济体制改革、实现经济高质量发展具有重要意义。由图 3-45 可以看出，河南省 2010~2021 年社会消费品零售总额逐年增加，消费水平稳定在 40%~45%，居民消费需求旺盛，为河南自贸区建设提供了良好的社会经济环境。

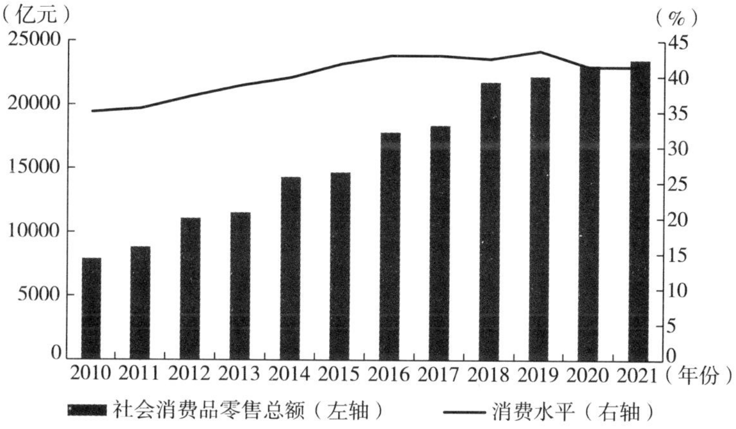

图 3-45 河南省 2010~2021 年社会消费水平

资料来源：《中国统计年鉴》（2011~2022 年）。

（5）进出口水平。

由图 3-46 可知，2010~2021 年河南省进出口总额逐渐增长，而进出口水平（即进出口总额占 GDP 比重）呈现先上升后稳定再上升的趋势。河南省进出口水平明显提高，可能是由于河南自贸区在对外贸易领域的一系列创新举措发挥了作用。

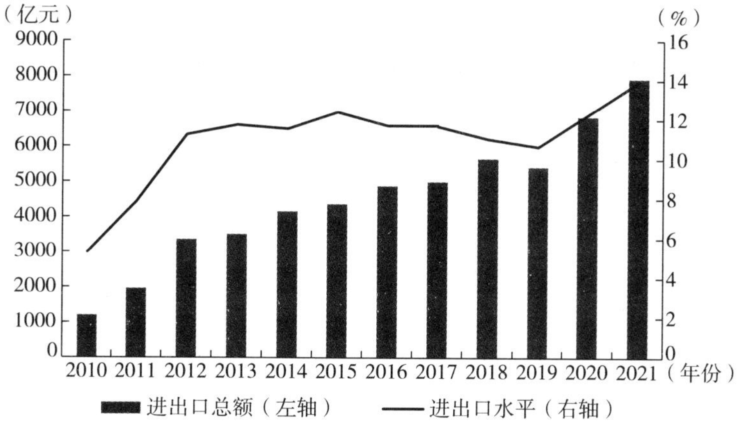

图 3-46 河南省 2010~2021 年进出口水平

资料来源：《河南统计年鉴》（2011~2022 年）。

(6) 政府干预程度。

由图 3-47 可以看出，河南省的地方财政支出虽总体呈现逐年增加态势，但政府支出水平较为稳定，在 2021 年甚至出现了下降趋势，表明河南自贸区在转变政府职能、减少政府干预方面取得了一定成效。

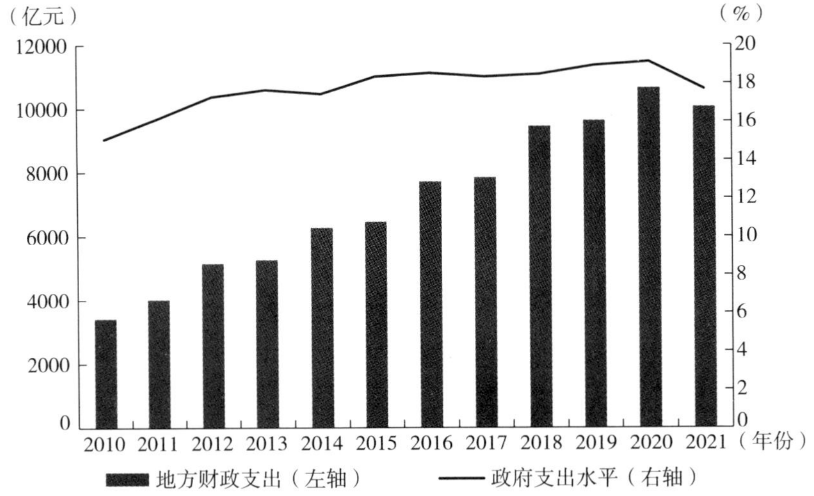

图 3-47　河南省 2010~2021 年政府干预程度

资料来源:《中国统计年鉴》(2011~2022 年)。

3.3.1.1.2　自贸区的金融体系建设现状

笔者从金融总体发展、金融规模发展以及金融行业发展三个方面介绍河南自贸区的金融体系建设现状。

(1) 金融总体发展。

金融对自贸区的发展至关重要，卓越的金融生态是经济和金融和谐发展、良好互动的先决条件。从图 3-48 中可以看出，河南省金融业增加值及金融业增加值占 GDP 的比重均稳中有升，河南省金融业整体发展水平稳步提高，为河南自贸区进行金融创新奠定了良好的基础。

(2) 金融规模发展。

由图 3-49 可知，河南省社会融资规模自 2017 年以来呈现逐年增加态势，仅在 2021 年有所下降。其中，直接融资显著增加，间接融资先增后减。由此可见，设立河南自贸区有利于优化金融结构、完善金融市场，进而提升金融服务实体经济的能力。

由图 3-50 可知，2010~2020 年，河南省的人均金融机构数量基本保持不变，

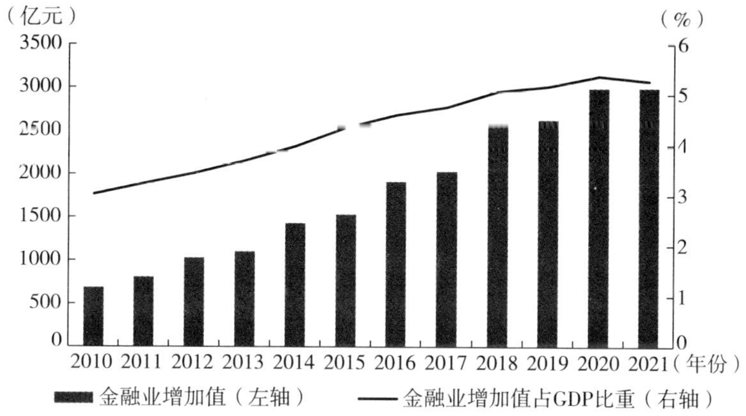

图 3-48 河南省 2010~2021 年金融业总体发展水平

资料来源：《河南统计年鉴》（2011~2022 年）。

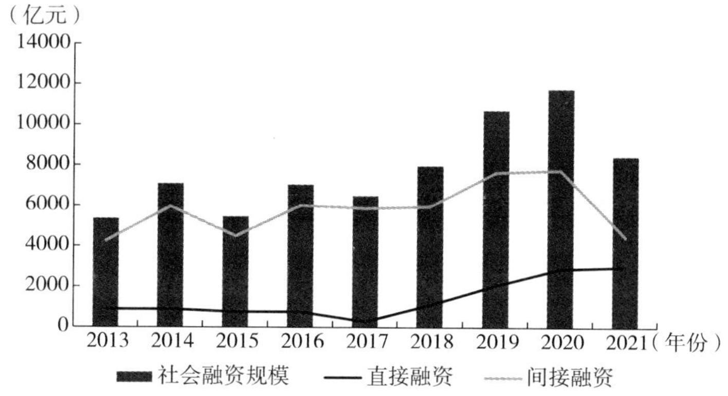

图 3-49 河南省 2013~2021 年金融资金规模

资料来源：中国人民银行官网。

而金融业从业人员比例在 2017 年达到最大值，之后逐渐回落。虽然金融机构和金融机构从业人员的绝对数逐年增加，但其所占比重基本保持不变。因此，为支持河南自贸区的金融发展，应注重增加金融基础设施和人员规模。

（3）金融行业发展。

从河南金融结构来看，间接融资占了相当大的比例；而银行则是间接融资的主体，因此银行业的发展对河南省的金融发展至关重要。由图 3-51 可知，2010~2020 年，河南省银行业发展水平逐年提高，为河南自贸区金融业的发展作出较大贡献。

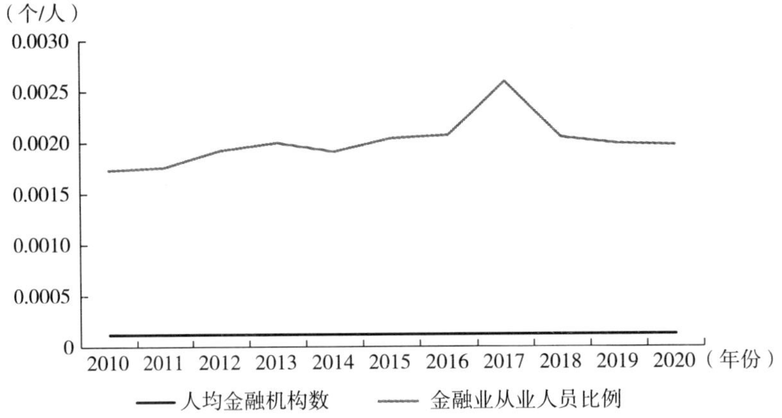

图 3-50　河南省 2010~2020 年金融设施和人员规模

资料来源：河南省金融运行报告。

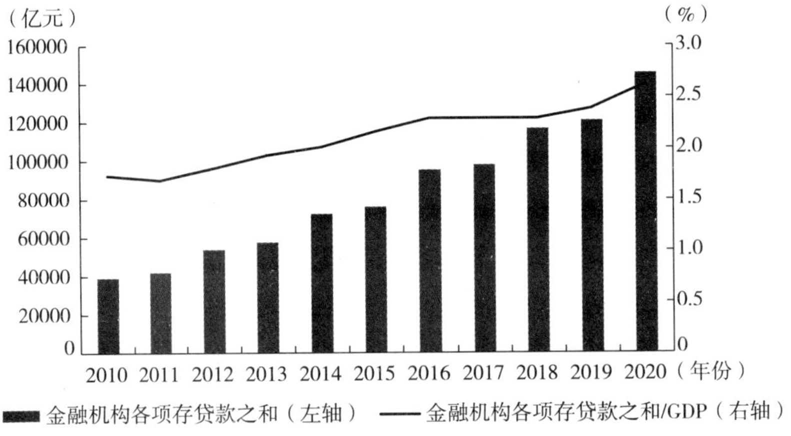

图 3-51　河南省 2010~2020 年银行业发展

资料来源：河南省金融运行报告。

河南省的直接融资发展一直处于较低水平，为优化河南省金融结构、完善金融机构体系，应注重培育资本市场。由图 3-52 可知，河南省证券业呈现在波动中逐渐上升的发展趋势。资本市场的逐步完善为河南自贸区的建设营造了良好的金融市场环境。

由图 3-53 可知，河南省保险深度和保险密度均不断增加，保险业发展水平逐渐提高，风险保障功能不断增强。

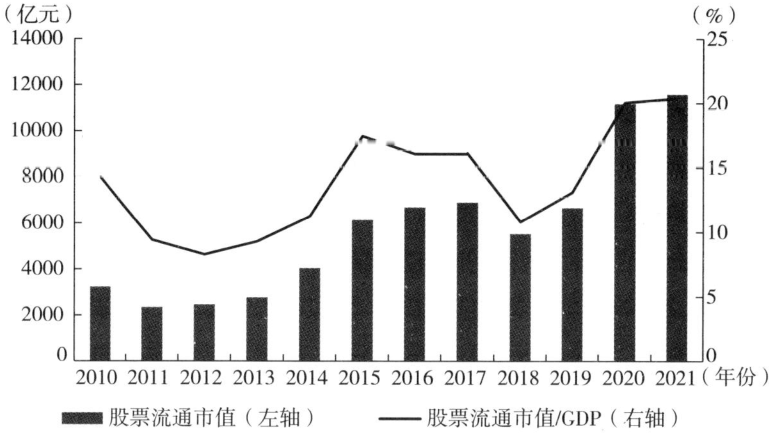

图 3-52 河南省 2010~2021 年证券业发展

资料来源：东方财富网。

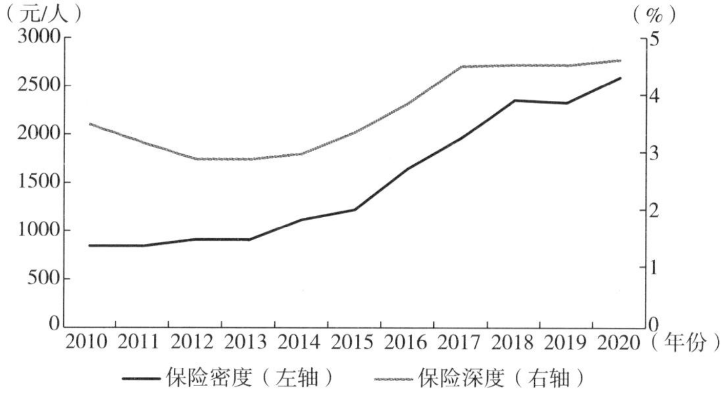

图 3-53 河南省 2010~2020 年保险业发展

资料来源：河南省金融运行报告。

3.3.1.1.3 自贸区的产业发展现状

（1）第一产业。

图 3-54 为 2010~2021 年河南省第一产业的发展现状。可以看出，河南省第一产业增加值波动上升，但占 GDP 的比重逐年下降。表明河南省农林牧渔业的发展对经济增长的贡献逐渐下降，可能是由于第二产业、第三产业占比逐渐上升。

（2）第二产业。

图 3-55 为河南省第二产业的发展现状。与第一产业发展相似，第二产业增加值呈波动上升趋势，但与 GDP 之比呈逐年递减趋势，说明河南省第二产业在经济增长中所占比重逐步减小，这可能得益于第三产业的迅猛发展。

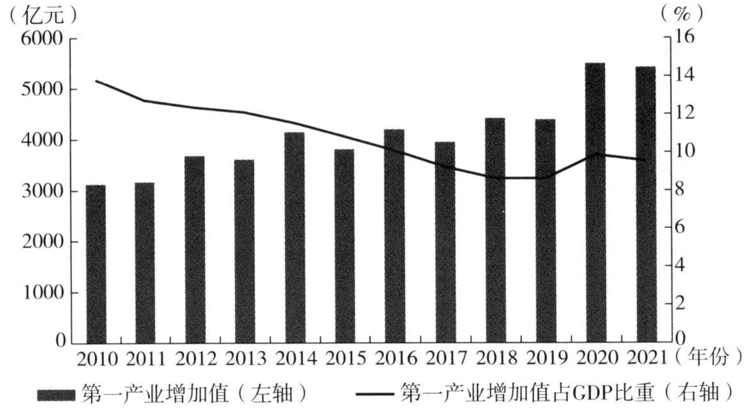

图 3-54　河南省 2010~2021 年第一产业发展

资料来源：《中国统计年鉴》（2011~2022 年）。

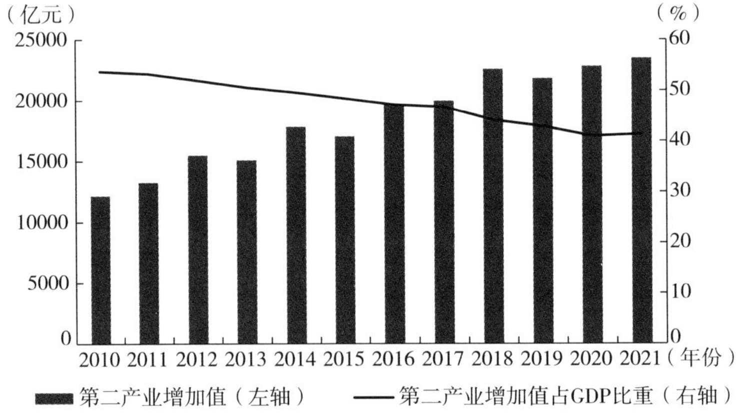

图 3-55　河南省 2010~2021 年第二产业发展

资料来源：《中国统计年鉴》（2011~2022 年）。

（3）第三产业。

图 3-56 为河南省第三产业的发展现状。可以看出，第三产业发展水平连年上升，特别是 2017 年后；且 2017 年后第三产业增加值在 GDP 中的占比达到较高水平，促进经济增长效果最好。服务业比重逐步上升，说明河南省产业结构已逐步走向合理化和高级化，为河南自贸区发展高端产业奠定了良好的基础。

3.3.1.2　自贸区发展模式分析

河南自贸区是典型的内陆型自贸试验区，其战略定位为“两体系一枢纽”，即构建连接东西、贯通南北的现代立体交通体系、现代物流体系与服务“一带一

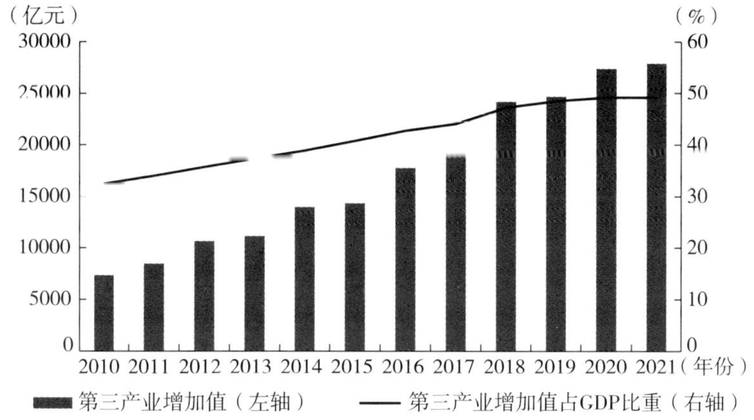

图 3-56 河南省 2010~2021 年第三产业发展

资料来源：《中国统计年鉴》（2011~2022 年）。

路”建设的现代综合交通枢纽。笔者将从河南自贸区的资源、区位和产业三个方面分析其发展模式。

3.3.1.2.1 自贸区空间拓展之资源

（1）人口资源。

河南省作为人口大省，具有丰富的劳动力资源。河南省统计局公布的数据显示，截至 2021 年末，河南省常住人口数为 9883 万，其中，城镇常住人口数为 5579 万，城镇化水平达到 56.45%；河南省普通高等学校毕业生 67.84 万。河南省具有人口数量与质量的双重优势：一方面高素质的劳动力资源能够解决现代产业发展与劳动力需求的矛盾；另一方面丰富的人口资源能够转化为巨大的消费潜力，激发市场需求和活力。

（2）文旅资源。

河南省历史悠久，文化遗产与旅游资源丰富，利于特色旅游产业的开发和创意文化园区的打造。文物方面。全省现有不可移动文物 65519 处，数量居全国第二，其中世界文化遗产 5 处，全国重点文物保护单位 420 处，省级文物保护单位 1170 处；国家文物局公布和立项的国家考古遗址公园 13 处；国家级历史文化名城 8 个、名镇 10 个、名村 2 个，省级历史文化名城 15 个、名镇 51 个、名村 46 个。非物质文化遗产方面，全省有 3 个项目列入联合国教科文组织人类非遗代表作名录（二十四节气、皮影戏、太极拳，均为共同申报项目），113 个项目列入国家级非遗名录，728 个项目列入省级非遗名录。公共文化、文化产业方面。全省有国家级公共文化服务体系示范区 4 个、示范项目 8 个，省级示范区 24 个、示范项目 24 个。

（3）农业、工业资源。

河南省是农业大省，第一产业（农林牧渔业）占生产总值的比重占10%左右。第二产业（工业）占生产总值的比重虽然逐渐下降，但仍然超过了40%，是支撑河南省经济发展的重要产业；装备、食品、新型材料、电子、汽车制造业为河南省五大主导产业；同时河南省不断发展高科技产业和战略性新兴产业，推动传统产业转型升级。

3.3.1.2.2 自贸区空间拓展之区位

（1）地理条件。

河南省地处华中地区，是丝绸之路经济带和海上丝绸之路的重要结合点，也是连接南北、贯通东西的重要桥梁和纽带。河南省位于黄河流域中下游，与京津冀、长三角地区经济往来密切。郑州是河南省的省会，位于中原经济腹地，是全国重点工业城市，也是全国电力、邮政、通信枢纽城市；郑州市拥有完备的公路、铁路、航空等运输体系。开封市地处河南省中东部，西接郑州市，东接商丘市，南连许昌市、周口市，北与新乡市隔黄河相望。洛阳市地处中国中部核心区域，是中原经济区副中心城市；河南自贸区洛阳片区位于洛阳市的核心区域。

（2）交通条件。

河南省是我国重要的交通枢纽，拥有陆空结合、多式联运的完善的综合交通运输体系。郑州市拥有公路、铁路、航空、管道运输等四通八达的交通网络；同时郑州位于京广线和陇海线的交汇处，京港澳高速和连霍高速两条主要高速的交汇点；郑州市拥有中国最大的铁路集装箱运输中心和亚洲最大的铁路列车编组站，是全国普通高速铁路“双十字”枢纽；郑州航空港综合实验区是我国第一个服务国家战略的航空港经济发展先行区。开封市的交通条件逐步改善，陇海铁路、郑徐高速客运专线穿城而过，东西与京广、京九铁路相邻，还有郑州高铁东站、郑州地铁与之相连。洛阳市位于陆上丝绸之路的最东端，地处陇海线、焦柳线的交叉点，是中西部地区乃至全国的重要交通枢纽。

3.3.1.2.3 自贸区空间拓展之产业

（1）交通物流产业。

河南省，尤其是郑州市，位于中原腹地，是我国重要的综合运输枢纽，人才流、物流、信息流中心，具有突出的交通优势。因此，交通物流产业是河南自贸区的特色产业。河南自贸区以“两体系一枢纽”为核心，构建立体化、多式联运服务体系；为了建设现代化、国际化的综合交通枢纽，河南自贸区打造了陆海空网四条丝绸之路；为建设国际物流中心，河南自贸区从降本增效、辐射带动和智慧物流等方面促进物流业高质量发展。

（2）文化产业。

河南自贸区洛阳片区可以通过建设重大文化类项目，促进华夏文明的传承与创新。洛阳作为“东方博物馆之都”，拥有大运河文化带、隋唐洛阳城国家历史文化公园，中国二里头夏都遗址博物馆，还拥有丝绸之路文化交流中心、洛阳国际展览中心等众多文化建设项目；洛阳片区可通过举办旅游文创展会、论坛等活动，以及编辑出版文化书籍等方式促进国际文化交流和贸易。

3.2.1.3 自贸区的定位与价值

本节通过对河南自贸区进行 SWOT 分析来研究郑州、开封、洛阳三个片区的区域定位与价值。

3.2.1.3.1 自贸区的 SWOT 分析

（1）优势。

第一，地理位置和交通条件。河南自贸区地处中原经济带，是连接南北、东西的重要通道和纽带；核心片区郑州片区拥有公路、铁路、航空等多式联运的综合交通运输体系。

第二，人口资源优势。河南省是一个人口大省，劳动力资源十分丰富；且随着我国高等教育的不断发展，河南省劳动力质量也在逐步提升。

第三，河南有 113 个国家级非物质文化遗产和 728 个省级非物质文化遗产。

（2）劣势。

第一，经济发展水平与沿海地区相比还有一定差距，城镇化水平较低。

第二，高新技术产业和战略性新兴产业发展滞后。

第三，定位较为单一，核心产业缺乏竞争力。

（3）机会。

第一，借助“一带一路”发展的契机，同沿线各国开展经济贸易合作，进行招商引资。

第二，依托陆、海、空、网四条丝绸之路，发挥河南自贸区综合交通物流运输枢纽地位。

第三，发挥物流业的辐射带动效应，带动先进制造业、现代服务业和高效种养业的发展。

（4）挑战。

第一，投资领域开放不足，招商引资面临较大压力。

第二，中美贸易摩擦背景下，进出口贸易受到影响。

第三，新冠肺炎疫情影响生产与消费，对经济造成较大冲击。

3.2.1.3.2　自贸区的区域定位

(1) 郑州片区。

郑州片区除了发展现代物流、国际贸易、跨境电商、现代金融服务、服务外包、创意设计、商务会展、动漫游戏等现代服务业外，还发展智能终端、高端装备制造、生物医药等先进制造业，最终目的是建设多式联运的国际物流中心。

(2) 开封片区。

开封片区以服务外包、医疗旅游、创意设计、文化传媒、文化金融、艺术品交易、现代物流等服务业为重点，构建“一心四谷二港”产业布局，分别为中央商务中心，文创艺谷、健康乐谷、高新制造谷、创智孵化谷，国际物流港、国际商务信息港。开封片区着力打造国际文化贸易与人文旅游合作平台，建设服务贸易创新发展区、文创产业开放先行区。

(3) 洛阳片区。

洛阳片区是洛阳地区最具活力、政策改革最前沿的区域，包括洛阳高新技术开发区、洛阳国家大学科技园。洛阳片区重点发展装备制造、机器人、新材料等先进制造业，发展研发设计、电子商务、服务外包、国际文化旅游、文化创意、文化贸易、文化展示等现代服务业，打造智能制造国际合作示范区。

3.2.1.3.3　自贸区的区域价值

(1) 郑州片区。

郑州片区是河南自贸区的核心地区，是河南自贸区改革试点任务最多、开放平台设施最完备、创新资源最密集、先行先试成果最丰富的区域。郑州片区肩负着“为国家试制度，为地方求发展”的双重使命，将着力推进物流运输一体化、投资贸易便利化，建设现代化综合运输中心，引领中原城市群发展，支撑中部崛起，建设全国中心城市。

(2) 开封片区。

开封片区成功引入深圳文化产权交易所，这是一个国家级文化金融机构，为开封片区文化产业的发展提供了资金支持。开封片区是推进文化产业国际化、促进国际文化旅游一体化的重要区域；同时，开封片区拥有文化产业与金融服务整合创新的突出优势，有利于促进中原文化产业的创造性转化与创新性发展。

(3) 洛阳片区。

洛阳片区重点发展高端制造业和现代服务业两个支柱产业，打造国际智能合作创新示范区，建设华夏历史文明传承创新区。洛阳片区对于河南省促进双向开放、服务贸易、制度创新、优化营商环境等方面起着重要作用，对引领洛阳都市圈建设、打造宜业宜居新城也有重要作用。

3.3.2 中国（陕西）自由贸易试验区

3.3.2.1 自贸区发展现状分析

据中国（陕西）自由贸易试验区官网信息，中国（陕西）自由贸易试验区（以下简称陕西自贸区）总面积119.95平方千米，涵盖三个片区：中心片区87.76平方千米，包括西安高新区、西安经开区和西咸新区沣东新城、秦汉新城、空港新城部分区域；西安国际港务区片区26.43平方千米，包括西安国际港务区和西安浐灞生态区部分区域；杨凌示范区片区5.76平方千米，包括杨凌示范区部分区域。陕西自贸区既不沿边境也不靠海洋，为我国西北内陆地区首个自贸区；其发展应突出自身特色，致力建设成为内陆改革开放新高地、全国改革开放试验田、“一带一路”经济贸易合作和人文交流重要支点。本节将从发展现状、发展模式、区域定位和价值三个方面分析陕西自贸试验区的发展前景。由于数据可得性，在自贸区发展现状方面，本节采用省级层面数据进行分析。

3.3.2.1.1 自贸区的总体发展现状

陕西自贸区建成后，落实党中央、国务院的要求，主动对接国家战略，勇于探索、改革创新，重点在政府职能转变、投资领域改革、贸易转型升级、金融开放创新等方面拓展同“一带一路”沿线国家的经济合作，打造同“一带一路”沿线国家的新型文化交流模式，促进“西部大开发”战略的进一步落实。笔者从经济发展水平、区域创新能力、投资、消费、对外贸易、政府干预程度六个方面分析陕西自贸区的总体发展现状。

（1）经济发展水平。

图3-57展示了陕西省2010~2021年的经济发展水平，可以看出，陕西省的GDP在波动中增加，但GDP增速则在波动中下降，且GDP增速波动相比GDP更加剧烈。从陕西省GDP的绝对数值来看，其经济发展水平与东南沿海地区存在较大差距。

（2）区域创新能力。

由图3-58可以看出，2017年陕西自贸区成立以来，其专利授权数呈阶梯状上升趋势，表明陕西在改革创新、金融创新、激发市场主体活力方面取得了显著成效，陕西自贸区营商环境国际化、法治化、市场化水平逐渐提高。

（3）投资。

由图3-59可知，陕西省实际利用外资金额和实际利用外资水平均呈逐渐上升趋势，且2010~2020年，陕西省实际利用外资额从100亿元增加到了600亿元，陕西自贸区在吸引外资方面取得了显著成效。

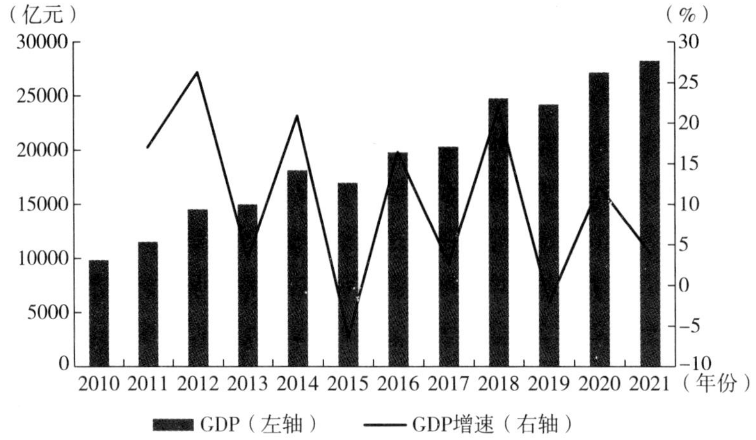

图 3-57 陕西省 2010~2021 年经济发展水平

资料来源:《中国统计年鉴》(2011~2022 年)。

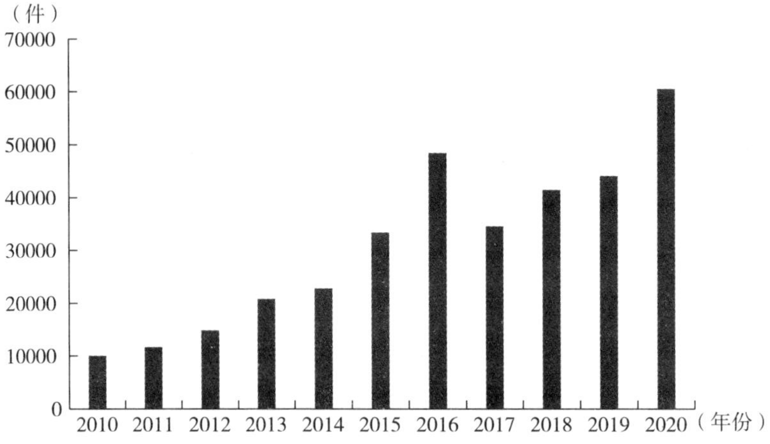

图 3-58 陕西省 2010~2020 年专利授权数

资料来源:《中国统计年鉴》(2011~2021 年)。

(4)消费。

图 3-60 显示了陕西省 2010~2021 年的社会消费水平。可以看出,陕西的社会消费品零售总额和社会消费水平均呈现先上升后下降的趋势:其中,社会消费品零售总额在 2020 年达到最大值,而社会消费水平则从 2016 年开始逐渐下降。因此,在建设陕西自贸区的过程中,消费对经济发展的贡献不可忽视。

(5)对外贸易。

图 3-61 显示了陕西省 2014~2021 年的进出口发展现状。可以看出,陕西省

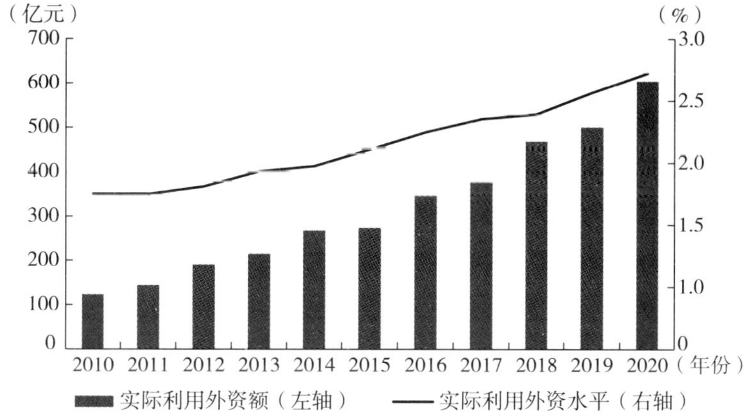

图 3-59 陕西省 2010~2020 年实际利用外资水平

资料来源：《陕西统计年鉴》（2011~2021 年）。

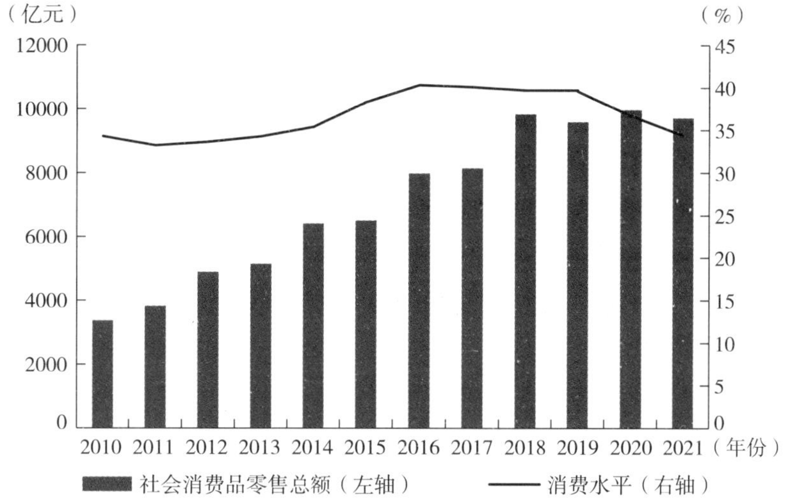

图 3-60 陕西省 2010~2021 年社会消费水平

资料来源：《中国统计年鉴》（2011~2022 年）。

的进出口总额和进出口水平（进出口总额占 GDP 比重）基本呈现逐渐上升趋势；表明陕西自贸区在深化对外开放、增强对外贸易方面取得了显著成效，陕西外贸依存度显著提升。

（6）政府干预程度。

由图 3-62 可知，2010~2020 年，陕西省的地方财政支出虽然大幅增长，但政府支出水平（即地方财政支出占 GDP）的比重却有所下降；表明陕西自贸区在转变政府职能、简政放权方面的一系列举措取得了成果。

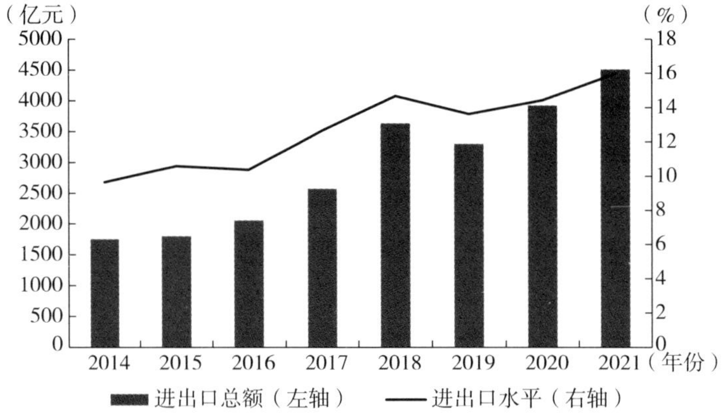

图 3-61 陕西省 2014~2021 年进出口水平

资料来源:《陕西统计年鉴》(2015~2022 年)。

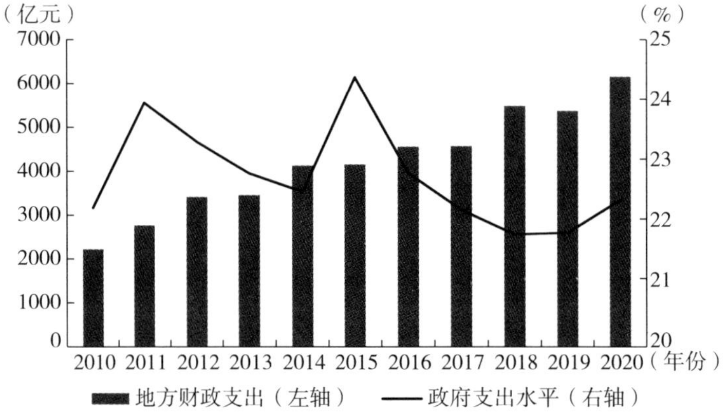

图 3-62 陕西省 2010~2020 年政府干预程度

资料来源:《中国统计年鉴》(2011~2021 年)。

3.3.2.1.2 自贸区的金融体系建设现状

笔者从金融总体发展、金融规模发展和金融行业发展三个方面分析陕西自由贸易试验区的金融体系建设现状。

(1)金融总体发展。

由图 3-63 可以看出,2010~2021 年,陕西省金融业增加值在波动中上升,而金融业增加值占 GDP 的比重则呈现先上升后保持稳定的趋势,2015 年后大概稳定在 6%~7%,表明陕西省金融业对经济发展的支持作用有待进一步提高。

（2）金融规模发展。

笔者采用社会融资规模来表示陕西的金融资金规模。由图 3-64 可知，2013~2021 年，陕西省的社会融资规模一直处于波动状态，在 2020 年达到最大值，表明陕西省金融服务实体经济能力有待提升。其中，间接融资规模总体基本保持不变；而直接融资规模在 2017 年之后逐渐增加，可能是由于陕西自贸区在金融领域的改革创新发挥了作用。

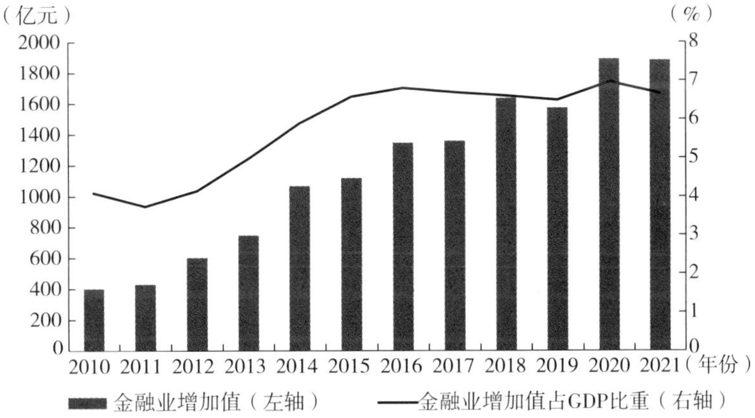

图 3-63 陕西省 2010~2021 年金融总体发展

资料来源：《陕西统计年鉴》（2011~2022 年）。

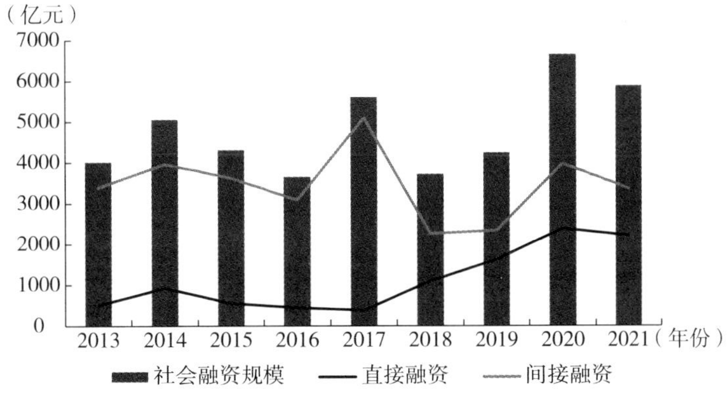

图 3-64 陕西省 2013~2021 年金融资金规模

资料来源：中国人民银行官网。

图 3-65 显示了陕西省的金融基础设施和人员规模，2010~2020 年，陕西人均金融机构数基本保持不变，而金融业从业人员比例则呈现缓慢上升趋势。表明陕西省金融基础设施需要不断完善。

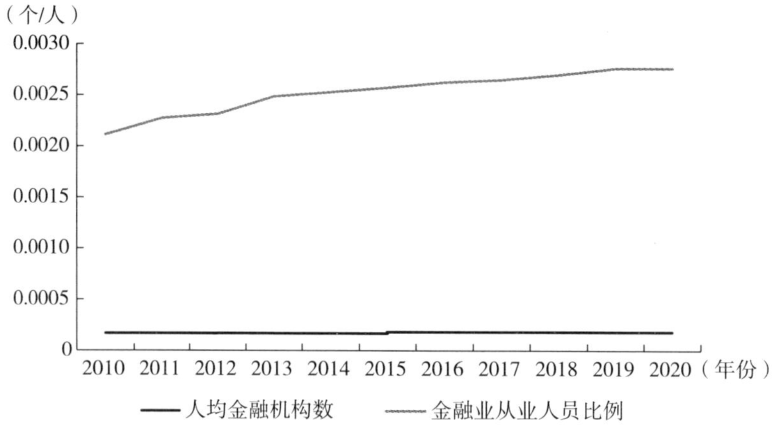

图 3-65　陕西省 2010~2020 年金融设施和人员规模

资料来源：陕西省金融运行报告。

（3）金融行业发展。

图 3-66 显示了 2010~2020 年陕西省银行业的发展状况。陕西金融机构各项存贷款之和虽然大幅增加，但其占 GDP 的比重却增长缓慢。银行是间接融资的主体，银行业发展也从侧面体现了陕西间接融资市场的发展情况。

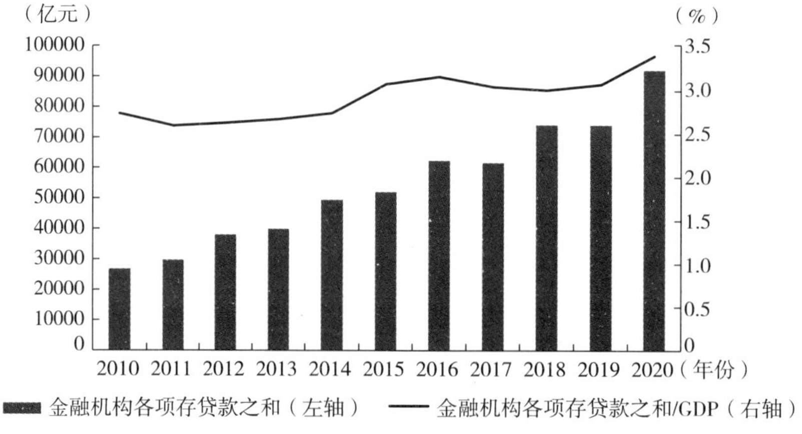

图 3-66　陕西省 2010~2020 年银行业发展

资料来源：陕西省金融运行报告。

图 3-67 显示了陕西 2010~2021 年证券业的发展状况，可以看出，2010~2019 年陕西股票流通市值均处于较低水平，而 2019 年之后，陕西股票流通市值快速增加，比 2019 年增长了一倍多，表明陕西直接融资市场发展迅速。

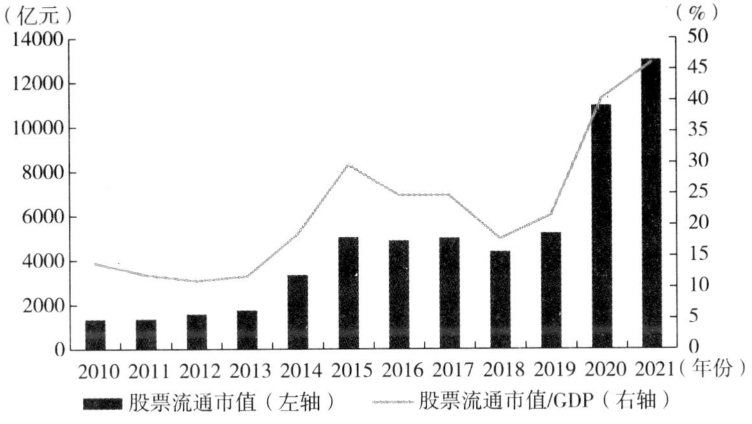

图 3-67　陕西省 2010~2021 年证券业发展

资料来源：东方财富网。

图 3-68 为陕西保险业的发展状况，2010~2020 年，陕西省保险密度从 894 元/人增加到了 2957 元/人，保险深度从 3.39%增加到了 4.21%，保险密度的大幅增加体现了陕西省的风险防范意识和风险保障功能不断增强。

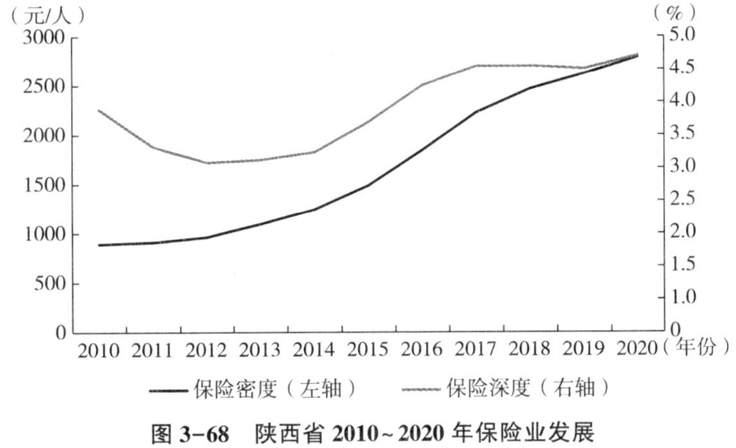

图 3-68　陕西省 2010~2020 年保险业发展

资料来源：陕西省金融运行报告。

3.3.2.1.3　自贸区的产业发展现状

（1）第一产业。

由图 3-69 可知，陕西第一产业增加值在波动中增加，其占 GDP 的比重则缓慢下降，从 2010 年的 10%下降到了 2021 年的 8%，表明陕西省第一产业对经济增长的贡献较小。

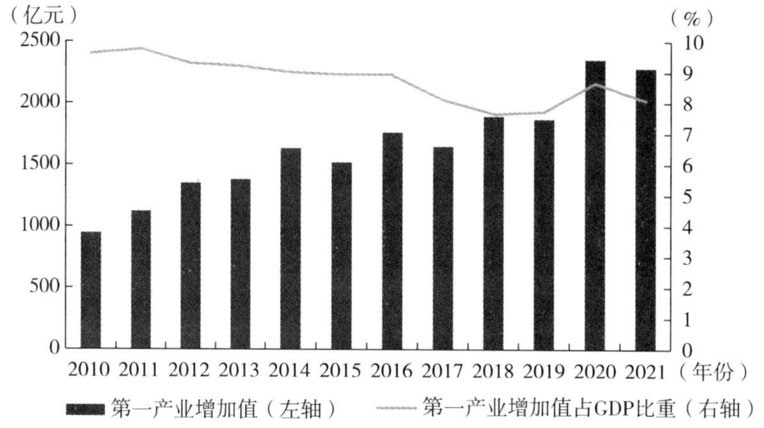

图 3-69　陕西省 2010~2021 年第一产业发展

资料来源：《中国统计年鉴》（2011~2022 年）。

（2）第二产业。

由图 3-70 可知，陕西省第二产业与第一产业发展状况相似，增加值波动上升，占 GDP 的比重缓慢下降，但其对经济增长的贡献保持在 40%~50%，表明第二产业是支撑陕西经济发展的重要产业。

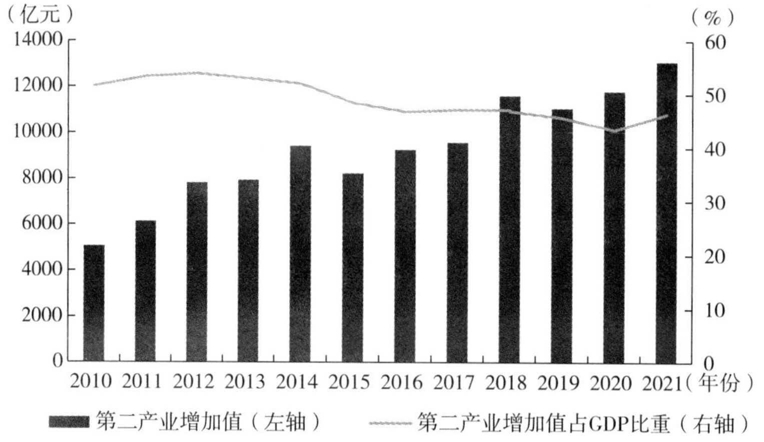

图 3-70　陕西省 2010~2021 年第二产业发展

资料来源：《中国统计年鉴》（2011~2022 年）。

（3）第三产业。

由图 3-71 可知，陕西省第三产业增加值呈现波动上升的趋势，在 GDP 中的占比上升缓慢，与第二产业拉动经济增长的方式相同。说明工业和服务业为陕西省支柱产业。

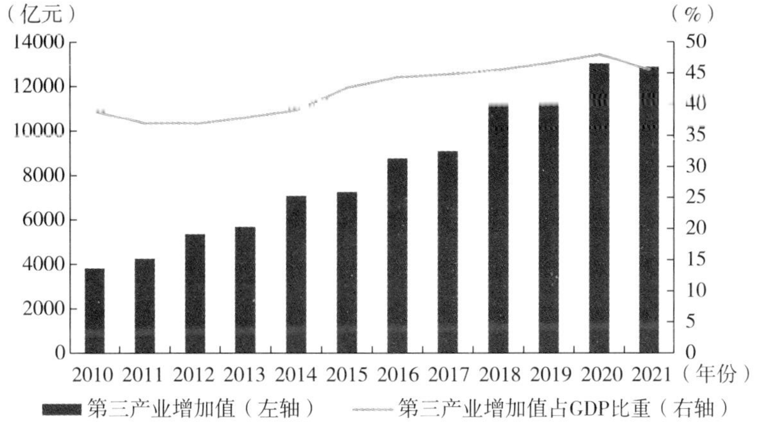

图 3-71 陕西省 2010~2021 年第三产业发展

资料来源：《中国统计年鉴》（2011~2022 年）。

3.3.2.2 自贸区发展模式分析

陕西自贸区是我国西北内陆地区的第一个自贸区，致力于加快“一带一路”建设，有利于进一步落实“西部大开发”战略，促进区域协调发展，推动五大中心构建（即交通商贸物流、国际产能合作、科技教育、文化旅游、区域金融五个中心），打造“一带一路”沿线国家和地区的人文交流平台。本节将从资源、区位和产业三个方面分析陕西自贸区的发展模式。

3.3.2.2.1 自贸区空间拓展之资源

（1）历史文化资源。

西安作为中国有史以来建都时间最长、建朝次数最多、影响力最大的城市，见证了周秦汉唐时期的繁荣昌盛，是中华民族的摇篮、中华文明发源地、中国历史文化的标志；同时，西安是古丝绸之路的起点，是“丝绸之路经济带”的一个历史坐标。陕西省拥有秦始皇陵兵马俑这一代表性的文物、工艺美术等民间文艺，以及众多非物质文化遗产。

（2）教育资源。

陕西省有西安交通大学、西北工业大学、西北农林科技大学、西安电子科技大学、西北大学、空军军医大学等八所“双一流”高校，具有突出的教育资源优势；陕西省还以创新人文交流机制、促进中外合作办学、开设非通用语言专业等方式，推动教育国际化发展。

3.3.2.2.2 自贸区空间拓展之区位

(1) 地理位置。

陕西省地处西北腹地，跨越长江、黄河，连接中国东部、中部、西北。西安更是连接南北的重要区域。陕西连接山西、河南、湖北、四川、甘肃、宁夏、内蒙古、重庆等八个省区市，为全国接壤省份之首。西安地处国家地理中心，沿秦岭—淮河一线，陕西可分为陕北、关中和陕南，不仅跨越南北，而且结合东西，可通往资源富集的西北地区，也可通往经济发达的东部地区。

(2) 交通条件。

西安是“一带一路”开放发展的重要核心区域，是国家重要枢纽城市、高速公路网络节点城市、国家第四大国际航空港，更是欧洲和中亚国家入境的主要通道。西安是中国内陆地区，特别是西部地区的综合交通枢纽，多条航空线路、铁路、高速公路和光缆在西安交会，呈现“米”字形的四通八达的铁路、高速公路和通信网络，形成了陆海内外联动、东西双向互济的现代化综合交通运输体系。

3.3.2.2.3 自贸区空间拓展之产业

(1) 交通物流产业。

陕西自贸区以西安咸阳国际机场、西安高铁站、西安国际港务区为依托，致力于建设陆、海、空、铁多式联动的综合立体交通网络；并以西安中欧班列为基础，完善国际铁路物流网；构建临空经济区，创建国际航空物流中心，加强物流基础设施的建设，大力发展新型的物流业态如无人机，建立智能物流系统。根据西安国际港务区官网资料，西安国际港务区地理位置优越，是中国最大的陆港和中转枢纽港，拥有完备的区域现代物流业体系和现代物流业网络。

(2) 文化旅游产业。

陕西省历史悠久，文化底蕴深厚，拥有独特的旅游品牌。陕西自贸区通过丝绸之路旅游走廊，秦岭人文旅游、黄河旅游、红色旅游景区等，把陕西打造成世界旅游胜地；陕西自贸区还积极开展国际旅游博览会、展会、世界文化旅游大会等活动，将陕西打造成一流的国际文化旅游中心。

3.3.2.3 自贸区的定位与价值

3.3.2.3.1 自贸区的SWOT分析

(1) 优势。

第一，区位优势。西安是全国的地理中心，是连接南北、贯穿东西的综合立体交通枢纽，是丝绸之路经济带上的核心城市。

第二，文化优势。西安是我国古往今来建都朝代最多、建都时间最长、最具影响力的城市，历史文化底蕴深厚。

第三，教育优势。西安有八所“双一流”高校，包括西安交通大学、西北工业大学和西北农林科技大学等。

第四，产业优势。陕西自贸区内电子信息、新能源汽车、高端制造、医药健康、现代农业、临港产业、临空产业、文化旅游、会展九大产业聚集发展，为陕西省经济增长提供支撑。

（2）劣势。

第一，陕西位于西北内陆地区，经济外向度（即外贸依存度）、对外开放水平较低。

第二，陕西偏离全国的人口和经济中心，存在胡焕庸线的限制。

（3）机会。

第一，依托陕西自贸区建设，辐射带动丝绸之路经济带和中西部地区的经济发展，通过陕西将我国东部、中部、西部地区甚至整个亚欧地区联系起来。

第二，陕西作为“一带一路”建设的核心区域，有利于推动“西部大开发”战略的实施，深化陕西向西开放。

第三，陕西省以西安打造国家中心城市、关中平原城市群等国家重大战略为支撑，带动关中平原城市群和周边地区经济发展，促进区域协同发展。

（4）挑战。

第一，与东部沿海地区相比，陕西省经济发展水平还存在较大差距；并且一些相邻中西部省市，如 2021 年，重庆、河南、四川和湖北等 GDP 均已经超过陕西。

第二，新冠肺炎疫情的冲击。

第三，陕西省外贸依存度远不及全国平均水平，为陕西自贸区对外经贸投资发展带来巨大挑战。

3.3.2.3.2　自贸区的区域定位

（1）中心片区。

中心片区以高端制造、航空物流、贸易金融为重点，大力发展高科技、战略性新兴产业；加强科技、教育、文化、健康医疗、旅游等方面的人文交流，打造服务“一带一路”的高端产业与人文交流高地。

（2）西安国际港务区片区。

西安国际港务区片区以国际贸易、现代物流、金融服务、旅游会展、电子商务等为重点，建设国际中转内陆枢纽港、丝绸之路经济带商贸物流中心、能源交易中心、科技文化交流中心、旅游中心、商贸会展中心以及金融中心。

（3）杨凌示范区。

杨凌示范区在促进职业农民的培育、三大产业的融合发展、涉农保险的推出、农产品质量安全的保障、农业技术的创新、农业跨国合作与国际农业合作的交流方面做出了非常大的贡献，有力地推动了我国现代农业发展。

3.3.2.3.3 自贸区的区域价值

（1）中心片区。

中心片区致力打造面向世界的高新技术产业基地、人文交流平台和金融贸易中心，建设先进制造业基地、服务贸易基地、创新型产业基地，从而为陕西省融入“一带一路”建设、推进“西部大开发”战略实施提供重要支撑。

（2）西安国际港务区片区。

西安国际港务区片区是中国最大的陆港和中转枢纽港，是“一带一路”综合枢纽和国际多式联运中心，具有港口服务功能和国际贸易集散功能，致力于建设成现代信息服务业基地、开放型金融产业创新高地，打造欧亚经济贸易合作和人文交流的平台。

（3）杨凌示范区。

杨凌示范区重点发展、推广现代农业，进行农业技术创新、农业国际交流与合作，建设现代农业国际合作中心，对我国及“一带一路”沿线各国现代农业的发展提供了有力的支持。

3.4 沿边型自贸区发展前景分析
——中国（广西）自由贸易试验区

2019年8月，我国第一次建立沿边型自贸区。沿边型自贸区的发展重点：一是产业升级。二是要加强同邻近国家（地区）合作，统筹经济发展。中国（广西）自由贸易试验区、中国（云南）自由贸易试验区以南亚、东南亚跨境经贸合作为主，中国（黑龙江）自由贸易试验区以俄罗斯和东北亚区域国际合作为主。沿边型自贸区因其区位、社会经济条件等原因，没有必要复制沿海型自贸区和内陆型自贸区的发展模式，而是要根据自己的实际情况，制定适合自己的发展模式。本部分选择了典型的沿边型自贸区——中国（广西）自由贸易区，对沿边型自贸区的发展前景进行了较为详尽的分析。

3.4.1 自贸区发展现状分析

中国（广西）自由贸易试验区官网显示，广西自贸试验区实施范围119.99

平方千米，涵盖三个片区：南宁片区 46.80 平方千米（含南宁综合保税区 2.37 平方千米）；钦州港片区 58.19 平方千米（含钦州保税港区 8.81 平方千米）；崇左片区 15.00 平方千米（含凭祥综合保税区 1.01 平方千米）。广西自贸区是我国首个设立于沿边区域的自由贸易区，具有紧邻东盟国家的独特优势，将重点打造一条面向东盟的、国际化的陆海贸易新通道，成为连接“21 世纪海上丝绸之路”和丝绸之路经济带的重要有机通道。本节主要从发展现状、发展模式，以及区域定位和价值三个方面分析广西自贸区的发展前景。基于数据可得性，对广西自贸区发展现状的分析同样采用广西壮族自治区层面的数据。

3.4.1.1 自贸区的总体发展现状

广西自贸区的建立，为进一步加强与东盟的合作，以及开辟国际陆海贸易通道，创新边境经济合作提供了途径。本节同样从经济发展水平、区域创新能力、投资、消费、对外贸易等方面对广西自贸区的总体发展现状进行分析。

（1）经济发展水平。

图 3-72 为广西壮族自治区 2010~2021 年的经济发展水平。可以看出，广西 GDP 逐年增加，但 GDP 增速则在 0%~20%剧烈波动；而 2019 年广西自贸区成立后，GDP 增速的波动程度逐渐减小，表明广西自贸区的成立有利于推动经济高质量发展。

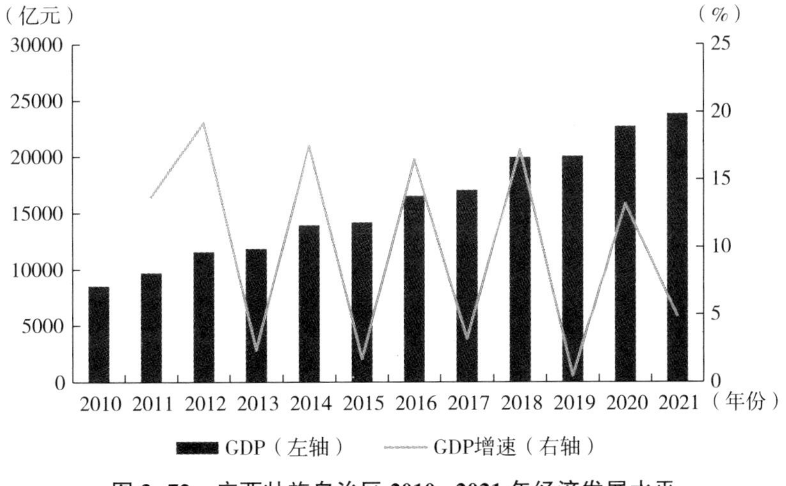

图 3-72　广西壮族自治区 2010~2021 年经济发展水平

资料来源：《中国统计年鉴》（2011~2022 年）。

（2）区域创新能力。

由图 3-73 可知，2010~2020 年，广西专利授权数大幅增加，从不足 5000 件增加到了35000件；尤其是广西自贸区成立后，专利授权数量增加幅度最大，表明广西自贸区的成立推动了广西的区域创新能力。

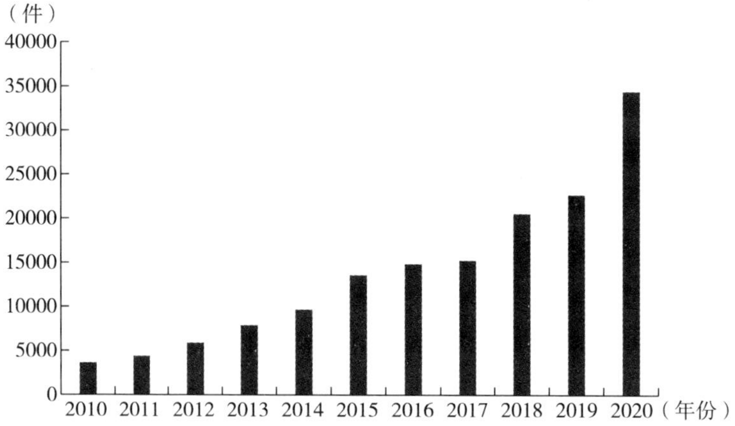

图 3-73　广西壮族自治区 2010~2020 年专利授权数

资料来源：《中国统计年鉴》（2011~2021 年）。

（3）投资。

由图 3-74 可见，广西的实际利用外资额和实际利用外资水平呈现先下降后上升再下降、之后又上升的趋势，在 2015 年达到最大值；因此，广西未来应继续深化投资领域的改革，不仅要吸引外资，更要稳定外资。

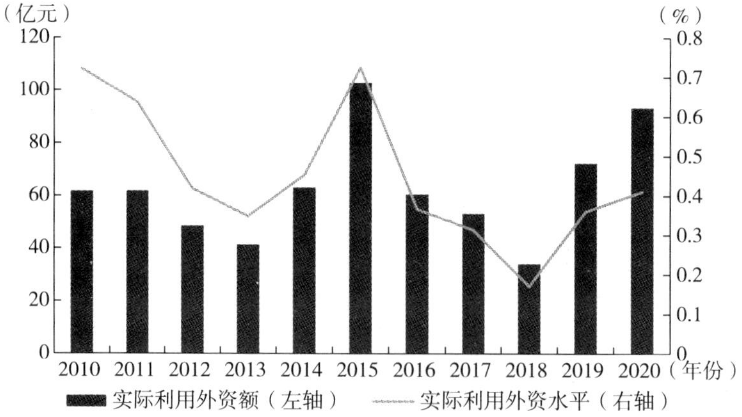

图 3-74　广西壮族自治区 2010~2020 年实际利用外资水平

资料来源：《广西统计年鉴》（2011~2021 年）。

（4）消费。

图 3-75 为广西壮族自治区 2010~2021 年的社会消费水平。可以看出，广西

社会消费品零售总额虽然逐渐增加，但其占 GDP 的比重则呈现先上升后下降的趋势，消费在广西经济增长中所占比重不断降低；投资、消费、进出口“三驾马车”对经济的作用均不可忽视。因此，广西未来应在刺激消费方面进行努力。

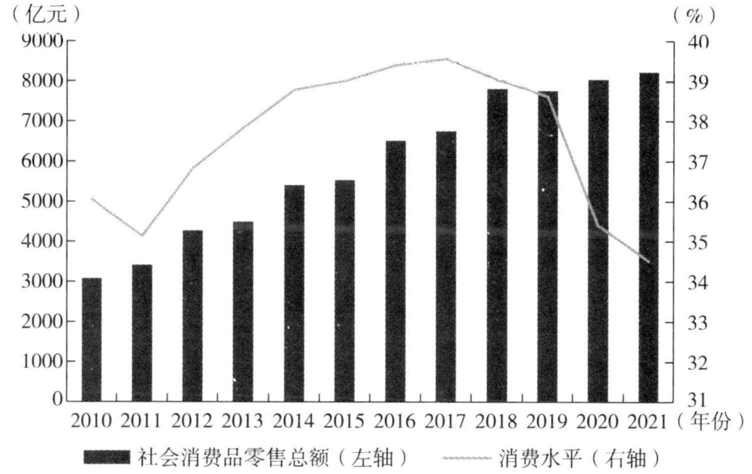

图 3-75　广西壮族自治区 2010~2021 年社会消费水平

资料来源：《中国统计年鉴》（2011~2022 年）。

（5）对外贸易情况。

由图 3-76 可以看出，2010~2021 年，广西壮族自治区的进出口总额及其占 GDP 的比重均呈现逐年上升态势，对外贸易发展情况良好，表明广西充分利用了沿边境、邻东盟的优势。

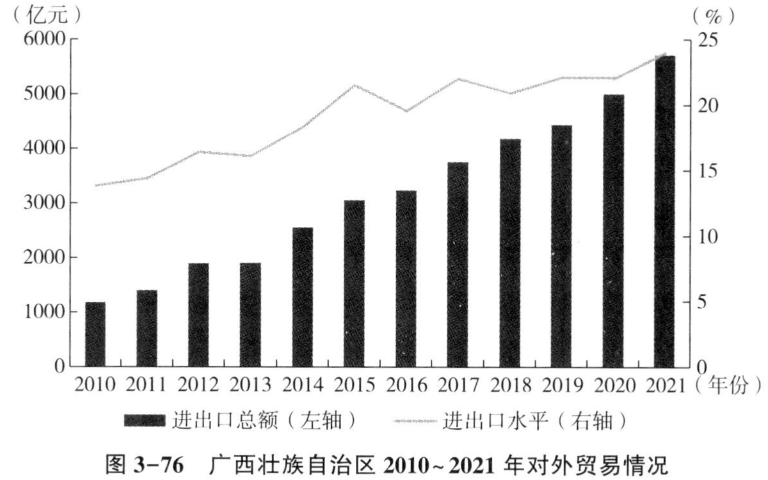

图 3-76　广西壮族自治区 2010~2021 年对外贸易情况

资料来源：《广西统计年鉴》（2011~2022 年）。

（6）政府干预程度。

由图 3-77 可见，2010~2020 年，广西地方财政支出及其占 GDP 的比重基本呈现上升趋势；在 2021 年则急剧下降，可能是由于广西自贸区在转变政府职能，改善营商环境方面的一系列措施发挥了作用。

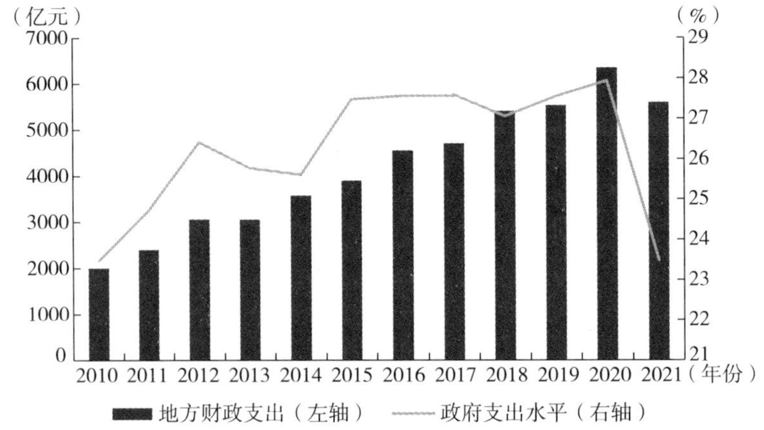

图 3-77　广西壮族自治区 2010~2021 年政府干预程度

资料来源：《中国统计年鉴》（2011~2022 年）。

3.4.1.2　自贸区的金融体系建设现状

笔者从金融总体发展、金融规模发展和金融行业发展三个方面分析广西自贸区的金融体系建设现状。

（1）金融总体发展。

图 3-78 为广西壮族自治区 2010~2021 年的金融总体发展现状，可以看出，广西金融业增加值在逐步增长，在 GDP 中的占比也同样呈缓慢增长态势，为广西经济发展提供了重要的金融支撑和有力的金融保障。

（2）金融规模发展。

本节同样采用社会融资规模衡量金融资金规模。由图 3-79 可知，广西 2013~2020 年社会融资规模呈现上升趋势，直接融资和间接融资规模同样逐渐上升，在 2021 年则均有所下降。2020 年社会融资规模增量达到最大值，或许受新冠肺炎疫情影响，金融加大了对实体经济服务的力度。

图 3-80 显示了广西壮族自治区 2010~2020 年金融基础设施和人员规模。可以看出，广西人均金融机构数和金融业从业人员比例基本保持不变；说明广西应该进一步强化基础设施建设，引进金融人才。

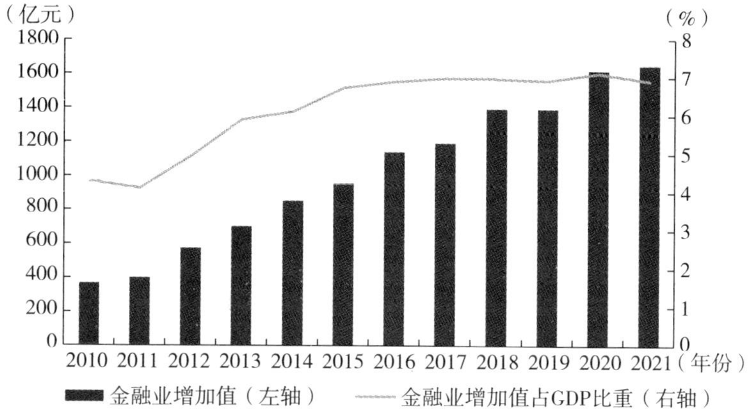

图 3-78　广西壮族自治区 2010~2021 年金融总体发展

资料来源：《广西统计年鉴》（2011~2022 年）。

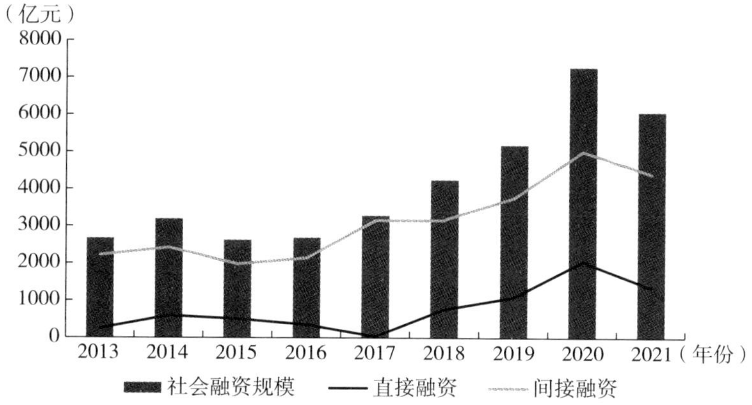

图 3-79　广西壮族自治区 2013~2021 年金融资金规模

资料来源：中国人民银行官网。

（3）金融行业发展。

图 3-81 显示了广西壮族自治区 2010~2020 年银行业发展情况。可以看出，金融机构各项存贷款之和及其占 GDP 的比重均呈现上升趋势，可能是由于中国建设银行、中国农业银行、中国银行等纷纷在广西自贸区成立支行，为广西提供了更加全面、优质、高效的金融服务。

由图 3-82 可知，广西的股票流通市值在 2015 年后较高，但从其绝对数值和占 GDP 的比重可以看出，广西的证券业发展仍处于较低水平，这可能是由于广西直接融资市场发展缓慢、上市公司数量较少。

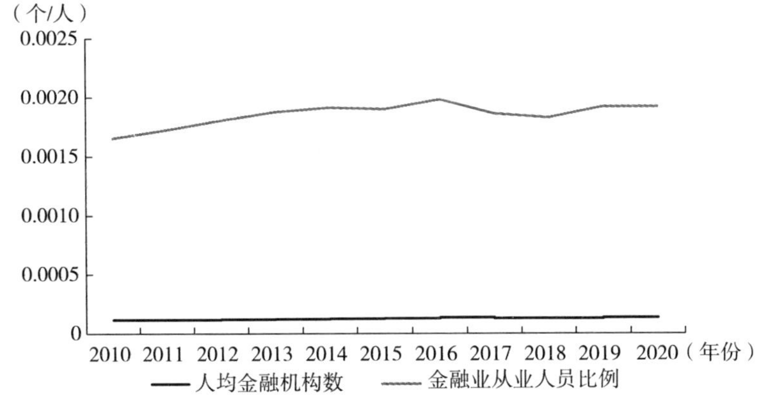

图 3-80 广西壮族自治区 2010~2020 年金融设施和人员规模

资料来源：广西壮族自治区金融运行报告。

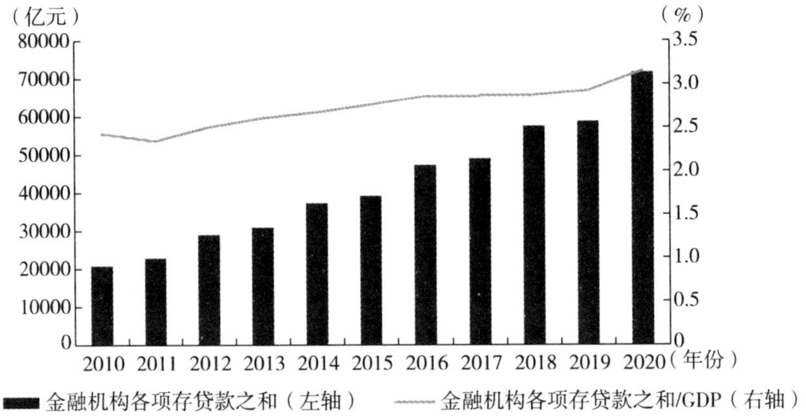

图 3-81 广西壮族自治区 2010~2020 年银行业发展

资料来源：广西壮族自治区金融运行报告。

笔者用保险深度和保险密度两个指标衡量广西壮族自治区的保险业发展现状。由图 3-83 可以看出，广西保险深度从 2.23%增加到了 3.32%，保险密度从 414 元/人增加到了 1504 元/人，保险业发展水平持续提高。

3.4.1.3 自贸区的产业发展现状

（1）第一产业。

由图 3-84 可知，2010~2021 年，广西的第一产业增加值在波动中上升，而其占 GDP 的比重则缓慢下降，但仍然超过 15%；表明第一产业即农林牧渔业仍然对广西经济发展具有重要支撑作用。

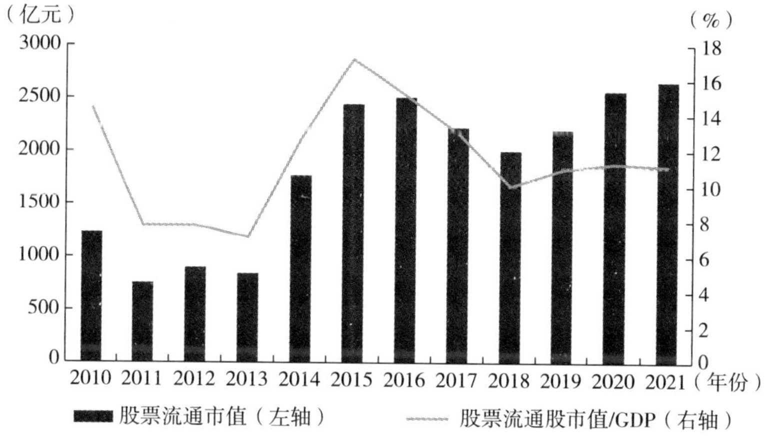

图 3-82 广西壮族自治区 2010~2021 年证券业发展

资料来源：东方财富网。

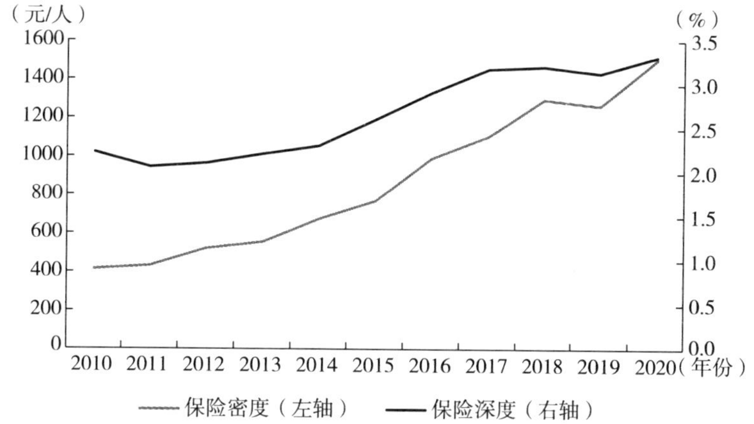

图 3-83 广西壮族自治区 2010~2020 年保险业发展

资料来源：广西壮族自治区金融运行报告。

（2）第二产业。

图 3-85 为广西壮族自治区 2010~2021 年第二产业的发展现状，与第一产业发展情况类似，第二产业增加值呈波动增长趋势，而其占 GDP 的比重却逐步降低，从 2010 年的 41%下降到了 2021 年的 33%，第二产业对经济增长的贡献度逐渐降低。

（3）第三产业。

由图 3-86 可知，2010~2021 年，广西壮族自治区第三产业增加值和其在 GDP 中的占比都呈逐年递增趋势，广西第三产业在经济增长中的贡献率由 2011

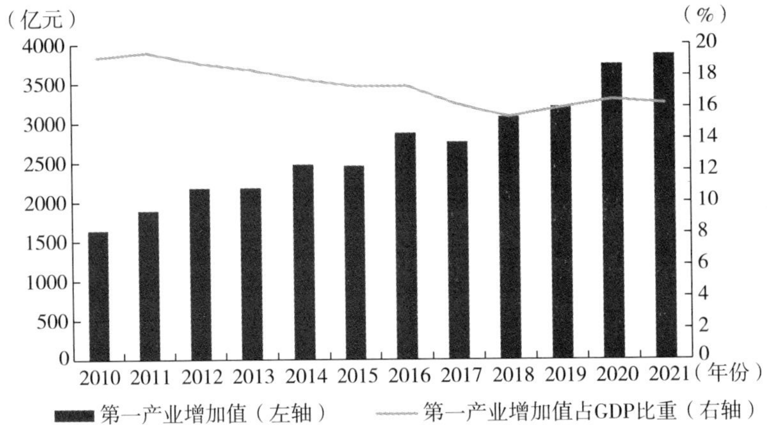

图 3-84　广西壮族自治区 2010~2021 年第一产业发展

资料来源：《中国统计年鉴》（2011~2022 年）。

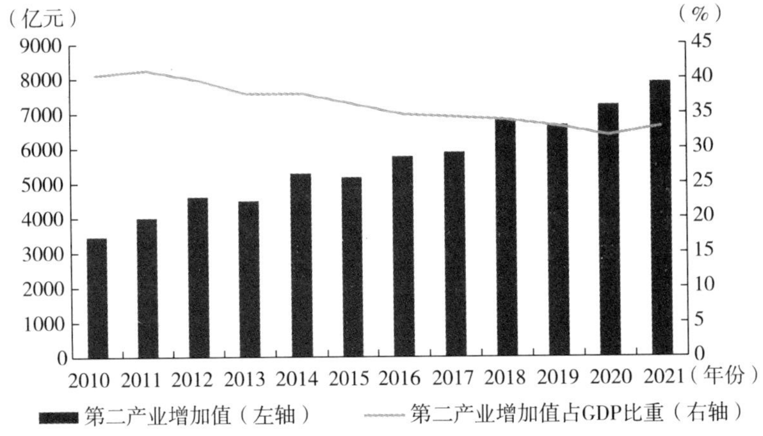

图 3-85　广西壮族自治区 2010~2021 年第二产业发展

资料来源：《中国统计年鉴》（2011~2022 年）。

年的 40%提升至 2021 年的较高水平 51%，超过了第二产业。

3.4.2　自贸区发展模式分析

广西自贸区是一个典型的沿边型自贸区，重点打造西南中南区域开放发展新战略支点、中南西南西北出海口、面向东盟的国际海陆贸易往来通道，成为连接“一带一路”的主枢纽。本节将从广西自贸区的资源、区位和产业三个方面分析其发展模式。

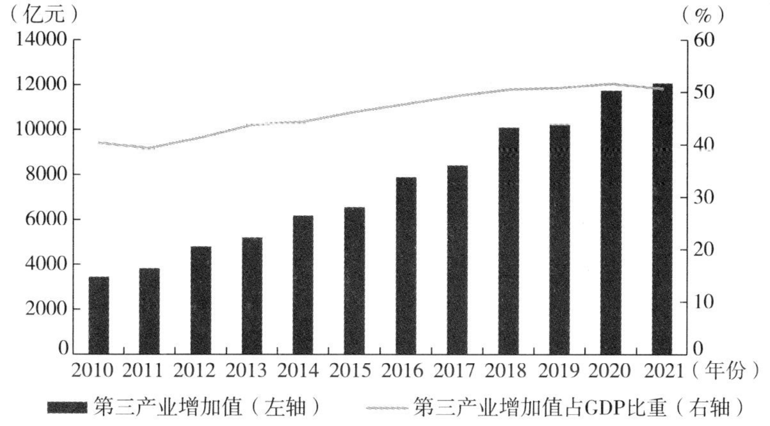

图 3-86 广西壮族自治区 2010~2021 年第三产业发展

资料来源：《中国统计年鉴》（2011~2022 年）。

3.4.2.1 自贸区空间拓展之资源

（1）沿边境、邻东盟。

广西自贸区利用独特的地理优势，加强与沿边地区的交流合作，大力发展对外贸易、物流、金融、旅游、劳务合作等跨境产业；同时，广西自贸区加强与东盟各国在物流、贸易、产业、金融等领域的合作，为中国和东盟地区的区域经济一体化发展提供了有力的支持。

（2）政策资源。

广西是“西部大开发”的重点区域，聚集了众多少数民族，而且与边境相邻，享有“西部大开发”、少数民族自治、沿海沿边地区开放等政策优惠，为广西建设自贸区提供了政策优势。

（3）海洋资源。

广西北部湾经济区海洋资源丰富，海洋生态环境良好，是我国实施“海洋强国”战略的重要支撑。广西北部湾经济区不断提高海洋开发能力，逐渐升级海洋产业结构和产业布局，提高海洋开发利用效率，逐步增强海洋资源可持续发展的能力。

3.4.2.2 自贸区空间拓展之区位

广西地处西南沿海，不仅是中国东部、中部、西部三大区域的结合部，还是华南经济圈、西南经济圈、东南经济圈的交汇处；广西东接粤港澳，背倚大西南，南接东南亚，陆路、海路均连接东盟国家；广西区位优势得天独厚，它具有“一湾相挽十一国，东中西部良性互动”的特点，是中国西部唯一的沿海地区，也是西南地区最便捷的出海道。广西自贸区着力构建中国—中南半岛经济走廊，打造西部地区海陆相通门户港，由此形成了“南向北联东融西合”对外开放的新格局。其中，南宁片区的区位优势，钦州港片区的港口优势和崇左片区的口岸优势，广西自贸区与沿边国家的交流合作机会，例如中国—东盟自贸区、中国—东盟博览会、泛北部湾经济合作论坛等，对广西建设国际陆海贸易新通道、打造面向东盟的合作先行试点示范区将起到重要作用。

3.4.2.3 自贸区空间拓展之产业

（1）跨境产业。

崇左片区利用其港口资源，发展跨境贸易、物流、金融、旅游、劳务合作等跨境产业，促进跨境产业集聚发展，构建跨境产业合作示范区，构建面向东盟的开放合作产业发展新格局。南宁片区在推进中国—东盟跨境金融改革和创新方面发挥了重要作用，建立了以该片区为代表的金融开放生态体系，共引进了134个金融机构和金融企业。

（2）国际物流产业。

南宁片区通过加快推动中新南宁国际物流园、东盟跨境电商物流通道、南宁国际铁路港建设，成功建立南宁临空经济示范区。钦州港片区将与国际先进港口接轨，强化海铁联运，加密航班航线，在北部湾国际门户港设立航运服务中心，打造中谷钦州集装箱多式联运物流基地。崇左片区推进中国—东盟智慧跨境物流平台启动。广西自贸区通过发展国际物流，积极支持西部陆海新通道建设。

3.4.3 自贸区的定位与价值

3.4.3.1 自贸区的SWOT分析

本节通过对广西自贸区进行SWOT分析，进而研究南宁、钦州港和崇左三个片区的区域定位和价值。

（1）优势。

第一，广西具有沿边境、与东盟国家陆海相邻，连接我国东中西部地区的独特地理优势。

第二，广西在“西部大开发”、沿海沿边开放等方面具有明显的政策优势。

第三，广西具有边境贸易优势，可发展跨境产业，创新边境经济发展。

（2）劣势。

第一，经济实力与东部发达地区相比较薄弱，吸引外资能力有限。

第二，对外贸易增长方式粗放，出口商品主要是劳动密集型产品。

第三，产业位于生产链低端，缺乏高新技术和创新。

（3）机会。

第一，利用沿边境的优势，深化与周边国家和地区的经贸合作，创新边境经济发展。

第二，打造贯通西部地区的、面向东盟的、国际化的陆海贸易新通道，将“一带一路”有机联系起来。

第三，依托凭祥边境经济合作区、广西沿边金融综合改革试验区等开放优势，中国东盟—经贸中心和中国东盟特色大宗商品交易平台等国家级平台，促进广西自贸区建设。

（4）挑战。

第一，广西实际利用外资水平较低，吸引外资能力有限，招商引资面临较大压力。

第二，新冠肺炎疫情对边境贸易产生较大冲击。

3.4.3.2 自贸区的区域定位

（1）南宁片区。

南宁片区以现代金融、数字经济、文化医疗、加贸物流四大板块为主线，大力发展现代金融、先进制造、数字经济、智慧物流、文化医疗五大产业，建成面向东盟金融门户开放的核心区、先进制造业基地和国际陆海贸易新通道的重要节点。

（2）钦州港片区。

钦州港片区以港口物流、国际贸易、绿色化工、新能源汽车、装备制造、电子信息、生物医药、大数据等为主导产业，努力建设国际陆海贸易的新通道、向海经济集聚区、中国—东盟先行先试合作示范区。

（3）崇左片区。

崇左片区立足口岸优势，努力推动跨境产业发展，以跨境贸易、物流、金融、旅游、劳务合作等跨境服务业，构建面向东盟跨境产业体系。崇左片区定位是建设国际陆海贸易新通道和跨境产业合作示范区。

3.4.3.3 自贸区的区域价值

（1）南宁片区。

南宁片区将加速产业集聚，打造面向东盟的开放金融门户，大力支持西部陆海新通道、“一带一路”建设，打造高端产业聚集、金融服务健全、人文交流深入、辐射作用明显的自贸区片区。

（2）钦州港片区。

钦州港片区提升投资便利化水平，打造向海经济产业集聚区；促进贸易自由化，建设国际贸易产业集聚区；加快金融改革与创新，建设面向东盟的金融开放重要门户；推动科技创新，打造新技术新经济产业高地；探索“两国双园”的跨境合作机制，打造中国—东盟先行先试合作示范区。

（3）崇左片区。

崇左片区利用跨境贸易、物流、金融、旅游等跨境产业的优势，推动边境贸易创新发展，致力于构建中国—中南半岛门户，构建西南中南地区开发开放的战略节点和连接“一带一路”的枢纽。

3.5 本章小结

本章概括介绍了我国设立自贸区的背景和战略意义：自贸区是中国进行经济体制改革、制度创新的“试验田”，对实现国家深化改革、扩大开放、形成全面开放新格局，促进中国通过对外开放带动对内改革，进而达到经济高质量发展的目的尤为重要。由于地理位置的不同、社会经济条件存在的较大差别，不同自贸区的区位特征、资源禀赋和产业优势不同，导致各自贸区的发展重点和模式存在差异，为了研究方便，本书将我国成立的21个自贸区按照地理位置分为沿海、内陆和沿边三种类型。本章通过分析沿海型自贸区、内陆型自贸区和沿边型自贸区的发展现状与发展模式，研究各自贸试验区的定位与价值，进而分析其发展前景，探究自贸区建设过程中取得的成就和存在的问题，为探索自贸区的发展前景、实现经济体制高水平开放提供借鉴和参考。其中，沿海型自贸区本书选择了具有代表性的上海自贸区、福建自贸区和海南自贸区进行分析。上海自贸区是我国第一个成立的、典型的沿海型自贸区，为了全面深化改革开放，上海自贸区近几年不断推进“三区一堡”建设，即打造综合改革试验区，实现对外开放、对内创新协调联动；建立风险压力测试区，构建更加开放的经济体系；建立先行区，着重提高政府的管治能力；打造桥头堡，服务于国家战略。福建自贸区以两岸经济合作为依托，着力建设21世纪海上丝绸之路核心区，推进21世纪海上丝绸之路沿线各国（地区）的开放合作。海南自贸港是中国最大的自贸区，定位是建设全面深化改革开放试验区、国家生态文明试验区、国际旅游消费中心和国家重大战略服务保障区。内陆型自贸区则选取了河南自贸区、陕西自贸区两个有代表性的自贸区。河南自贸区是一个典型的内陆型自贸区，其战略定位为“两体系一枢纽”，也就是要建成沟通东西、贯穿南北的现代立体交通体系，建设现代物流体系，打造服务“一带一路”的现代综合交通枢纽。陕西自贸区作为中国西北内陆地区首个自贸区，以加快“一带一路”建设、进一步实施“西部大开发”战略、促进区域协调发展为己任，着力建设内陆改革开放新高地、改革创新试验田，为“一带一路”沿线国家和地区提供人文交流平台。沿边型自贸区选择具有代表性的广西自贸区进行分析。广西自贸区是一个典型的沿边型自贸区，重点打造西南中南区域开放发展新战略支点、中南西南西北出海口、面向东盟的国际海陆贸易往来通道，成为连接“一带一路”的主枢纽。

4　自贸区建设发展金融供需分析——基于上市公司的角度

4.1　研究思路与数据说明

本章以中国（上海）自贸区、中国（海南）自贸区、中国（福建）自贸区、中国（广西）自贸区、中国（河南）自贸区、中国（陕西）自贸区六个自贸区为例，基于上市公司角度来研究自贸区的金融融资缺口。

首先，本章分析了全国沪深股票市场上市公司的总体情况。通过对比全国沪深股票市场上市公司的深度与密度，分析上海、海南、福建、广西、河南、陕西六省在全国的情况，并对这六个自贸区内上市公司在各股票市场的上市分布情况和自贸区内每年上市公司上市数量进行详细分析。其次，从各类金融机构数量结构以及银行类金融结构等方面分析中国上海、海南、福建、广西、河南、陕西六省金融结构现状和金融服务状况，对比其金融服务供给情况。再次，对自贸区内上市公司经营现状的分析。主要从自贸区内上市公司资产负债总量和经营情况方面进行分析，其中，资产负债总量从流动资产、总资产、流动负债、长期借款、总负债五个指标分析；经营情况选用流动比率、速动比率、资产负债比率、总资产周转率、营业利润率、营业收入增长率、营业利润增长率、净利润率等指标从偿债能力、盈利能力、成长能力周转情况几个方面进行分析。最后，借鉴 Frank 和 Goyal（2003）、Seifert 和 Gonenc（2008）、郭丽虹和王硕（2013）的测算融资缺口的方法，利用 $DEF=I+\Delta WC+DIF+DIV-CF=\Delta D+\Delta E$ 来测算中国六个自贸区的上市公司 2014~2021 年的融资缺口。其中，DEF 表示融资缺口，I 表示企业的固定资产变动额，ΔWC 表示企业的营运资金变动额（即流动资产与流动负债差值的变动额），DIV 表示企业支付的现金股利，CF 表示企业的现金流量（即净利润与折旧之和），ΔD 表示企业负债变动额，ΔE 为企业权益变动额。此外，对各自贸区内上市公司的总融资缺口进行预测，采用的方法是以 2015~2021 年的融资缺口变化率剔除个别异常值之后的平均值作为预测其的变化率来进行预测，此方法能够测算预测期内融资缺口的大致走向，但存在偏差，仅供参考。

由于数据的可得性，本章上市公司数量数据来源于东方财富金融终端，分别选取中国（上海）自贸区、中国（海南）自贸区、中国（福建）自贸区作为沿海自贸区的研究对象，中国（河南）自贸区、中国（陕西）自贸区作为中国内陆自贸区的研究对象，中国（广西）自贸区作为中国沿边自贸区的研究对象；选取沪深股票市场作为主要上市公司研究对象，选取上市公告日作为上市公司上市统计日期，选取在沪深股票市场上市且上市公告日在 2021 年 12 月 31 日之前的数据作为 2021 年各省区市沪深股票市场的上市公司数量；各省区市沪深股票市场上市公司密度表示各省区市沪深股票市场上市公司数量/各省区市 2021 年常住人口数；各省区市沪深股票市场上市公司深度表示各省区市沪深股票市场上市公司数量/各省区市 GDP 增加值，数据来源于《中国统计年鉴》和东方财富金融终端。选取上述自贸区所在省（自治区、直辖市）的银行类金融机构数、银行类金融机构资产总额、总部设在辖区的证券公司数、总部设在辖区的基金公司数、总部设在辖区的期货公司数、总部设在辖区的保险公司数、保险公司分支机构数、保费收入、保险深度等指标数据和大型商业银行、国家开发银行和政策性银行、股份制商业银行、城市商业银行、小型农村金融机构、财务公司、信托公司等银行类金融机构结构性数据来源于各省（自治区、直辖市）《金融运行发展报告》。自贸区上市公司经营现状数据来源于深证信数据服务平台。自贸试验区融资缺口的数据来源于东方财富金融终端。

4.2 自贸区上市公司总体情况

本节内容主要介绍上海、海南、福建、广西、河南、陕西六个自贸区上市公司的总体情况。主要从自贸区上市以来区内上市公司在各交易所上市的总量和上市年份分布情况来介绍。

4.2.1 全国沪深股票市场上市公司整体情况

本节主要了解我国各省区市 2021 年末沪深股票市场上的上市公司数量对比情况（见图 4-1），及加上各省区市国内生产总值与常住人口数之后的上市公司深度（见图 4-2）、密度（见图 4-3）比较。

由图 4-1 可知，在数量上，我国广东省在沪深股票市场上上市的公司数量最多，超过 700 家。浙江、江苏、北京、上海的上市公司数量也较多，都超过 380 家。福建、河南的沪深股票市场上市公司数量在全国省区市中处于中等水平，陕西、广西和海南上市公司数量则较少。在本章研究的六个自贸区中，上海、福建的上市公司数量较多，而河南、海南、陕西、广西的上市公司数量都较少。但上市公司数量受到地区人口、辖区面积、经济发展水平等因素的影响，因此本章又选取了各省区市沪深股票市场上市公司的深度与密度，即沪深股票市场的上市公司数量分别除以各省区市 GDP 和常住人口数。

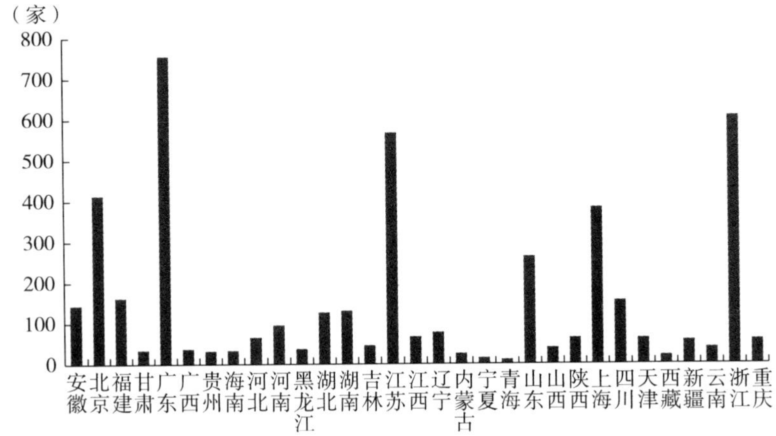

图 4-1　2021 年沪深股票市场各省区市上市公司数量

资料来源：笔者根据东方财富金融终端导出的数据整理。

图 4-2 和图 4-3 分别是沪深股票市场上市公司的深度与密度，分析加入了 GDP 与人口因素各省区市的情况。

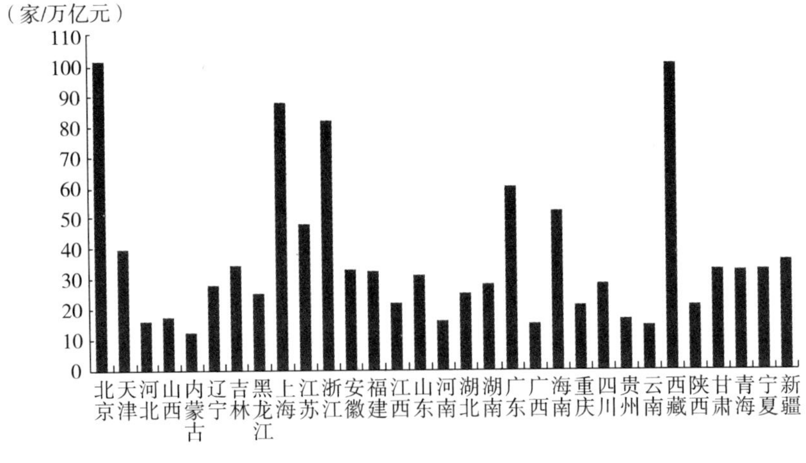

图 4-2　各省区市沪深股票市场上市公司深度

资料来源：笔者根据东方财富金融终端和各省区市的统计年鉴的数据整理。

由图 4-2 可知，我国北京、上海、浙江、西藏、广东、海南的沪深股票市场上市公司深度较高。而在六个自贸区中，河南、广西、陕西处于较低水平，福建处于中等水平。由图 4-3 可知，北京、上海、浙江的沪深股票市场上市公司密度最高，多数地区都处于较低水平。在六个自贸区中，上海处于较高水平，海南、福建处于中等水平，而陕西、河南、广西三地区的沪深股票市场上市公司密度都处于较低水平。

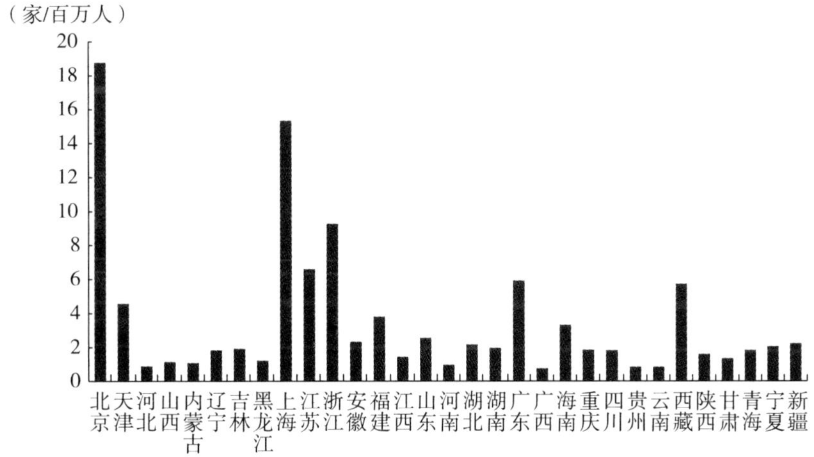

图 4-3 各省区市沪深股票市场上市公司密度

资料来源：笔者根据东方财富金融终端和各省区市的统计年鉴的数据整理。

4.2.2 中国（上海）自贸区

上海自贸区作为全国最早设立的自贸区，试验面积较广，在 2013 年由国务院批准设立。2015 年 4 月自贸区的实施范围拓展到 120.72 平方千米，涵盖 4 个海关特殊监管区域（上海外高桥保税区、上海外高桥保税物流园区、洋山保税港区、上海浦东机场综合保税区）28.78 平方千米，以及陆家嘴金融片区 34.26 平方千米、金桥开发片区 20.48 平方千米、张江高科技片区 37.2 平方千米[①]。2019 年，在上海大治河以南、金汇港以东以及小洋山岛、浦东国际机场南侧区域设置上海自贸区临港新片区。按照“整体规划、分步实施”原则，先行启动南汇新

① 资料来源于国务院发布的《国务院关于印发进一步深化中国（上海）自由贸易试验区改革开放方案的通知》（国发〔2015〕21 号）。

城、临港装备产业区、小洋山岛、浦东机场南侧等区域，面积为119.5平方千米①。

与其他自贸区相比，上海自贸区的面积更大，且其科技创新体制机制改革逐渐深化，金融创新开放力度更大，企业更加活跃，发展迅速。上海自贸区自挂牌以来带动上海浦东新区及上海市经济持续稳定快速发展。2019年，浦东新区完成进出口总值20514.73亿元，占上海全市比重60.3%。洋山港和外高桥港区合计完成集装箱吞吐量3907.3万标准箱，推动上海港连续九年位居全球第一大集装箱港。截至2019年底，上海自贸区6年内新设企业数是前20年同一区域新设企业数的1.6倍。新设外资企业2万户，外资企业占比由中国（上海）自贸试验区挂牌初期的5%上升到20%左右，2018年浦东新区地区生产总值突破万亿元、规模以上工业总产值突破万亿元。②。表4-1展示了上海沪深股票市场各上市地点上市公司数量统计情况。上海市沪深股票市场上市公司上市地点主要集中在上交所主板、深交所主板、深交所中小板、深交所创业板、上交所科创板。

表4-1　截至2021年末上海沪深股票市场上市公司情况统计 单位：家，%

上市板块	上海上市公司总数	上海自贸区上市公司数量	上海非自贸区上市公司数量	上海自贸区上市公司占上海上市公司总数比例
上交所主板	223	53	170	23.77
深交所主板	1	0	1	0.00
深交所中小板	31	2	29	6.45
深交所创业板	67	6	61	8.96
上交所科创板	56	23	34	41.07
合计	378	84	295	22.22

资料来源：笔者根据东方财富金融终端导出的沪深股票市场上市公司数据整理。

由表4-1可知，上海在沪深股票市场上市的上市公司数量较多，在2021年末达到378家，且注册地址在上海自贸区的上市公司数量较多，占比较大，总体占比达到22.22%。上海的大部分上市公司在上交所主板上市，数量超过200家；在深交所创业板和上交所科创板上市的数量也较多，在50家以上；而深交所主板和深交所中小板上市的上市公司较少，其中在深交所主板上市的上海

① 资料来源于国务院发布的《国务院关于印发中国（上海）自由贸易试验区临港新片区总体方案的通知》（国发〔2019〕15号）。

② 资料来源于中国（上海）自由贸易试验区网站（www.china-shftz.gov.cn）。

上市公司仅1家。上海自贸区上市公司在上交所主板上市的数量最多，达到53家；但上交所科创板上海自贸区上市公司占上海上市公司总数比例最高，达到41.07%。

图4-4显示了1990~2021年上海每年上市公司公告成立的数量。由图4-4可知，1991~1994年、2010~2012年和2014年后是上海1990~2021年上市公司公告成立的高峰期，其间每年公告成立的上市公司数量都较多，2021年上市公司公告数量达到最大值45家。1991~1994年成为高峰期的原因可能是深圳证券交易所成立（1990年12月1日）、上海证券交易所成立（1990年11月26日）造成的上市小高峰。2010~2012年上市公司数量较多原因可能是中国创业板于2009年10月30日正式上市，这对股票市场影响较大。而2014年之后的这波高峰原因可能是2013年上海自贸区的正式挂牌，2014年之后，不仅上海自贸区内的上市公司数量增加，上海非自贸区的上市公司数量也明显增加（见图4-4），说明自贸区的设立对自贸区外经济发展与公司经营都有明显的推动作用。2019~2020年上市公司数量的快速增加除了上海自贸区建设以外，还有科创板于2019年6月13日正式开板的原因，仅2019年上海在科创板上市13家公司，占全国的18.58%。

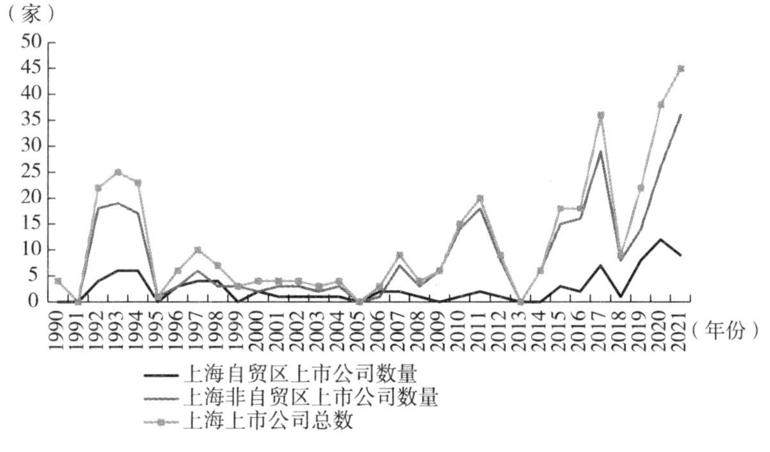

图4-4　1990~2021年上海沪深股票市场上市公司公告成立情况统计

资料来源：笔者根据东方财富金融终端导出的沪深股票市场上市公司数据整理。

4.2.3　中国（海南）自贸区

海南自然资源丰富、地理区位独特，在改革开放后没有其他沿海地区经济发展速度快。2018年10月，国务院批复同意建设中国（海南）自贸易区，海南自贸区的实施范围为海南岛全岛，支持海南全方位大力度推进改革创新，积极探索建立适应自由贸易港建设的、更加灵活高效的法律法规、监管模式和管理体制，下大力气破除阻碍生产要素流动的体制机制障碍；深入推进商品和要素流动型开放，加快推动规则等制度型开放，以高水平开放带动改革全面深化。海南自贸区设立后，海南紧紧围绕国家赋予海南建设全面深化改革开放试验区、国家生态文明试验区、国际旅游消费中心和国家重大战略服务保障区的战略定位，积极发挥背靠国内超大规模市场和腹地经济等优势，强化改革创新意识，加强改革系统集成，注重协调推进，使各方面创新举措相互配合、相得益彰，提高改革创新的整体效益。海南自贸区的设立坚持高起点谋划、高标准建设，主动适应国际经贸规则重构新趋势，充分学习并借鉴国际自由贸易港的先进经营方式、管理方法和制度安排。表 4-2 统计了截至 2021 年 12 月 31 日海南在沪深股票市场公告上市的上市公司数量。

表 4-2　截至 2021 年末海南沪深股票市场上市公司情况统计　　单位：家

上市板块	海南上市公司数量
上交所科创板	1
上交所主板	12
深交所创业板	7
深交所主板	14
合计	34

资料来源：笔者根据东方财富金融终端导出的沪深股票市场上市公司数据整理。

由表 4-2 可知，截至 2021 年 12 月 31 日海南在沪深股票市场公告上市的上市公司共有 34 家。与其他省区市相比，海南沪深股票市场上市公司数量较少，主要分布在上交所主板、深交所创业板和深交所主板，此外上交所科创板上市公司仅 1 家。由于海南自贸区的实施范围为海南岛全岛，因此不存在自贸区上市公司数量占海南上市公司数量的比重。

由图 4-5 可知，海南沪深股票市场上市公司数量较少，每年公告上市的上市公司数量也较少，1994 年和 1997 年达到最高值，最高值仅 4 家。2000 年以后，海南每年在沪深股票市场的公告成立的上市公司都较少，2011 年和 2017 年分别达到 3 家和 2 家，其余年份每年都少于 2 家，2004~2008 年，海南在沪深股票市场无上市公司公告成立。

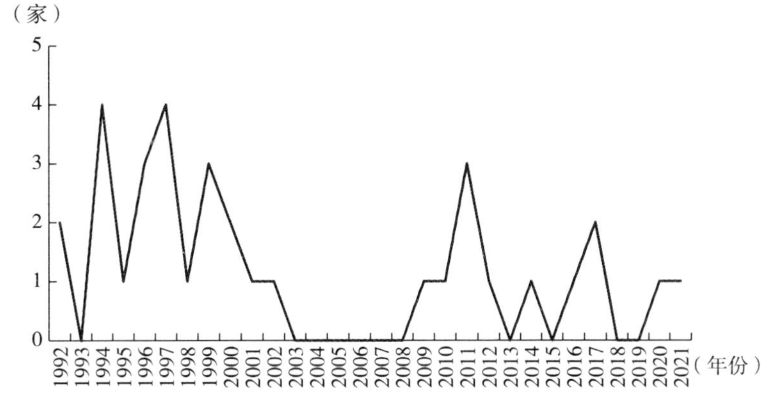

图 4-5 1992~2021 年海南沪深股票市场上市公司公告成立情况统计

资料来源：笔者根据东方财富金融终端导出的沪深股票市场上市公司数据整理。

4.2.4 中国（福建）自贸区

表 4-3 展示了福建沪深股票市场上市公司分布情况。由表 4-3 可知，福建沪深股票市场上市公司共 162 个，其中福建自贸区上市公司共 16 家，总占比 9.88%。上市地点主要在上交所主板、深交所主板、深交所中小板、深交所创业板和上交所科创板五个板块，其中上交所主板、深交所中小板和深交所创业板分布较多，都在 35~60 家；福建在深交所主板和上交所科创板的上市公司较少，都不足 20，但深交所主板上市的福建自贸区上市公司占福建上市公司总数比例最大，达到 31.25%。福建自贸区的上市公司上市地点主要集中在上交所主板和深交所主板，上市公司数量分别是 7 家和 5 家。在深交所中小板和深交所创业板上市的福建自贸区上市公司占福建上市公司总数比例较小，分别是 2.50% 和 5.13%；在上交所主板和上交所科创板上市的福建自贸区上市公司占福建上市总数公司比例较总体比例稍大。

表 4-3 截至 2021 年末福建沪深股票市场上市公司情况统计 单位：家，%

上市板块	福建上市公司总数	福建自贸区上市公司数量	福建非自贸区上市公司数量	福建自贸区上市公司占福建上市公司总数比例
上交所主板	59	7	52	11.86
深交所主板	16	5	11	31.25
深交所中小板	40	1	39	2.50
深交所创业板	39	2	37	5.13

续表

上市板块	福建上市公司总数	福建自贸区上市公司数量	福建非自贸区上市公司数量	福建自贸区上市公司占福建上市公司总数比例
上交所科创板	8	1	7	12.50
合计	162	16	146	9.88

资料来源：笔者根据东方财富金融终端导出的沪深股票市场上市公司数据整理。

图 4-6 显示了 1993~2021 年福建省每年上市公司公告成立的数量。由图 4-6 可知，1993 年、1996~1997 年、2010~2012 年和 2016 年后是上市公司成立的四个高峰期，其间每年公告成立的上市公司数量较其附近年份差别较大，其中 2017 年上市公司公告成立数量达到最大值 25 家。1993 年和 1996~1997 年成为高峰期的原因仍然可能是深圳证券交易所和上海证券交易所在 1990 年的先后挂牌成立。2010~2012 年上市公司数量较多原因可能是中国创业板于 2009 年 10 月 30 日正式上市，这对股票市场影响较大。而 2016 年之后也是福建上市公司公告成立的高峰期，其主要原因是福建自贸区于 2015 年正式挂牌。福建上市公司公告成立总数虽多，但其中注册地址在其自贸区的并不多，在图 4-6 中表现为福建非自贸区上市公司公告成立数量统计线与福建上市公司公告成立总数统计线多处重合。此外，在 2002 年之后，注册地址在福建自贸区公告上市的上市公司数量多次为零。

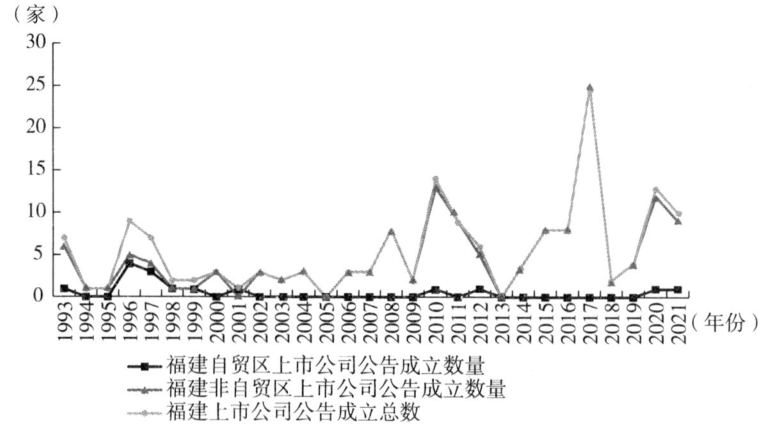

图 4-6 1993~2021 年福建沪深股票市场上市公司公告成立情况统计

资料来源：笔者根据东方财富金融终端导出的沪深股票市场上市公司数据整理。

4.2.5 中国（广西）自贸区

广西自贸区作为我国沿边自由贸易试验区的重要代表，自 2019 年 8 月挂牌以来，将与东盟国家陆海相邻作为其自身独特优势，着力建设面向东盟国家的贸易新通道，突出打造与边境国家合作的新模式。表4-4展示了广西壮族自治区沪深股票市场上市公司数量。

由表4-4可知，广西的上市公司总数较少，仅38家，上市地点主要分布在上交所主板、深交所主板和深交所中小板，此外深交所创业板还有2家。其中，注册地址在广西自贸区的上市公司有7家，上市地点都在上交所主板和深交所主板。虽然广西自贸区上市公司数量较少，但由于广西整体上市公司总数较少，其自贸试验区内上市公司数量占广西上市公司总数比例为18.42%，低于上海、陕西等地区，处于中等水平。

表4-4 截至2021年末广西沪深股票市场上市公司情况统计 单位：家，%

上市板块	广西上市公司总数	广西自贸区上市公司数量	广西非自贸区上市公司数量	广西自贸区上市公司占广西上市公司总数比例
上交所主板	17	5	12	29.41
深交所主板	11	2	9	18.18
深交所中小板	8	0	8	0
深交所创业板	2	0	2	0
合计	38	7	31	18.42

资料来源：笔者根据东方财富金融终端导出的沪深股票市场上市公司数据整理。

图4-7显示了1993~2021年广西上市公司公告成立的数量。由于广西沪深股票市场上市公司数量和中国（广西）自贸区内的上市公司数量都较少，在图4-7中表现为每年公告上市的上市公司数量都较少，2000年达到最大值5家，其余年份都不足4家。且多数年份注册地址在中国（广西）自贸区内的公告上市的上市公司数量为零。

4.2.6 中国（河南）自贸区

河南沪深股票市场上市公司数量统计情况如表4-5所示。由表4-5可知，截至2021年12月31日，河南在沪深股票市场公告成立的上市公司共有94家。其中，上市地点在河南自贸区的上市公司数量很少，仅8家，分布在上交所主板、深交所中小板和深交所创业板，这三个市场上河南省注册地址在自贸区内的上市公司占比分别是6.67%、11.11%和13.64%。深交所中小板和深交所创业板自贸区上市公司占比较高，上交所主板自贸区上市公司占比相对较低，河南整体自贸

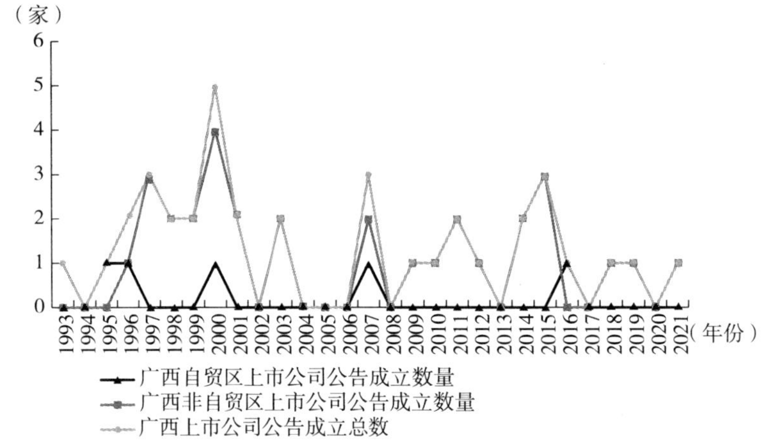

图 4-7　1993~2021 年广西沪深股票市场上市公司公告成立情况统计

资料来源：笔者根据东方财富金融终端导出的沪深股票市场上市公司数据整理。

区上市公司占河南上市公司总数比例为 8.51%，是上海、海南、福建、广西、河南和陕西六省区市中占比最低的。

表 4-5　截至 2021 年末河南省沪深股票市场上市公司情况统计单位：家，%

上市板块	河南上市公司总数	河南自贸区上市公司数量	河南非自贸区上市公司数量	河南自贸区上市公司占河南上市公司总数比例
上交所主板	30	2	28	6.67
深交所主板	11	0	11	0.00
深交所中小板	27	3	24	11.11
深交所创业板	22	3	19	13.64
上交所科创板	4	0	4	0
合计	94	8	86	8.51

资料来源：笔者根据东方财富金融终端导出的沪深股票市场上市公司数据整理。

为更加详细地了解河南及其自贸区沪深股票市场上市公司情况，在图 4-8 中展示了 1993~2021 年河南公告上市的上市公司数量。由图 4-8 可知，1993~2004 年河南自贸区内的上市公司数量都为零。2005 年之后自贸区内才逐渐有上市公司公告上市，且每年公告上市的上市公司数量都不多，最多出现在 2011 年，数量仅为 2 家，2005 年之后也有多次出现当年公告上市的上市公司数量为零的年份。由于河南上市公司注册地址在河南自贸区内的上市公司数量较少，河南非自贸区上市公司数量统计线与河南上市公司总数的统计线大部分重合，且变化趋势相近，这种情形可能与河南郑州、洛阳与开封的发展规划有关。河南自贸区的范围有洛阳片区——洛阳高新技术产业开发区、洛阳工业园区、洛阳国家大学科技园、涧西区大厂片区等；郑州片区——航空港区块 40.6 平方千米、经开区区块 28.1 平方千米、郑东金融集聚区块 13.2 平方千米；开封片区——开封城乡一体化示范区及经济技术开发区等地区。这些地区发展规划较晚，在 2010 年以前工业企业等发展并不迅速。河南上市公司每年公告成立的数量都在 12 家以下，2010~2012 年出现公告上市的高峰期，两年合计公告上市的上市公司数量超过 20 家。2010 年之前，上市公司公告上市的比较少，每年的公告上市的数量都在 5 家及以下；2011 年之后，每年公告上市的上市公司数量有所减少，但有个别年份超过 5 家，2020~2021 年公告上市的上市公司数量较多，与 2017 年河南自贸区的挂牌成立有关，该自贸区的挂牌提升了企业活力，也为河南的经济发展注入了活力。

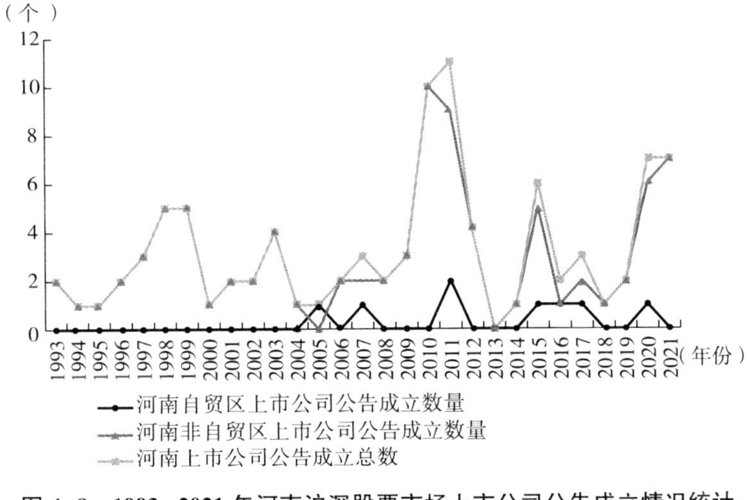

图 4-8　1993~2021 年河南沪深股票市场上市公司公告成立情况统计

资料来源：笔者根据东方财富金融终端导出的沪深股票市场上市公司数据整理。

4.2.7　中国（陕西）自贸区

陕西沪深股票市场的上市公司数量统计情况如表 4-6 所示。由表 4-6 可知，陕西沪深股票市场上市公司数量较少，截至 2021 年 12 月 31 日仅 64 家，上市地点分布在上交所主板、上交所科创板、深交所主板和深交所中小板，其中在上交所主板和深交所中小板上市公司数量最多。陕西自贸区上市公司数量共有 16 家，占陕西省所有上市公司的25%，占比较高，但数量不多。陕西自贸区上市公司主要分布在上交所主板、深交所中小板和深交所主板，自贸区上市公司占比分别为28%、25%、36.36%。

表 4-6　截至 2021 年末陕西省市沪深股票市场上市公司数量统计

单位：家，%

上市地点	陕西上市公司总数	陕西自贸区上市公司数量	陕西非自贸区上市公司数量	陕西自贸区上市公司占陕西上市公司总数比例
上交所主板	25	7	18	28.00
上交所科创板	8	0	8	0
深交所主板	11	4	7	36.36
深交所中小板	20	5	15	25.00
合计	64	16	48	25.00

资料来源：笔者根据东方财富金融终端导出的沪深股票市场上市公司数据整理。

图 4-9 展示了陕西沪深股票市场上市公司公告成立情况。陕西每年公告上市的上市公司数量不多，每年都在 7 家以下，分布也较为均匀。1993~2021 年有四个小高峰，分别是 1994 年、1996~1997 年、2010 年和 2018 年之后，这四个时段上市公司公告上市的数量较多，其他年份公告上市数量都在 3 家及以下。2019 年陕西上市公司公告上市数量明显增多。

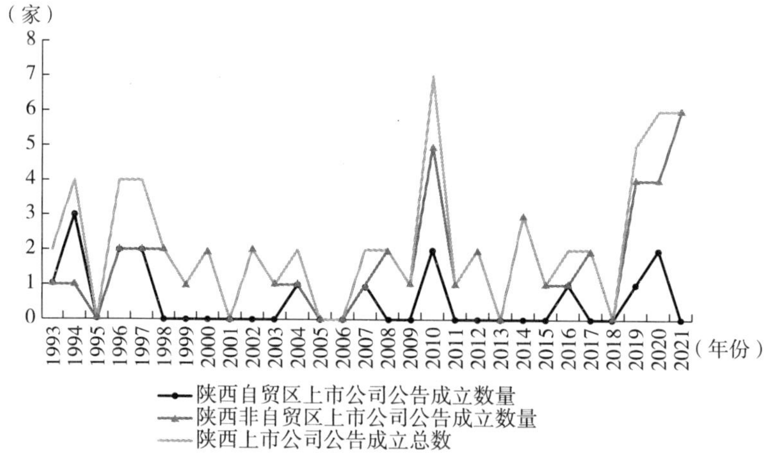

图 4-9　1993~2021 年陕西沪深股票市场上市公司公告成立情况统计

资料来源：笔者根据东方财富金融终端导出的沪深股票市场上市公司数据整理。

4.3 自贸区所在省区市金融结构现状分析

4.3.1 上海金融结构现状

上海地处中国东部沿海，国务院批复确定的国际经济、金融、贸易、航运、科技创新中心。改革开放后，上海与越来越多的国家和地区建立贸易关系，上海口岸逐渐成为全球最重要的贸易港口之一。2013 年上海作为中国第一个自贸区挂牌建设，近年来在经济和金融方面也取得了新的成就与进步。

4.3.1.1 上海市金融机构数量结构

表 4-7 展示了 2017~2019 年上海市金融机构数量和资产总额。横向来看，上海的金融机构设立比较健全，各类金融机构数量都较多。其中，2019 年，总部设在上海的证券公司、基金公司、期货公司和保险公司共 175 家，数量多于其他省（自治区、直辖市）；各类证券期货基金公司分支机构共 1107 家，银行类金融机构 4224 家，银行类金融机构数量在金融机构数量中占比在 3/4 以上①。纵向来看，2017~2019 年上海市各类金融机构发展持续向好。银行类金融机构数量和总部设在上海辖区的证券公司、基金公司、期货公司、保险公司数量都在增长。但保费收入和保险深度在 2018 年有所减少，在 2017~2019 年三年中处于最低值。上海金融机构的设置上，总体上呈现不断增长的趋势，金融机构总部的数量较多且分布较为密集，使金融对上海经济的支撑作用更强，同时金融机构间的竞争也更加激烈，促使金融服务范围更加广泛，服务质量不断提高。

表 4-7 2017~2019 年上海金融机构数量和资产总额

项目	2017 年	2018 年	2019 年
银行类金融机构数量（家）	4099	4072	4224
银行类金融机构资产总额（亿元）	147074	154240.3	165110
总部设在辖区的证券公司（家）	20	25	27
总部设在辖区的基金公司（家）	44	54	57
总部设在辖区的期货公司（家）	28	33	34
总部设在辖区的保险公司（家）	55	53	57
保险公司分支机构数量（家）	101	105	108

① 《上海市金融运行报告（2019）》。

续表

项目	2017 年	2018 年	2019 年
保费收入（中外资）（亿元）	1587.1	1406	1720
保险深度（%）	5.3	4	5

资料来源：《上海市金融运行报告（2019）》。

4.3.1.2 上海银行类金融机构结构

表 4-8 是 2019 年上海银行类金融机构的统计情况。根据《上海市金融运行报告（2019）》，将银行类金融机构分为以下几种类型（见表 4-8），上海市大型商业银行数量最多，2019 年末达到 1648 家，占银行类金融机构的 39.02%。此外，股份制商业银行、城市商业银行、邮政储蓄数量较多，占比较大，占比在 10%~20%，上述四类银行类金融机构合计占比超过 80%，是上海银行类金融机构的主体部分。2019 年，上海小型农村金融机构 361 家，占比 8.55%，同其他省区市相比占比较小。财务公司、信托公司、新型农村金融机构、国家开发银行和政策性银行与其他银行类金融机构占比较小，合计不足 8%。我国财务公司和信托公司发展较慢，数量极少，上海这两类金融机构数量在银行类金融机构数量中占比分别为 0.57%和 0.17%，其占比虽小，但与我国其他省区市相比则占比较大。上海市银行类金融机构中大型商业银行和股份制商业银行的从业人数较多，分别位列第一和第二。外资银行机构数量占比为 5%，低于邮政储蓄和小型农村金融机构，但其从业人数较多。从单位机构资产总额角度来看，上海银行业金融机构中，大型商业银行、股份制商业银行、城市商业银行和外资银行居于前列。

表 4-8　2019 年上海银行类金融机构情况

机构类别	机构数（家）	上海银行类金融机构构成占比（%）	从业人数（人）	资产总额（亿元）
大型商业银行	1648	39.02	47216	54908
国家开发银行和政策性银行	15	0.36	811	4539
股份制商业银行	829	19.63	27258	37439
城市商业银行	465	11.01	14786	24642
小型农村金融机构	361	8.55	6919	8909
财务公司	24	0.57	1829	6886
信托公司	7	0.17	2436	753
邮政储蓄	482	11.41	2954	2230

续表

机构类别	机构数（家）	上海银行类金融机构构成占比（%）	从业人数（人）	资产总额（亿元）
外资银行	211	5.00	12549	14478
新型农村金融机构	160	3.79	2203	301
其他	22	0.52	5925	10025
合计	4224	100.00	124886	165110

注：营业网点不包括国家开发银行和政策性银行、大型商业银行、股份制银行等金融机构总部数据；大型商业银行包括中国工商银行、中国农业银行、中国银行、中国建设银行和交通银行；小型农村金融机构包括农村商业银行、农村合作银行和农村信用社；新型农村机构包括村镇银行、贷款公司、农村资金互助社和小额贷款公司；“其他”包括金融租赁公司、汽车金融公司、货币经纪公司、消费金融公司等。

资料来源：《上海市金融运行报告（2017~2019）》。

4.3.2 海南金融结构现状

基于数据可得性，2017~2019 年海南金融结构方面的数据仅选取以下数据（见表 4-9）。2017~2019 年《海南省金融运行报告》中未披露海南银行类金融机构数量。如表 4-9 所示，2017 年海南银行类金融机构资产总额为 1.5 万亿元，仅占上海银行类金融机构资产总额的不足 1/10。总部设在海南辖区的证券公司、期货公司和保险公司在 2017~2019 年三年内数量保持不变，而且数量较少，均为 2 家。海南省内没有基金公司总部机构。保险公司分支机构数量也较少，由 2018 年的 462 家减少至 2019 年的 274 家，但保费收入在 2017~2019 年保持稳定增长。2018 年和 2019 年保险深度都保持在 3.8%。

表 4-9　2017~2019 年海南金融机构数量和资产总额

项目	2017 年	2018 年	2019 年
银行类金融机构资产总额（万亿元）	1.5	—	—
总部设在辖区的证券公司（家）	2	2	2
总部设在辖区的基金公司（家）	0	0	0
总部设在辖区的期货公司（家）	2	2	2
总部设在辖区的保险公司（家）	2	2	2
保险公司分支机构数量（家）	—	462	274
保费收入（中外资）（亿元）	164.8	183.1	202.7
保险深度（%）	—	3.8	3.8

资料来源：《海南省金融运行报告（2017~2019）》。

4.3.3 福建金融结构现状

福建地处中国东南沿海。改革开放以来，广东、浙江、江苏、上海等东南沿海地区经济发展及金融发展速度很快，而福建同样作为东南沿海地区则稍落后于上述地区。福建自贸区 2015 年 4 月挂牌之后，利用自贸区建设优势与资源，形成了新业态新模式，也推动了新兴产业集聚区的形成，金融市场运行也态势向好。

4.3.3.1 福建省金融机构数量结构

表 4-10 展示了 2017~2019 年福建金融机构数量和资产数量。总体来看，福建的金融机构数量和资产数量较少，银行类金融机构数量低于河南与陕西。纵向来看，福建银行类金融机构数量在这三年中增减幅度不大，2019 年银行类金融机构与 2018 年相比减少了 67 家，但是其资产总额在这三年的发展中呈现稳步增长的态势。总部设在福建的证券公司、基金公司、期货公司和保险公司的数量在这三年里没有增减情况。保险公司分支机构数和保费收入在这三年中都在缓慢增长。相较于上海、河南和陕西，福建省保险深度较低，2017 年为 3.2%，而保险深度在 2017~2019 年中呈下降趋势，在 2019 年处于最低值。横向来看，2019 年，福建省的银行类金融机构数量比较多，而总部设在福建省的证券公司、基金公司、期货公司和保险公司数量相较于其他省（自治区、直辖市）较少，共 14 家；银行类金融机构 6555 家，银行类金融机构在金融机构中占比重非常大。

表 4-10 2017~2019 年福建金融机构数量和资产总额

项目	2017 年	2018 年	2019 年
银行类金融机构数量（家）	6539	6622	6555
银行类金融机构资产总额（亿元）	95476	98624	103418
总部设在辖区的证券公司（家）	3	3	3
总部设在辖区的基金公司（家）	3	3	3
总部设在辖区的期货公司（家）	5	5	5
总部设在辖区的保险公司（家）	3	3	3
保险公司分支机构数量（家）	58	60	61
保费收入（中外资，亿元）	1032.1	1081.4	1174.8
保险深度（%）	3.2	3	2.8

资料来源：《福建省金融运行报告（2017~2019）》。

4.3.3.2　福建省银行类金融机构结构

表 4-11 是福建银行类金融机构的统计情况。总体来看，福建金融机构数量较多，种类也较为丰富。从表 4-11 可知，2019 年福建的银行类金融机构中，大型商业银行的数量最多，达到了 2290 个，占比超过三成；小型农村金融机构紧随其后，数量达到了 1933 个，占比也将近三成；邮政储蓄和股份制商业银行在第三梯队，其占比均在 10%～20%；其余银行类金融机构占比则很小，总计在 5%左右；股份制商业银行机构个数虽然不多，占比仅有 12.69%，但是其从业人数却排名第二，说明其提供的就业岗位还是很可观的。

表 4-11　2019 年福建银行类金融机构情况

机构类别	机构数（家）	福建银行类金融机构构成占比（%）	从业人数（人）	资产总额（亿元）
大型商业银行	2290	34.94	53845	24022
国家开发银行和政策性银行	44	0.67	1659	7489
股份制商业银行	832	12.69	24308	48575
城市商业银行	252	3.84	9601	9725
小型农村金融机构	1933	29.49	20725	8857
财务公司	7	0.11	175	471
信托公司	2	0.03	822	239
邮政储蓄	1064	16.23	6393	2438
外资银行	37	0.56	969	670
新型农村金融机构	89	1.36	1981	339
其他	5	0.08	3429	593
合计	6555	100.00	123907	103418

资料来源：《福建省金融运行报告（2019）》。

4.3.4　广西金融结构现状

广西地处中国西南边境，西南部与越南接壤，与东盟国家邻近。自改革开放后的 20 多年，广西经济发展缓慢，GDP 总值和人均 GDP 在全国省区市中排名较为落后。进入 21 世纪后，2003 年商务部正式批准中国—东盟博览会由广西壮族自治区人民政府承办，博览会落户广西南宁；2010 年中国—东盟自由贸易区正式启动等为广西经济发展取得长足的进步，金融业也随之得到快速发展。以下分别从广西金融机构数量、各类金融机构资产总额、银行类金融机构情况等方面对广西的金融结构现状进行分析。

4.3.4.1 广西金融机构数量结构

表4-12展示了2015-2019年广西的金融机构数量和资产总额。从纵向的角度看，广西银行类金融机构经历了改革、合并，这五年数量稳定在6000家以上，整体上保持增加趋势，但2017年数量减少；银行类金融机构资产总额五年内不断增加，趋势良好。2019年，总部设在辖区的证券公司、基金公司和期货公司的数量分别为1家、1家和0家，数量稳定，五年内未发生任何变化。总部设在辖区的保险公司数量在2018年由1家增加至2家，保险公司分支机构数量和保费收入金额稳步增加，2015~2017年保费收入增长速度较快，2018年之后增速放缓增长。从横向的角度看，2019年广西金融机构的数量结构中，银行类金融机构的数量仍然占据着主导地位，非银行类金融机构数量偏少，非银行类金融机构中保险分支机构数量最多，总部设在辖区的证券公司只有1家。目前，广西内还没有一家期货公司总部，金融机构数量结构存在着严重的不平衡，银行类金融机构数量比重过大。

表4-12　2015~2019年广西金融机构数量和资产总额

项目	2015年	2016年	2017年	2018年	2019年
银行类金融机构数量（家）	6174	6606	6297	6296	6704
银行类金融机构资产总额（亿元）	30330.82	33679.5	35891	38527	42213
总部设在辖区的证券公司（家）	1	1	1	1	1
总部设在辖区的基金公司（家）	1	1	1	1	1
总部设在辖区的期货公司（家）	0	0	0	0	0
总部设在辖区的保险公司（家）	1	1	1	2	2
保险公司分支机构数量（家）	2027	2082	2151	2211	2244
保费收入（中外资）（亿元）	385.7	469	565	629	664.9
保险深度（%）	2.3	3.1	3	3.1	3.1

资料来源：《广西壮族自治区金融运行报告（2015~2019）》。

4.3.4.2 广西银行类金融机构结构现状

表4-13统计了广西银行类金融机构数量和结构。近年来，广西的金融机构数量较多，种类也越来越多。由表4-13可知，2019年内广西的银行类金融机构中，小型农村金融机构的数量最多，达到2347家，占比超过1/3；大型商业银行

机构数量次之，数量达到1885家，占比超过1/4，但其从业人数最多。此外，城市商业银行、邮政储蓄银行和新型农村金融机构数量较多，占比均在5%~15%，其余银行类金融机构虽然占比很小，合计占比不足5%，但为广西金融多元化结构做出了较大贡献。

表 4-13 2019 年广西银行类金融机构情况

机构类别	机构数（家）	广西银行类金融机构构成占比（%）	从业人数（人）	资产总额（亿元）
大型商业银行	1885	28.12	36549	14164
国家开发银行和政策性银行	66	0.98	1745	5224
股份制商业银行	186	2.77	4545	3638
城市商业银行	587	8.76	9591	6510
小型农村金融机构	2347	35.01	25090	9103
财务公司	2	0.03	62	233
邮政储蓄	973	14.51	9973	2066
外资银行	4	0.06	78	63
新型农村金融机构	653	9.74	7956	1173
其他	1	0.01	49	40
合计	6704	100.00	95638	42214

资料来源：《广西壮族自治区金融运行报告（2019）》。

4.3.5 河南金融结构现状

河南是传统的人口大省和农业大省，河南常住人口数量和常住农村人口数量居全国省际前列。河南地处中原，其新一线城市——郑州是全国重要的交通枢纽。近年来，随着郑州航空港经济综合实验区、郑州经济产业集聚区和河南自贸区的一一落地，河南省在进入21世纪之后，经济和金融都飞速发展。

4.3.5.1 河南省金融机构数量结构

表4-14展示了2017~2019年河南的金融机构数量和资产总额。纵向来看，三年来银行类金融机构数量增减幅度不大，但是其资产总额则呈现稳步增长的态势，2019年银行类金融机构资产总额达到了89130亿元。总部设在河南的证券公司、期货公司和保险公司的数量在这三年里没有变动。保险公司的分支机构数量

和保费收入则呈现缓慢增长的态势。保险深度在 2017 年为最低值，其比例为 4.5%，2018 年提高至 5%，2019 年保持在 5%。横向来看，河南的银行类金融机构的数量相较于其他省区市是比较多的，但是总部设在河南省的证券公司、期货公司、保险公司的数量较少，合计不超过 5 家，河南省辖区内无基金公司总部。2019 年银行类金融机构数量达到了 13054 家，在金融机构中的占比非常大，保险公司分支机构 6660 家，占比也较大。

表 4-14　2017~2019 年河南金融机构数量和资产总额

项目	2017 年	2018 年	2019 年
银行类金融机构数量（家）	13071	13047	13054
银行类金融机构资产总额（亿元）	75967	81849	89130
总部设在辖区的证券公司（家）	1	1	1
总部设在辖区的期货公司（家）	2	2	2
总部设在辖区的保险公司（家）	1	1	1
保险公司分支机构数量（家）	6450	6613	6660
保费收入（中外资）（亿元）	2020	2263	2431
保险深度（%）	4.5	5	5

注：由于 2017~2019 年的《河南省金融运行报告》中总部设在辖区的基金公司统计口径不一致，故表 4-14 中没有列出河南省 2017~2019 年总部设在辖区的基金公司的数量。

资料来源：《河南省金融运行报告（2017~2019）》。

4.3.5.2　河南银行类金融机构结构现状

表 4-15 统计了河南省银行金融机构的数量和结构情况。由表 4-15 中可知，河南银行类金融机构的数量较多，种类也相对较丰富。2019 年河南省银行类金融机构中农村金融机构数量较多，其中小型农村金融机构数量为 5146 家，邮政储蓄银行 2413 家，合计占比接近 60%。农村地区的金融机构结构状况与河南省城乡结构、人口结构和产业结构有着一定的关系，农村地区银行类金融机构资产总额仅占银行类金融资产的 28.03%。大型商业银行机构数量为 3240 家，占比 24.82%，在河南所有银行类金融机构中占比位列第二，从业人数最多。城市商业银行、股份制商业银行以及新型农村金融机构占比则均在 4%~8%。财务公司、信托公司以及外资银行和其他金融类机构占比非常小，均未超过 0.1%。

表 4-15 2019 年河南银行类金融机构情况

机构类别	机构数（家）	河南银行类金融机构构成占比（%）	从业人数（人）	资产总额（亿元）
大型商业银行	3240	24.82	71958	27656
国家开发银行和政策性银行	154	1.18	3625	7705
股份制商业银行	548	4.20	12664	9941
城市商业银行	932	7.14	24198	15995
小型农村金融机构	5146	39.42	51554	17048
财务公司	8	0.06	202	739
信托公司	2	0.02	447	202
邮政储蓄	2413	18.48	23054	7939
外资银行	4	0.03	65	35
新型农村金融机构	604	4.63	8421	1313
其他	3	0.02	493	557
合计	13054	100.00	196681	89130

资料来源：《河南省金融运行报告（2019）》。

4.3.6 陕西金融结构现状

陕西位于中国西北地区东部的黄河中游，山地和高原地貌占比 80%左右，在早期交通不便，限制了陕西的发展。近年来，陕西高技术制造业、装备制造业、电气机械和器材制造业、建筑业与软件和信息技术服务业发展速度较快，产业增加值增长率较高。目前，陕西着力培育打造特色专业园区，发挥省级特色来促进经济发展。与同时内陆省份的河南相比，陕西的金融机构数量和资金规模还稍显落后。

4.3.6.1 陕西金融机构数量结构

表 4-16 展示了 2017~2019 年陕西的金融机构数量和资产总额。陕西这三年的变化较小，银行类金融机构数量在 2019 年有少量减少。陕西银行类金融机构总数与河南相比还是有较大差距，河南银行类金融机构总数大约为陕西省的两倍。由表 4-16 可知，总部设在辖区的证券公司、期货公司三年内无变化，都为 3 家；陕西辖区内在 2019 年成立了第一家基金公司总部；保险公司在 2018 年由 1 家增长到 2 家，并且在保险公司分支机构数上，陕西的这三年均未

超过 100 家，但是河南省均超过了 6000 家（见表 4-14），由此可见，陕西保险业的发展与河南还是存在着非常大的差距，这与陕西的地理位置和经济发展有很大关系。

表 4-16　2017~2019 年陕西省金融机构数量和资产总额

项目	2017 年	2018 年	2019 年
银行类金融机构数量（家）	7227	7254	7103
银行类金融机构资产总额（亿元）	47368. 4	51251. 2	55675
总部设在辖区的证券公司（家）	3	3	3
总部设在辖区的基金公司（家）	0	0	1
总部设在辖区的期货公司（家）	3	3	3
总部设在辖区的保险公司（家）	1	2	2
保险公司分支机构数量（家）	58	62	67
保费收入（中外资）（亿元）	868. 7	969. 4	1033. 5
保险深度（%）	4	3. 8	4

资料来源：《陕西省金融运行报告（2017~2019）》。

4. 3. 6. 2　陕西银行类金融机构结构现状

表 4-17 是 2019 年陕西银行类金融机构的统计情况。由表 4-17 可知，陕西的小型农村金融机构的个数最多，为 2833 家，且占比最大，为 39. 88%；邮政储蓄类的机构个数为 1245，占比 17. 53%；小型农村金融机构和邮政储蓄的占比之和接近 60%。这可能是由于陕西省多丘陵山地地貌，并且农村经济发展相对落后，农村地区的银行类金融机构占比较大，其资产总额占比也仅为 23. 57%。大型商业银行的机构数量为 1900 家，占比为 26. 75%，在陕西所有的银行类金融机构占比中排名第二；从业人数则为榜首，达到了 41173 人；其资产总额占比达到了 35. 42%，比小型农村金融机构和邮政储蓄的资产总额占比之和还要高，说明陕西经济发展相对失衡，农村远远落后于城市。股份制商业银行、城市商业银行数量占比均在 5%~10%。国家开发银行和政策性银行的占比为 1. 18%。我国财务公司和信托公司发展较慢，陕西省这两类金融机构在银行类金融机构的占比分别是 0. 10%和 0. 04%，占比极小。外资银行和新型农村金融机构占比也不大，分别为 0. 17%和 0. 44%。

表 4-17 2019 年陕西银行类金融机构情况

机构类别	机构数（家）	陕西省银行类金融机构构成占比（%）	从业人数（人）	资产总额（亿元）
大型商业银行	1900	26.75	41173	19721
国家开发银行和政策性银行	84	1.18	2231	5957
股份制商业银行	448	6.31	10279	7720
城市商业银行	538	7.57	9238	7165
小型农村金融机构	2833	39.88	30893	9602
财务公司	7	0.10	359	1064
信托公司	3	0.04	1883	304
邮政储蓄	1245	17.53	10721	3520
外资银行	12	0.17	316	233
新型农村金融机构	31	0.44	1499	166
其他	2	0.03	389	223
合计	7103	100.00	108981	55675

资料来源：《陕西省金融运行报告（2019）》。

4.4 自贸区上市公司经营现状分析

本章通过上市公司的财务指标来对我国各省自贸试验区内的上市公司资产负债情况和经营情况进行分析。资产负债信息主要通过流动资产、总资产、流动负债、长期借款、总负债五个指标分析，经营情况主要通过流动比率、速动比率、资产负债比率、总资产周转率、营业利润率、营业收入增长率、营业利润增长率、净利润率来分析自贸区内上市公司的整体偿债能力、经营能力和成长能力。

4.4.1 中国（上海）自贸区

前文选用 84 家上海自贸区内的上市公司，基于数据的可得性与个别上市公司的营业利润率、营业收入增长率等指标过小，使平均值不能体现上海自贸区内上市公司的整体情况，因此去掉 5 家公司，选用 79 家上市公司数据，同理，后文海南自贸区的上市公司也删除 2 家公司的数据，选用 32 家上市公司作为研究对象。

表 4-18 统计了 2016~2020 年上海自贸区 79 家上市公司资产负债均值情况。

由表4-18可知，2016~2020年，上海自贸区内上市公司流动资产、总资产、流动负债、长期借款、总负债的均值呈逐年上升的趋势。其中，流动资产的数额实现了近两倍的增长，从134.52亿元增长到了237.74亿元；流动负债从112.45亿元增加到了194.03亿元，两者都实现了近一倍的增长，实现了公司资金流动性的增强，降低了企业的风险，有利于企业获取资金进行经营。与此同时，企业的长期借款、流动资产、流动负债的数量也实现了很大的增长，增长速度也较快，这说明上市公司规模正在不断扩大，因此资产与负债的总量都实现了增长，这有利于公司进行多项业务的开展，从而拓宽业务范围，提升产业竞争力与实力。

表4-18 2016~2020年上海自贸区上市公司资产负债均值情况 单位：亿元

财务指标＼年份	2016	2017	2018	2019	2020
流动资产	134.52	160.50	178.33	197.47	237.74
总资产	1578.99	1707.09	1821.74	1940.22	2140.99
流动负债	112.45	135.34	148.66	161.90	194.03
长期借款	25.75	28.01	30.01	33.58	32.85
总负债	1383.32	1487.35	1588.48	1681.21	1850.89

资料来源：深证信数据服务平台。

表4-19统计了2016~2020年上海自贸区内79家上市公司经营情况的财务指标。由表4-19可知，上海自贸区的上市公司的流动比率、速动比率处在较高水平，且2016~2020年呈逐年增加的趋势，说明上海自贸区上市公司的短期偿债能力在不断提升。不仅如此，资产负债比率呈逐年减少的趋势，说明债权人在企业清算时遭受损失的可能性逐年减少，这样会吸引更多的人给公司提供资金，使企业的资金流畅通。在资产管理方面，自贸区公司的总资产周转率却在逐年减少，因此说明企业销售能力在减弱，资产投资效益逐年减弱，业务效率低下，全面资产运用不够有效。在公司盈利能力方面，企业的净利润率从2018~2020年实现了逐年增加，这说明自贸区的开展确实有利于企业提升利润，创造收入，提升企业的资产管理效率、短期偿债能力及盈利能力。但是2020年的营业利润增长率骤降到-93.79%，这可能是新冠肺炎疫情导致2020年上海自贸区内79家上市公司中有38家利润增长率为负，影响了上海上市公司自贸区的利润增长率的平均值。

表 4-19 2016~2020 年上海自贸区上市公司经营情况

财务指标 \ 年份	2016	2017	2018	2019	2020
流动比率	2.28	2.76	2.43	3.10	3.86
速动比率	1.86	2.27	1.94	2.64	3.39
资产负债比率（%）	48.27	45.96	45.47	44.21	42.49
总资产周转率（次）	0.87	0.81	0.79	0.72	0.60
营业利润率（%）	19.16	4.39	-7.42	21.06	26.11
营业收入增长率（%）	28.50	23.90	20.49	18.99	22.41
营业利润增长率（%）	265.82	153.16	7.80	41.26	-93.79
净利润率（%）	15.48	-0.61	-10.09	15.66	19.66

资料来源：深证信数据服务平台。

4.4.2 中国（海南）自贸区

表 4-20 统计了 2016~2020 年海南自贸区 32 家上市公司资产负债均值情况。由表 4-20 可知，2016~2020 年，海南自贸区上市公司流动资产均值的数量变化不大，增长趋势也不明显，而流动负债的数量增长速度较快，从 32.06 亿元增加到 83.55 亿元，增长了 1 倍多。由于流动资产增加的数量不及流动负债增加的速度快，不仅说明其资金运用能力的提升，也说明海南上市公司大多短期偿债能力下降。海南上市公司的总资产自 2016~2018 年上升、2018~2020 年下降，总负债却一直增加，2018~2020 年长期借款一直在上升，说明大部分企业扩大了举债，海南部分企业出现了扩张的趋势，公司规模总体下降。值得注意的是，海南地区的长期借款很少，可能是金融体系不够完善、金融机构数量较少导致的。

表 4-20 2016~2020 年海南自贸区上市公司资产负债均值情况　　单位：亿元

财务指标 \ 年份	2016	2017	2018	2019	2020
流动资产	45.23	52.73	54.34	47.38	48.72
总资产	119.66	137.57	137.77	132.51	115.02
流动负债	32.06	47.30	65.77	64.65	83.55
长期借款	16.78	14.65	4.44	4.53	4.69
总负债	60.75	75.99	80.27	79.24	95.54

资料来源：深证信数据服务平台。

表4-21统计了能够反映2016~2020年海南自贸区32家上市公司经营情况的一些财务指标的均值。由表4-21可知，2016~2020年，海南自贸区的流动比率及速动比率逐年减少，说明企业的短期偿债能力有所下降，但是由于流动比率大都保持在2附近，因此短期偿债能力仍旧较强，资金链的发展前景较好。在企业运用资金进行经营管理方面，企业的资产负债率呈上下波动的状态，尤其到了2020年上市公司资产负债率显著高于2019年，提升较多，说明其债务比率在增加，长期偿债能力减弱，面临着较大的债务服务的风险，这不利于企业接下来的资金供应以及债务偿还，影响债权人信心的同时也影响公司的进一步发展。由表4-21可知，2016~2020年海南自贸区内32家上市公司的营业利润率、净利润率平均值均为负值。值得关注的是，由这些公司的财务报表可以看出在2020年，32家上市公司中有13家企业的净利润率为负，意味着接近一半的企业经营不善，并无净利润，这不利于股东的分红，也会影响公司的经营管理以及股价的上升，长此以往，一些上市公司可能会面临退市甚至是破产。营业收入增长率在2020年呈负值，说明企业销售商品的能力下降，这也是2020年速动比率下降的原因，存货较多导致了商品积压。海南作为旅游胜地，新冠肺炎疫情对其区域内公司经营造成了较大影响，而在疫情长期影响下，海南需要及时采取应对措施。

表4-21　2016~2020年海南自贸区上市公司经营情况

财务指标＼年份	2016	2017	2018	2019	2020
流动比率	2.39	2.47	2.38	2.23	1.88
速动比率	2.03	2.12	2.01	1.92	1.58
资产负债比率（%）	43.74	45.62	40.82	42.49	50.82
总资产周转率（次）	0.43	0.48	0.44	0.47	0.47
营业利润率（%）	-9.71	-0.83	-6.19	-7.62	-20.41
营业收入增长率（%）	41.19	35.66	-0.38	8.27	-3.23
净利润率（%）	-9.71	-32.05	-7.18	-9.23	-23.43

资料来源：深证信数据服务平台。

4.4.3 中国（福建）自贸区

表4-22统计了2016~2020年福建自贸区16家上市公司资产负债情况。由

表 4-22 可知，2016~2022 年福建自贸区的上市公司的流动资产、流动负债、总资产、总负债、长期借款一直呈上升趋势，其中流动资产、总资产实现了两倍以上的增长，不仅说明企业的资本变得越来越雄厚，企业的各项规模都实现了增长，还说明自贸区的开展给各个公司都增加了机会，使其能够获取更多扩展自身业务的机会。与此同时，流动负债、总负债和长期借款也实现了两倍以上的增长，因为规模的扩大促使企业进行各项活动，进而举债增加，这些活动的进行离不开外部资金的支持。与此同时，长期借款金额从 2016 年到 2020 年也增长到两倍以上，因为长期借款是企业扩大规模的最好的方式，说明企业懂得使用负债扩展业务的能力得到了增强。

表 4-22 2016~2020 年福建自贸区上市公司资产负债均值情况 单位：亿元

财务指标＼年份	2016	2017	2018	2019	2020
流动资产	148. 54	190. 12	223. 04	285. 58	364. 68
总资产	196. 24	247. 40	284. 07	352. 19	442. 02
流动负债	104. 21	125. 47	145. 33	193. 44	238. 49
长期借款	16. 79	22. 95	24. 37	33. 30	42. 87
总负债	135. 31	167. 88	194. 22	250. 52	318. 78

资料来源：深证信数据服务平台。

表 4-23 统计了能够反映 2016~2020 年福建自贸区上市公司经营情况的一些财务指标的均值。由表 4-23 可知，2017~2019 年福建自贸区的上市公司的流动比率呈逐年增长的趋势，说明福建自贸区的上市公司的短期偿债能力在不断提升，但是在 2020 年有所下降，这可能与新冠肺炎疫情的冲击有关。不仅如此，2016~2018 年资产负债比率呈下降趋势，2018~2020 年呈逐年增长的趋势，说明债权人在企业清算时遭受损失的可能性逐年增大，这样会减少更多的人给公司提供资金，使企业的资金流畅通能力下降。在资产管理方面，自贸区的公司的总资产周转率大致不变，保持在 1. 10 附近，说明企业销售能力、资产投资效益大致没有变化。在公司盈利能力方面，公司的营业收入增长率虽然有所下降，但是营业收入在这 5 年内不断地增长，说明企业营业收入在增加，企业销售收入与销售能力在增加；企业的净利润率、营业利润增长率在 2016~2018 年增长，2018~2020 年下降，到了 2019 年已经成为负增长，说明企业的盈利能力有所减弱，资本效益不高，这不利于股东的分红，同时也会影响公司的经营管理以及股价的上升。

表 4-23　2016~2020 年福建自贸区上市公司经营情况

财务指标＼年份	2016	2017	2018	2019	2020
流动比率	1.70	1.50	1.51	1.60	1.48
速动比率	1.14	1.02	0.95	1.00	1.02
资产负债比率（%）	56.35	54.38	53.66	54.08	55.32
总资产周转率（次）	0.96	1.11	1.11	1.08	1.10
营业利润率（%）	8.24	9.15	12.68	0.35	-2.76
营业收入增长率（%）	12.48	26.09	18.07	6.87	10.68
营业利润增长率（%）	-9.84	75.45	140.46	-25.54	-117.41
净利润率（%）	6.89	6.64	8.73	-3.07	-6.03

资料来源：深证信数据服务平台。

4.4.4　中国（广西）自贸区

表 4-24 统计了 2016~2020 年广西自贸区 7 家上市公司资产负债均值情况。由表 4-24 可知，2016~2020 年，广西自贸区的流动资产均值、流动负债均值等都较低，且资产规模和负债规模也明显低于其他地区。从增长速度上来看，2016~2020 年广西自贸区的上市公司的流动资产均值增长了接近两倍，2020 年达到 11.24 亿元；流动负债增长了接近 1.5 倍，因此其资产的流动性有所增强，有利于企业的短期偿债能力。2016~2020 年总资产和总负债均值增长了接近两倍，说明广西自贸区内的上市公司资本规模得到了有效的扩展，公司的竞争力得到了有效增强。与此同时，2016~2020 年的财务数据显示，广西上市公司长期负债的均值较低，但长期负债增长速度最快，增长了 13 倍，说明相较于其他地区，广西自贸区内上市企业通过长期借款融资获得较少。由此可见，广西自贸区的开展使许多企业都抓住了发展的机遇，扩大了规模，加强了管理能力与合作，从而增强自身实力与竞争力，但是目前广西自贸区内的上市公司规模还较小，有待进一步拓展业务。

表 4-24　2016~2020 年广西自贸区上市公司资产负债均值情况

财务指标＼年份	2016	2017	2018	2019	2020
流动资产	6.81	7.33	9.00	9.23	11.24
总资产	15.79	16.45	18.76	20.22	28.42
流动负债	6.71	7.17	7.27	7.90	10.09

续表

年份 财务指标	2016	2017	2018	2019	2020
长期借款	0. 05	0. 16	0. 33	0. 32	0. 62
总负债	9. 57	9. 52	10. 39	11. 24	16. 14

资料来源：深证信数据服务平台。

表 4-25 为 2016~2020 年广西自贸区上市公司经营情况的财务指标的均值，由表 4-25 可知，2016~2020 年，广西自贸区的流动比率从 2016 年开始基本保持增长的趋势，到 2020 年增长到了 1. 65，这不仅有利于企业短期偿债能力的增强，而且使企业能够及时偿还债权人，增强债权人信心，使企业及时获取资金进行各项经营活动。与此同时，广西上市公司的速动比率在 2016~2020 年一直在提升，增长了两倍，说明企业的存货的变现能力一直在增强，存货可以及时销售出去进行变现，有很强的流动性，能够及时将存货转换为现金。不仅如此，资产负债比率呈逐年降低的趋势，说明债权人在企业清算时遭受损失的可能性逐年减少，这样会吸引更多的人给公司提供资金，使企业的资金流保持畅通。在资产管理方面，自贸区公司的总资产周转率却在逐年波动降低，因此说明企业销售能力在减弱，资产投资效益逐年减弱，业务效率低下，全面资产运用不够有效。此外，上市公司营业利润增长率、营业收入增长率等衡量企业盈利能力指标呈负增长趋势，营业利润率、净利润率自 2020 年开始下降，获取利润的能力逐渐减弱，说明企业的盈利能力也有所减弱。

表 4-25　2016~2020 年广西自贸区上市公司经营情况

年份 财务指标	2016	2017	2018	2019	2020
流动比率	1. 10	1. 04	1. 09	1. 39	1. 65
速动比率	0. 71	0. 66	0. 74	0. 99	1. 40
资产负债比率（%）	55. 42	53. 26	52. 18	50. 08	49. 93
总资产周转率（次）	0. 54	0. 68	0. 70	0. 67	0. 44
营业利润率（%）	6. 00	7. 67	9. 93	12. 24	8. 92
营业收入增长率（%）	-1. 28	23. 05	6. 63	2. 08	-11. 22
营业利润增长率（%）	-27. 26	-28. 56	-35. 96	-11. 87	-244. 27
净利润率（%）	6. 38	6. 29	8. 21	10. 31	6. 70

资料来源：深证信数据服务平台。

4.4.5 中国（河南）自贸区

表4-26统计了2016~2020年河南自贸区8家上市公司资产负债均值情况。由表4-26可知，2016~2020年，河南自贸区的上市公司的流动资产增长了两倍以上，到2020年末达到38.11亿元；流动负债增长了两倍以上，达到了16.42亿元。流动资产和流动负债的增长速度相平，因此其资产的流动性较强，有利于企业的短期偿债能力。2016~2020年，总资产和总负债都增长了两倍以上，说明企业的资本规模得到了有效的扩展，公司的竞争力得到了有效的增强。与此同时，长期借款增长速度接近两倍，说明企业懂得使用负债扩展业务的能力得到了增强。由此可见，河南自贸区的开展使许多企业都抓住了发展的机遇，扩大规模，加强经营管理能力与合作，从而增强自身实力与竞争力。

表4-26 2016~2020年河南自贸区上市公司资产负债均值情况 单位：亿元

年份 财务指标	2016	2017	2018	2019	2020
流动资产	15.79	18.42	23.74	26.95	38.11
总资产	22.96	27.96	34.27	39.36	52.98
流动负债	6.18	8.81	11.27	12.23	16.42
长期借款	0.26	0.40	0.10	0.21	0.46
总负债	7.60	9.76	13.26	14.15	18.95

资料来源：深证信数据服务平台。

表4-27统计了能够反映2016~2020年河南自贸区上市公司经营情况的一些财务指标的均值。由表4-27可知，河南自贸区的上市公司的流动比率从2016年的4.24下降到2018年的2.80，之后又上升到2020年的3.34；速动比率从2016年的3.70下降到2018年的2.37，之后又上升到2020年的2.95，表明企业的偿债能力先下降后上升，使企业能够及时偿还债权人，增强债权人信心，使企业及时获取资金进行各项经营活动。2016~2020年，资产负债比率基本呈逐年增加的趋势，说明债权人在企业清算时遭受损失的可能性逐年增大，这样会减少更多的人给公司提供资金，使企业的资金流畅通能力下降。与此同时，自贸区的上市公司的营业利润率波动上涨，营业收入增长率增长了3倍以上，说明企业的销售能力得到了很大的提升。营业利润增长率从2016年的0.84上涨到2020年的62.23，说明自贸区的开展在河南很成功，使企业的营业收入大幅度提升，极大地提高了企业的盈利能力。公司的盈利能力提升有利于扩展企业规模，股利增

加，股价上涨，增加股东和债权人信心，从而更有利于公司经营管理。

表 4-27 2016~2020 年河南自贸区上市公司经营情况

财务指标＼年份	2016	2017	2018	2019	2020
流动比率	4.24	3.20	2.80	2.94	3.34
速动比率	3.70	2.75	2.37	2.51	2.95
资产负债比率（%）	26.01	27.00	28.87	28.71	29.08
总资产周转率（次）	0.44	0.46	0.50	0.53	0.50
营业利润率（%）	16.46	20.19	18.34	19.05	22.33
营业收入增长率（%）	9.90	23.98	23.12	24.12	30.23
营业利润增长率（%）	0.84	25.12	9.84	30.88	62.23
净利润率（%）	18.93	17.00	15.96	16.54	19.16

资料来源：深证信数据服务平台。

4.4.6 中国（陕西）自贸区

表 4-28 统计了 2016~2020 年陕西自贸区 16 家上市公司资产负债情况。由表 4-28 可知，2016~2020 年，陕西自贸区上市公司的流动资产增长了 1.3 倍，从 46.96 亿元增长到了 60.56 亿元；流动负债增长了 1.3 倍，从 28.86 亿元增长到了 37.93 亿元。流动资产和流动负债的增长速度相平，因此其资产的流动性较强，有利于企业的短期偿债能力，但与河南相比流动资产和流动负债增长速度较慢。2016~2020 年，总资产和总负债分别增长了 1.4 倍，说明企业的资本规模得到了有效的扩展，公司的竞争力得到了有效的增强。与此同时，长期借款增长速度为 1.7 倍，说明企业懂得使用负债扩展业务的能力得到了增强。因为规模的扩大促使企业进行各项活动，进而举债增加，这些活动的进行离不开外部资金的支援。

表 4-28 2016~2020 年陕西自贸区上市公司资产负债情况 单位：亿元

财务指标＼年份	2016	2017	2018	2019	2020
流动资产	46.96	60.32	55.80	53.34	60.56
总资产	201.62	222.85	223.93	246.01	277.43

续表

财务指标 \ 年份	2016	2017	2018	2019	2020
流动负债	28.86	43.70	39.98	34.23	37.93
长期借款	5.13	8.36	7.16	6.42	8.91
总负债	172.92	194.81	195.56	213.29	238.66

资料来源：深证信数据服务平台。

表4-29统计了能够反映2016~2020年陕西自贸区上市公司经营情况的一些财务指标的均值。由表4-29可知，2016~2020年，陕西自贸区的上市公司的流动比率从2016~2018年呈上升趋势，到了2019年后下降，到2020年后又上升，总体上升了1.7倍。陕西自贸区的速动比率的变化趋势与流动比率相似，都是在2016~2018年呈上涨趋势，2019年下降，2020年上涨，可能是西安环球印务股份有限公司的流动比率从6.247骤降到1.987，拉低了平均值所致。2016~2020年，资产负债比率几乎没有太大变化，仅仅在2020年有小幅度下降；总资产周转率在2020年下降为0.43次，可能是新冠肺炎疫情影响有关企业所致。在公司盈利能力方面，在2016~2020年，陕西自贸区公司的营业利润率呈下降趋势，2016~2018年只是小幅度下降，2020年骤降为负值，达到了-9.22%；营业收入增长率和净利润率在2016~2019年一直是正值，2020年突然从2019年的32.86%下降到-4.12%；营业利润增长率一直呈下降趋势，出现这些情况的原因可能是新冠肺炎疫情导致陕西公司经营情况受到了影响。

表4-29　2016-2020年陕西自贸区上市公司经营情况

财务指标 \ 年份	2016	2017	2018	2019	2020
流动比率	1.64	1.81	2.12	1.83	2.86
速动比率	1.29	1.45	1.78	1.45	2.47
资产负债比率（%）	46.53	47.99	47.80	48.93	47.48
总资产周转率（次）	0.49	0.53	0.52	0.53	0.43
营业利润率（%）	16.43	12.37	10.09	10.75	-9.22
营业收入增长率（%）	114.42	63.57	8.43	32.86	-4.12
营业利润增长率（%）	107.20	-15.39	-158.01	-275.51	-467.39
净利润率（%）	14.71	9.58	5.97	11.07	-9.73

资料来源：深证信数据服务平台。

4.5 自贸区上市公司融资缺口测算

融资缺口的测算方法借鉴 Frank 和 Goyal（2003）、Seifert 和 Gonenc（2008）、郭丽虹和王硕（2013）的方法，利用式（4-1）来计算 2014~2021 年中国自贸区内上市企业的融资缺口：

$$DEF = I + \Delta WC + DIF + DIV - CF = \Delta D + \Delta E \quad (4-1)$$

其中，DEF 表示融资缺口，I 表示企业的固定资产变动额，ΔWC 表示企业的营运资金变动额（即流动资产与流动负债差值的变动额），DIV 表示企业支付的现金股利，CF 表示企业的现金流量（即净利润与折旧之和），ΔD 表示企业负债变动额，ΔE 表示企业权益变动额。

4.5.1 中国（上海）自贸区

表 4-30 展示了中国（上海）自贸区上市公司融资缺口的相关数据，从表中可以看出，上海自贸区上市公司总融资缺口大部分时间都存在着较大的缺口，2015 年和 2021 年的融资缺口较低，分别为 385.821 亿元和 307.154 亿元，其余的融资缺口均在 500 亿元以上，最高是在 2019 年，融资缺口达到了 888.131 亿元。从平均每家企业的融资缺口上来看，极值分布的年份与总融资缺口极值分布的年份一致。每家企业平均融资缺口在 2015 年和 2021 年的融资缺口较低，分别是 4.593 亿元和 3.657 亿元，在 2019 年的缺口最大，达到了 10.573 亿元。从融资缺口的变化率上来看，2015 年下降了 71.61%，2017 年下降幅度较小，下降了 3.09%，2020 年和 2021 年，分别下降了 68.77%和 71.33%。上海自贸区存在融资缺口的上市公司占比大部分在 35%~50%，只有 2015 年的占比小于 35%，占比为 32.14%；2017 年和 2019 年的占比最高，均为 47.62%。

表 4-30 中国（上海）自贸区融资缺口 单位：亿元，%

年份	2014	2015	2016	2017	2018	2019	2020	2021
上海自贸区上市公司总融资缺口	662.099	385.821	603.454	585.344	653.585	888.131	526.234	307.154
平均每家企业融资缺口	7.882	4.593	7.184	6.968	7.781	10.573	6.265	3.657
上海自贸区上市公司融资缺口变动	—	-276.278	217.633	-18.110	68.241	234.546	-361.897	-219.080

续表

年份	2014	2015	2016	2017	2018	2019	2020	2021
上海自贸区上市公司融资缺口变化率	—	-71.61	36.06	-3.09	10.44	26.41	-68.77	-71.33
上海自贸区存在融资缺口上市公司占比	35.71	32.14	42.86	47.62	44.05	47.62	35.71	36.90

资料来源：东方财富金融终端。

4.5.2 中国（海南）自贸区

表4-31展示了中国（海南）自贸区上市公司融资缺口的相关数据。从海南自贸区上市公司总融资缺口来看，从2014年的172.492亿元上升到2015年的389.929亿元之后便开始了波动下降，一直到2019年达到了10.837亿元的最低点，随后在2020年有了小幅度的上涨，在2020~2021年上涨幅度最大，从2020年的64.321亿元上升到2021年的640.686亿元。从平均每家企业的融资缺口来看，其走势与总融资缺口的走势基本一致，从2014年的5.073亿元涨到2015年的11.469亿元之后便开始了波动下降的趋势，于2019年达到最低的0.319亿元，随后又大幅度上涨至2021年的18.844亿元。从融资缺口的变化率上来看，2017年和2019年的下降幅度较大，分别是-270.50%和-554.82%；上涨幅度较大的是2020年和2021年，分别上涨了83.15%和89.96%。从存在融资缺口上市公司的占比来看，大部分时间的占比都在35%以上，仅2018年和2019年的占比较小，分别是32.35%和最低的14.71%；2014年、2016年和2017年的占比均超过了40%，分别为44.12%、47.06%和41.18%。

表4-31 中国（海南）自贸区融资缺口 单位：亿元，%

年份	2014	2015	2016	2017	2018	2019	2020	2021
海南自贸区上市公司总融资缺口	172.492	389.929	231.916	62.594	70.962	10.837	64.321	640.686
海南平均每家企业融资缺口	5.073	11.469	6.821	1.841	2.087	0.319	1.892	18.844
海南自贸区上市公司融资缺口变动	—	217.437	-158.013	-169.322	8.368	-60.125	53.484	576.365
海南自贸区上市公司融资缺口变化率	—	55.76	-68.13	-270.50	11.79	-554.82	83.15	89.96

续表

年份	2014	2015	2016	2017	2018	2019	2020	2021
海南自贸区存在融资缺口上市公司占比	44.12	35.29	47.06	41.18	32.35	14.71	35.29	38.24

资料来源：东方财富金融终端。

4.5.3 中国（福建）自贸区

表4-32展示了中国（福建）自贸区上市公司融资缺口的相关数据。从福建自贸区上市公司总融资缺口来看，总的融资缺口呈现曲折上升的趋势，2014年、2015年、2016年、2018年和2019年的融资缺口均未超过200亿元，最低值在2015年，为54.701亿元；2017年、2020年、2021年的融资缺口较大，分别为327.836亿元、459.040亿元以及最高的582.133亿元。从平均每家企业融资缺口来看，福建的平均融资缺口在2014年和2015年低于10亿元，最低值是2015年的3.419亿元；2016年、2018年和2019年的融资缺口均在10亿元左右；最高值在2021年，达到了36.383亿元。从上市公司的融资缺口的变动趋势上来看，2015年下降得最多，下降了103.30%；2018年次之，下降了72.65%；2019年下降得最少，下降了12.92%。从增长方面来看，2016年增长得最多，增长了70.25%；2020年次之，增长了63.37%；2021年增长得最少，增长了21.15%。从存在融资缺口上市公司占比来看，2014~2021年的占比均在45%以下；最高值在2017年，占比达到了43.75%；最低值在2019年，占比为12.50%；2021年较低，占比为25%；其余年份均在30%~37.5%。

表4-32 中国（福建）自贸区融资缺口 单位：亿元，%

年份	2014	2015	2016	2017	2018	2019	2020	2021
福建自贸区上市公司总融资缺口	111.200	54.701	183.882	327.836	189.890	168.169	459.040	582.133
福建平均每家企业融资缺口	6.950	3.419	11.493	20.490	11.868	10.511	28.690	36.383
福建自贸区上市公司融资缺口变动	—	-56.499	129.181	143.954	-137.946	-21.721	290.872	123.092
福建自贸区上市公司融资缺口变化率	—	-103.30	70.25	43.91	-72.65	-12.92	63.37	21.15

续表

年份	2014	2015	2016	2017	2018	2019	2020	2021
福建自贸区存在融资缺口上市公司占比	31. 25	37. 50	37. 50	43. 75	31. 25	12. 50	31. 25	25. 00

资料来源：东方财富金融终端。

4.5.4 中国（广西）自贸区

表 4-33 展示了中国（广西）自贸区上市公司融资缺口的相关数据。从广西自贸区上市公司总融资缺口来看，广西的总融资缺口均在 32 亿元以下，相较于上海、福建、海南来看，广西的融资缺口要小很多，最高是在 2016 年，融资缺口达到了 31. 136 亿元，最低是在 2017 年，融资缺口为 0. 142 亿元。从广西平均每家企业的融资缺口来看，广西的平均每家企业的融资缺口较少，最高是在 2016 年，平均融资缺口达到了 4. 448 亿元，其次是 2018 年，平均融资缺口是 3. 738 亿元；其余时间的平均融资缺口均在 3 亿元以下，最低是在 2017 年，平均融资缺口为 0. 020 亿元，其次是 2014 年，平均融资缺口为 0. 313 亿元。从融资缺口的变化幅度上来看，2015~2019 年变化幅度较大，上升幅度较大的是 2016 年和 2018 年，分别上涨了 22. 829 亿元和 26. 024 亿元；下降幅度最大的是 2017 年，下降了 30. 994 亿元。从存在融资缺口上市公司的占比上来看，广西自贸区存在融资缺口的上市占比在 2016 年、2018 年和 2019 年最大，均为 42. 86%；其次是 2020 年和 2021 年，占比均为 28. 57%；占比最小的是 2014 年、2015 年和 2017 年，占比均为 14. 29%。

表 4-33　中国（广西）自贸区融资缺口　　单位：亿元，%

年份	2014	2015	2016	2017	2018	2019	2020	2021
广西自贸区上市公司总融资缺口	2. 192	8. 308	31. 136	0. 142	26. 166	14. 269	13. 677	20. 597
广西平均每家企业融资缺口	0. 313	1. 187	4. 448	0. 020	3. 738	2. 038	1. 954	2. 942
广西自贸区上市公司融资缺口变动	—	6. 116	22. 829	-30. 994	26. 024	-11. 897	-0. 592	6. 920
广西自贸区上市公司融资缺口变化率	—	73. 62	73. 32	-21796. 20	99. 46	-83. 38	-4. 33	33. 60
广西自贸区存在融资缺口上市公司占比	14. 29	14. 29	42. 86	14. 29	42. 86	42. 86	28. 57	28. 57

资料来源：东方财富金融终端。

4.5.5 中国（河南）自贸区

表4-34展示了中国（河南）自贸区上市公司融资缺口的相关数据。河南自贸区上市公司总融资缺口与上海、福建、海南的总融资缺口相比要小很多，河南自贸区上市公司总融资缺口较高的是在2020年和2021年，分别是35.321亿元和43.540亿元；其次是在2016年，融资缺口为20.126亿元；其余年份的融资缺口均在12亿元以下，最低值在2017年，融资缺口为1.945亿元。从河南自贸区平均每家企业的融资缺口来看，该平均值与上海、海南、福建相比要小很多，而与广西相比则基本相差不大。河南自贸区上市公司平均融资缺口最大是在2021年，缺口资金为5.443亿元；其次是2020年，缺口资金为4.415亿元；2014年、2015年、2017年和2019年的平均融资缺口均在1亿元以下，最低值在2017年，缺口资金为0.243亿元。河南自贸区融资缺口变动额的波动较大，在2017年和2019年呈现下降趋势，分别下降了18.180亿元和6.266亿元；2014~2016年和2019~2021年呈上升趋势，其中2020年增长量最大，增长了30.059亿元。在与前一年的融资缺口变化率上来看，下降最快的是2017年，下降了934.58%；增长率最高的是在2020年，相较于前一年增长了85.10%。从河南自贸区存在融资缺口上市公司的占比来看，2014年、2016年和2020年有50%家上市公司存在融资缺口，占比较大；2015年和2017年的占比最小，占比均为25%。

表4-34 中国（河南）自贸区融资缺口 单位：亿元，%

年份	2014	2015	2016	2017	2018	2019	2020	2021
河南自贸区上市公司总融资缺口	2.890	4.400	20.126	1.945	11.529	5.263	35.321	43.540
河南平均每家企业融资缺口	0.361	0.550	2.516	0.243	1.441	0.658	4.415	5.443
河南自贸区上市公司融资缺口变动	—	1.510	15.726	-18.180	9.584	-6.266	30.059	8.219
河南自贸区上市公司融资缺口变化率	—	34.32	78.14	-934.58	83.13	-119.1	85.10	18.88
河南自贸区存在融资缺口上市公司占比	50.00	25.00	50.00	25.00	37.50	37.50	50.00	37.50

资料来源：东方财富金融终端。

4.5.6 中国（陕西）自贸区

表4-35展示了中国（陕西）自贸区上市公司融资缺口的相关数据。陕西自

贸区的上市公司总融资缺口在 2021 年较大，缺口资金为 77.925 亿元，远高于其他年份，且 2021 年的增长速度也达到最高；其余年份的缺口资金均未超过 20 亿元，最低的是在 2014 年，融资缺口仅为 1.147 亿元。从陕西平均每家企业的融资缺口来看，2018 年和 2021 年的缺口资金均超过 1 亿元；每家企业的平均融资缺口最低的是在 2014 年，缺口资金仅为 0.072 亿元；平均融资缺口最高的是在 2021 年，缺口资金为 4.870 亿元。从融资缺口的变化幅度上来看，2017 年和 2019 年相较于前一年的下降幅度较大，分别下降了 1.494 亿元和 13.446 亿元，分别是前一年的-12.20%和-258.00%；变化幅度最小的是 2020 年，与前一年相比，上涨了 0.701 亿元，变化率为 11.86%。陕西自贸区存在融资缺口的上市公司占比与河南相比，陕西的占比较小，大部分时间占比均在 27%以下，仅 2018 年和 2021 年的占比较高，分别为 46.67%和 40%；占比最低的是在 2015 年，仅有 6.67%的上市公司存在融资缺口。

表 4-35 中国（陕西）自贸区融资缺口 单位：亿元，%

年份	2014	2015	2016	2017	2018	2019	2020	2021
陕西自贸区上市公司总融资缺口	1.147	4.060	13.780	12.286	18.656	5.210	5.911	77.925
陕西平均每家企业融资缺口	0.072	0.254	0.861	0.768	1.166	0.326	0.369	4.870
陕西自贸区上市公司融资缺口变动	—	2.912	9.720	-1.494	6.370	-13.446	0.701	72.014
陕西自贸区上市公司融资缺口变化率	—	71.74	70.54	-12.20	34.14	-258.00	11.86	92.41
陕西自贸区存在融资缺口上市公司占比	20.00	6.67	20.00	20.00	46.67	26.67	13.33	40.00

资料来源：东方财富金融终端。

4.6 自贸区上市公司融资缺口预测分析

本节内容是对各自贸区内上市公司的总融资缺口进行预测，采用的方法是以 2015~2021 年的融资缺口变化率剔除个别异常值之后的平均值作为其变化率来进行预测，此方法能够测算预测期内融资缺口的大致走向，但存在偏差，仅供参考。

表 4-36 是对中国（上海）自贸区上市公司 2022~2025 年融资缺口预测。由表

4-30 可知，上海市 2015~2021 年上市公司融资缺口的变化率有 4 年为负，3 年为正，最低达到-71.61%，平均值为-20.27%，即预计上海市自贸区内上市公司的融资缺口将以 20.27%的速度逐渐减小。对比上海市上市公司融资缺口变化率与存在融资缺口上市公司占比发现两者趋势相近（见图 4-10），即两者相关关系较大。

表 4-36　2022~2025 年中国（上海）自贸区上市公司融资缺口预测

单位：亿元

年份	2022	2023	2024	2025
上市公司融资缺口预测	244.896	195.258	155.681	124.126

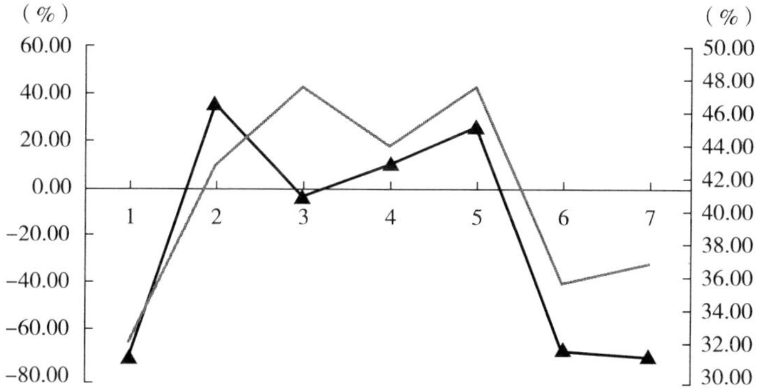

图 4-10　上海上市公司融资缺口变化率与存在融资缺口上市公司占比

表 4-37 是对中国（海南）自贸区上市公司 2022~2025 年融资缺口预测。2015~2021 年，海南上市公司融资缺口的变化率变动也较大，最小值达到-554.82%，最大值为 89.96%（见表 4-31），平均变动率为-93.26%，预计增长率接近-1，因此去掉最低值求均值为-16.33%。以-16.33%为增速，对 2022~2025 年融资缺口进行预测，预测结果如表 4-37 所示，由表 4-37 可知海南上市公司融资缺口将逐渐减少，到 2025 年减少为 314.009 亿元。

表 4-37　中国（海南）自贸区上市公司 2022~2025 年融资缺口预测

单位：亿元

年份	2022	2023	2024	2025
上市公司融资缺口预测	536.068	448.533	375.291	314.009

表 4-38 是对中国（福建）自贸区上市公司 2022~2025 年融资缺口预测。福建 2015~2021 年上市公司融资缺口变化率平均为 1.4%，以此增速预测 2022~2025 年融资缺口，预测结果如表 4-38 所示，福建上市公司融资缺口预测将由 590.303 亿元增长至 615.508 亿元。

表 4-38　中国（福建）自贸区上市公司 2022~2025 年融资缺口预测

单位：亿元

年份	2022	2023	2024	2025
上市公司融资缺口预测	590.303	598.588	606.989	615.508

根据广西自贸区上市公司融资缺口变动率（见表 4-33），去掉 2017 年异常值-21796.20%，取其他年份平均值 32.05%作为预测期 2022~2025 年的增长率，得出 2022~2025 年广西自贸区上市公司的融资缺口（见表 4-39）。由于目前广西自贸区内的上市公司数量较少，融资缺口相较于上海、福建等地区也较小，预测期内广西自贸区上市公司融资缺口将逐渐增大，2022~2025 年由 27.198 亿元增长至 62.631 亿元。

表 4-39　中国（广西）自贸区上市公司 2022~2025 年融资缺口预测

单位：亿元

年份	2022	2023	2024	2025
上市公司融资缺口预测	27.198	35.914	47.423	62.631

根据河南自贸区融资缺口变动率（见表 4-34），去掉 2017 年异常值-934.58%，取其他年份平均值 30.08%作为 2022~2025 年的增长率，得出 2022~2025 年河南自贸区上市公司的融资缺口（见表 4-40）。随着自贸区内上市公司逐渐增多，融资需求也会逐渐增多，预计在 2025 年融资缺口突破 100 亿元。虽然以平均增速作为预测期增速，其结果会有一定偏差，但也具有一定参考性。

表 4-40　中国（河南）自贸区上市公司 2022~2025 年融资缺口预测

单位：亿元

年份	2022	2023	2024	2025
上市公司融资缺口预测	56.637	73.6751	95.839	124.668

表 4-41 是对中国（陕西）自贸区上市公司 2022~2025 年融资缺口预测。在

去除掉 2019 年-258%的异常值（见表 4-35）之后，陕西平均变动率为 44.74%，由 4-41 表预测可知，陕西上市公司的融资缺口增速较小，融资缺口整体都在 100 亿元以内。

表 4-41 中国（陕西）自贸区上市公司 2022~2025 年融资缺口预测

单位：亿元

年份	2022	2023	2024	2025
上市公司融资缺口预测	79.086	80.265	81.461	82.675

4.7 本章小结

4.7.1 上市公司总体情况

从上市公司总体情况来看，上海、海南、福建、广西、河南、陕西六个自贸区在 1992~1997 年均为上市公司公告成立的高峰期。表 4-42 为 2021 年六地区上市公司总体数量情况对比。由表 4-42 可知，本章研究的六省区市中，截至 2021 年 12 月 31 日上海沪深股票市场的上市公司数量最多，达 378 家，福建次之，共 162 家，河南 94 家，海南、广西和陕西上市公司数量较少，沪深股票市场公告上市的上市公司均不足 70 家。上海、陕西自贸区上市公司公告上市数量占比较高，超过 20%；而福建、河南自贸区上市公司公告上市数量占比较低，均不足 10%。上海自贸区的辖区面积大，经济发达，出口便利，其上市公司数量较多，而海南自贸区的实施范围为海南岛全岛，因此海南的所有上市公司都为自贸区内的上市公司，达 34 家。此外，福建、广西、河南、陕西自贸区内的上市公司数量都非常少。

表 4-42 2021 年六地区上市公司总体数量情况对比

地区	上市公司总数（家）	自贸区上市公司数量（家）	非自贸区上市公司数量（家）	自贸区内上市公司数量占比（%）
上海	378	84	295	22.22
海南	34	34	0	100
福建	162	16	146	9.88
广西	38	7	31	18.42

续表

地区	上市公司总数（家）	自贸区上市公司数量（家）	非自贸区上市公司数量（家）	自贸区内上市公司数量占比（%）
河南	94	8	86	8.51
陕西	64	16	48	25.00

资料来源：东方财富金融终端。

4.7.2 金融结构差异明显

从金融结构来看，陕西、河南、福建、广西、上海五省区市内，总部设在辖区的证券公司、基金公司、期货公司和保险公司数量都为个位数，只有上海总部设在辖区的金融机构数量较多，原因可能是上海是国际金融中心，金融发展水平高，许多银行、证券公司的总部都设在上海，而其他省区市只有分支机构。从银行类金融机构的构成来看，上海大型商业银行、股份制商业银行数量多，城市商业银行占比大，上海这三种类型的金融机构占比接近70%，而河南、陕西、广西的小型农村金融机构占比非常大，超过大型商业银行分支机构的占比，都在35%以上，原因在于其农村地区广泛，农村常住人口较多，而上海的城镇化程度最高。此外，财务公司与信托公司的占比都较小，不足1%，但从五地区对比来看，上海财务公司和信托公司的占比是其他地区占比的多倍（见表4-43）。

表4-43 五地区银行类金融机构构成 单位：%

机构类别	上海	福建	广西	河南	陕西
大型商业银行	39.02	34.94	28.12	24.82	26.75
国家开发银行和政策性银行	0.36	0.67	0.98	1.18	1.18
股份制商业银行	19.63	12.69	2.77	4.20	6.31
城市商业银行	11.01	3.84	8.76	7.14	7.57
小型农村金融机构	8.55	29.49	35.01	39.42	39.88
财务公司	0.57	0.11	0.03	0.06	0.10
信托公司	0.17	0.03	—	0.02	0.04
邮政储蓄	11.41	16.23	14.51	18.48	17.53
外资银行	5.00	0.56	0.06	0.03	0.17
新型农村金融机构	3.79	1.36	9.74	4.63	0.44
其他	0.52	0.08	0.01	0.02	0.03
合计	100.00	100.00	100.00	100.00	100.00

资料来源：2017~2019年各省区市《金融运行发展报告》。

4.7.3 上市公司经营状况参差不齐

从六地区自贸区上市公司经营发展现状来看，上市公司总资产均值和总负债均值在2016~2020年均处于增长状态，公司规模整体上呈扩大趋势（见表4-44、表4-45）。表4-44是2016~2020年上海、海南、福建、广西、河南、陕西自贸区上市公司总资产对比情况。由表4-44可以看出，2016~2020年上海自贸区上市公司的总资产最多，因为上海进入工业化阶段的时间较早，企业成立时间早，发展至今，上海已经是中国科技水平较为先进、发展效率高的地区，因此上海自贸区的上市公司规模也较大，且上海金融体系较完善，金融机构数量多，金融机构向企业提供的资金较充足，利于企业扩大规模和经营发展。福建、陕西自贸区的上市公司总资产相较于上海还差很多，但略高于其他三地区。此外，六地区自贸易区上市公司总资产均值都呈上涨趋势。表4-45是2016~2020年上海、海南、福建、广西、河南、陕西自贸区上市公司总负债对比情况。由表4-45可知，广西、河南自贸区上市公司的总负债特别低，远低于其他四个自贸区。

表4-44 2016~2020年六地区自贸区上市公司总资产均值对比 单位：亿元

地区 \ 年份	2016	2017	2018	2019	2020
上海	1578.992	1707.089	1821.738	1940.222	2140.993
海南	119.660	137.574	137.772	132.506	115.022
福建	196.241	247.396	284.066	352.193	442.023
广西	15.787	16.447	18.759	20.223	28.424
河南	22.961	27.962	34.267	39.362	52.979
陕西	201.622	222.853	223.926	246.009	277.432

资料来源：深证信数据服务平台。

表4-45 2016~2020年六地区自贸区上市公司总负债均值对比 单位：亿元

地区 \ 年份	2016	2017	2018	2019	2020
上海	172.920	194.810	195.563	213.291	238.663
海南	60.753	75.986	80.267	79.241	95.539
福建	135.310	167.879	194.222	250.524	318.775
广西	9.572	9.522	10.393	11.238	16.139

续表

地区 \ 年份	2016	2017	2018	2019	2020
河南	7.599	9.758	13.256	14.151	18.954
陕西	172.920	194.810	195.563	213.291	238.663

资料来源：深证信数据服务平台。

表4-46是2016~2020年六地区自贸区上市公司流动比率平均值对比情况。由表4-46可知，上海和河南的流动比率比较高，而福建、广西的流动比率比较低。从增长趋势来看，上海、广西流动比率在2016~2020年的增长趋势更为明显，说明这三个地区的短期偿债能力一直在上升，资产流动性一直在增长，而海南、福建和陕西在此期间都呈现了不同程度的下降，短期偿债能力的提升不如上海、河南和广西。表4-47是2016~2020年六地区自贸区上市公司资产负债比率平均值对比情况。由表4-47可知，上海、海南、福建、广西、陕西五地区自贸区上市公司的资产负债率平均值都在40%~60%，只有河南的资产负债比率在20%~30%。河南与陕西同作为内地挂牌较晚的自贸区，而河南自贸区内上市公司的资产负债率却较低，其原因引人深思。

表4-46　2016~2020年六地区自贸区上市公司流动比率平均值对比　单位：%

地区 \ 年份	2016	2017	2018	2019	2020
上海	2.28	2.76	2.43	3.1	3.86
海南	2.39	2.47	2.38	2.23	1.88
福建	1.7	1.5	1.51	1.6	1.48
广西	1.1	1.04	1.09	1.39	1.65
河南	4.24	3.2	2.8	2.94	3.34
陕西	1.64	1.81	2.12	1.83	2.86

资料来源：深证信数据服务平台。

表4-47　2016~2020年六地区自贸区上市公司资产负债比率平均值对比　单位：%

地区 \ 年份	2016	2017	2018	2019	2020
上海	48.27	45.96	45.47	44.21	42.49
海南	43.74	45.62	40.82	42.49	50.82

续表

地区 \ 年份	2016	2017	2018	2019	2020
福建	56.35	54.38	53.66	54.08	55.32
广西	55.42	53.26	52.18	50.08	49.93
河南	26.01	27	28.87	28.71	29.08
陕西	46.53	47.99	47.8	48.93	47.48

资料来源：深证信数据服务平台。

从2016~2020年六地区自贸区上市公司营业利润率平均值对比情况来看（见表4-48），在公司盈利能力上，上海、河南的营业利润率平均值表现较好，多数年份在15%以上；而福建、广西、陕西三地在2016~2019年的营业利润率平均值较低，但多数年份为正值；仅海南营业利润率表现不佳，2016~2020年都为负值，而海南自贸区（港）的上市公司在2020年多家经营利润率为负，说明2020年海南自贸区（港）的上市公司经营与投资出现了问题，新冠肺炎疫情对其影响也较大，应当及时找出问题进行解决。表4-49为2016~2020年六地区自贸区上市公司营业收入增长率平均值对比情况。从营业收入增长率平均值来看，2016~2019年六地区自贸区上市公司的营业收入增长情况都较好，未来成长能力都较强，但2020年海南、广西、陕西三地区的营业收入增长率平均值小于0，但预计在新冠肺炎疫情后经营情况会出现好转。

表4-48　2016~2020年六地区自贸区上市公司营业利润率平均值对比 单位：%

地区 \ 年份	2016	2017	2018	2019	2020
上海	19.16	4.39	-7.42	21.06	26.11
海南	-9.71	-0.83	-6.19	-7.62	-20.41
福建	8.24	9.15	12.68	0.35	-2.76
广西	6	7.67	9.93	12.24	8.92
河南	16.46	20.19	18.34	19.05	22.33
陕西	48.93	47.48	10.09	10.75	-9.22

资料来源：深证信数据服务平台。

表 4-49　2016~2020 年六地区自贸区上市公司营业收入增长率平均值对比

单位：%

地区＼年份	2016	2017	2018	2019	2020
上海	28.5	23.9	20.49	18.99	22.41
海南	41.19	35.66	-0.38	8.27	-3.23
福建	12.48	26.09	18.07	6.87	10.68
广西	-1.28	23.05	6.63	2.08	-11.22
河南	9.9	23.98	23.12	24.12	30.23
陕西	114.42	63.57	8.43	32.86	-4.12

资料来源：深证信数据服务平台。

4.7.4　上市公司融资缺口与经济发展程度相关

表 4-50 和表 4-51 分别是上海、福建、海南、广西、河南、陕西六地区自贸区 2014~2021 年上市公司融资缺口总额对比和存在融资缺口的上市公司占比情况对比。从六地区融资缺口来看（见表 4-50），除 2015、2021 年外，上海自贸区上市公司的融资缺口最大，上海虽然金融体系较完善、金融机构数量多、资金较充足，但上海自贸区内的上市公司数量也最多，尽管上海自贸区内存在融资缺口的上市公司占比并不是特别高（见表 4-51），但相较于其他五个地区存在融资缺口的上市公司数量还是较多的。海南、福建上市公司融资缺口也较多，在 2014 年已经超过 100 亿元，尤其是福建，到 2021 年上市公司融资缺口逐渐增至近 460 亿元。广西、河南、陕西三地区 2014 年的上市公司融资缺口总额都较小，在 1 亿~3 亿元，2015~2021 年随着上市公司数量的增加以及自贸区的逐步挂牌成立、逐步完善，自贸区内上市公司的融资缺口逐渐增加，河南增长速度最快，在 2021 年已经增长到 35.321 亿元，广西的融资缺口增长相对较小，为 13.477 亿元。

表 4-50　2014~2021 年六地区上市公司融资缺口总额对比　　单位：亿元

地区＼年份	2014	2015	2016	2017	2018	2019	2020	2021
上海	662.099	385.821	603.454	585.344	653.585	888.131	526.234	307.154
海南	172.492	389.929	231.916	62.594	70.962	10.837	64.321	640.686
福建	111.200	54.701	183.882	327.836	189.890	168.169	459.040	582.133
广西	2.192	8.308	31.136	0.142	26.166	14.269	13.677	20.597

续表

年份 地区	2014	2015	2016	2017	2018	2019	2020	2021
河南	2.890	4.400	20.126	1.945	11.529	5.263	35.321	43.540
陕西	1.147	4.060	13.780	12.286	18.656	5.210	5.911	77.925

资料来源：深证信数据服务平台。

表 4-51　2014~2021 年六地区存在融资缺口的上市公司占比情况　单位：%

年份 地区	2014	2015	2016	2017	2018	2019	2020	2021
上海	35.71	32.14	42.86	47.62	44.05	47.62	35.71	36.90
海南	44.12	35.29	47.06	41.18	32.35	14.71	35.29	38.24
福建	31.25	37.50	37.50	43.75	31.25	12.50	31.25	25.00
广西	14.29	14.29	42.86	14.29	42.86	42.86	28.57	28.57
河南	50.00	25.00	50.00	25.00	37.50	37.50	50.00	37.50
陕西	20.00	6.67	20.00	20.00	46.67	26.67	13.33	40.00

资料来源：深证信数据服务平台。

5　自贸区建设发展金融供需分析
——基于经济发展的角度

5.1　研究基础

由资本主义经济发展的客观要求所决定的工业革命在进行产业转换和升级以及经济全球化的大方向，不得不让许多国家和地区无法逃脱密切的经济贸易流通，为了提供这一经济行为所需的外部贸易环境以及促进区域经济的高速发展才诞生了自由贸易区这一想法，与此同时金融业的发展也处于机遇和挑战并存的重要节点，因此对于自由贸易区建设发展的金融供需进行分析变得十分有必要。自贸区的诞生和发展与金融业息息相关。

杜国臣和徐哲潇（2020）将我国自贸区根据地域划分为沿边、沿海和内陆三个类型。每一类自贸区都有自己发展的侧重点，应在适合的方面投入更多的精力，而对于稍弱的方面能够正常发展即可。未来应赋予自贸区片区管理机构相应的省级及市级经济管理权限，在未来应该让自贸区相应的机构掌握省级和市级的对应权限，让更多的自主权下放到各个自贸区；更进一步对21世纪的课题研究和试验进行落实和加强，并着重对于服务、数字、投资、金融等方面实施相对来说比较开放的手段及对于事中和事后的严格监督制度；更加突出制度给产业升级带来的良性发展作用，使企业能够更有干劲和激情。

丁宏（2020）认为中国自由贸易试验区的设立是党中央、国务院对于“四个全面”中的全面深化改革以及相应对外开放的国策而进行的一项重要决定。2013~2020年，我国自贸试验区建设从最开始的试点阶段到现在的全方位推进阶段，实现了由点到线再到面的空间布局结构，由保税区发展为自贸区再到自贸港，我国不断加强对外开放国策的落实，全面推进现代化建设，推动经济高质量发展。

在凌一文（2018）看来，我国的政治建设、经济建设、社会建设这三方面举头并进、有序发展，国内的各个行业也是稳定有序。然而，国际经济环境格局并不像国内的经济环境那么好，越来越表现出一种混乱与无序的状态，尤其是全球在经历过金融危机的摧残之后，国与国之间的贸易行为、金融行为都出现了翻天覆地的改变。面对这种改变，我国的政府和企业首先需要正视这一事实，并拿出相对合理的方案，才能够根据形势的变化做出准确无误的改革措施。在这一情景之下，各个省区市自贸区的出现会具有特殊的意义。这是在面临如此棘手的国际大环境下所进行的重大改革措施，是中国对于自身经济发展手段的一种重大创新。新常态的中国经济使各个区域之间的贸易关系和经济金融关系发展也成为了重中之重。因此，中国在自贸区建设这一方面的进程不断加快，并形成了“1+3+7”的自贸区空间结构，使各个省份的自贸区能够平稳地发展，但在这一过程中也出现了许多挑战。在这些挑战的对抗下，各个区域的产业改进、自贸区社会作用功能的变换也承受着巨大的压力，需要在高压之下探索更加合理的解决方案。

沈伟（2017）坚持要想发展好自贸区建设就必须进行更深程度的金融创新这一观点。上海自贸区在这一方面做得就比较出色，它在立法过程中的实际经验说明，实施的一系列措施有力地促进了上海这一作为国际大都市的城市金融大中心的发展速度，统领着中国各个自贸区的发展方向，也为金融方面的创新在自贸区上的实践提供了更加广大的发展空间。然而，上海自贸区在金融方面的创新改革的有序进行以及金融“收”“放”立法和相应的政府政策的匹配度不高，导致金融自由化和金融风险这两者不能够清楚地判断和鉴别，给改革带来了一定的障碍。自贸区应以创新为中心来实现对金融自由化进程的加速推动，同时也要重视对金融风险的控制和防范，有选择性地吸取对自己地域自贸区有用的先进经验，以此来实现各个省区市自贸区之间的相互学习和相互借鉴，形成良性循环。

如果想让金融领域更好地推动和效劳于实体经济，那么关键就是大力推进中国自由贸易试验区金融改革，这一过程还会呈现重要的可持续发展的特点，因此巴曙松等（2021）得出结论：一是随着自贸区金融方面的改革措施不断更新和落实，各个省份在金融支持实体经济的领域卓越发展；二是和自贸区金融改革一并带来的分别有金融聚集、金融开放效应和金融结构优化效应，这些在自贸区金融支持实体经济发展中扮演着重要的角色；三是各个自贸区在进行金融改革之后所体现出来的效果也不尽相同，而其中在政策实施、落实和发挥作用的传导过程中各个自贸区所经历的途径不同是导致改革效果出现差异的根本原因。

5.2 自贸区发展融资的战略分析

自贸区发展跨境投融资主要包括融资租赁、境内人民币流出、境外人民币流入、境内融资、境外融资五个二级指标。只靠国内融资不能够很好地达到所要融资的要求，这就十分需要跨境投融资的参与。融资租赁是一种具备现代化应用的新型融资形式，能够有效地解决中小企业设备投资障碍的问题，这一方法已经在全世界较为盛行。美国作为发达国家中的主要代表，其租赁渗透率远超发达国家的平均水平。而我国的融资租赁发展相对晚一些，但这并不影响其发展前景，我们应将融资租赁更多地应用于自由贸易试验区之中，使其相互促进，现在发展比较迅速的是上海、天津、福建、广东等自贸区，需要对这些省区市自贸区发展的一些经验进行有选择的理性的借鉴。

5.2.1 自贸区发展融资存在的问题

5.2.1.1 融资渠道狭窄

外源性融资和内源性融资是自贸区科技型中小企业两种主要的融资渠道。内源性融资主要是企业留存收益、企业创始人个人财产投入以及企业员工集资等，而外源性融资则是外界资金进入企业。一些刚刚起步的企业更多地会选择更加适合自己的内源性融资。而外源性融资更适合科技型中小企业，这是因为他们在进行创新时需要更多的资金输入来弥补自己的资金缺口。然而，多数科技型中小企业还存在风险较高、容易死亡的现象，因此外源性融资的正常进行对于这些企业来说也是比较困难的。

5.2.1.2 政府支持力度不够

自贸区现在还处于发展的初期，也就是搭建总体轮廓的过程中，许多政策对于科技型中小企业的支持力度还不够，整个社会的服务架构还未完整呈现。目前为止，处在自贸区内的科技型中小企业只能靠一些具有少量利润的小型企业的所得税优惠来满足自己对政策照顾的渴求以及“大众创新、万众创业”的税收福利政策，政府对于中小企业的支持效果远未达到科技型中小企业对政策的期望。

5.2.1.3 融资新模式构想正在形成

根据自贸区的发展规划，需要将诸如融资租赁之类的融资新模式注入自贸区的发展过程中，通过新的模式来更好地使投融资的信息在投资者之间高效传递和流通，也要更好地开发科技金融产品助力科技型中小企业的发展，以稳固实体经济的发展，加大金融对其支持力度。以上诸如此类的措施和方案只有在自贸区中才能够发光发热，并且在这一过程中自贸区也能将自己的优势尽显，如此就能在中小企业融资过程中给予强大支持，使其开拓出新型的融资模式，从根本上解决融资压力大的问题。

5.2.2 发展融资策略

5.2.2.1 企业自身层面

一是提升企业技术创新能力。科技型中小企业必须以提高技术创新能力为中心，由于其有自主知识产权这一独特优势，故企业的发展和资金所得都是依托于此。由笔者所收集的数据可得，自贸区科技型中小企业创新能力仍需加强。首先，目前自贸区的横向管理较为便利化，因此企业内部的各方面信息传递效率很高，大大减少了管理方的压力，但存在着一种管理人才缺技术、技术人员缺管理的典型问题，这就对科技型中小企业未来的发展埋下了一个致命的隐患，对于管理人员和技术人员双向补充的改善势在必行；其次，企业应把融资来的资金更多地投入研发，开拓新颖的研发路径和目标，提高技术人员的硬实力，这样才能匹配上科技型中小企业发展的步伐。

二是加强人力支撑体系建设。自贸区科技型中小企业应该将自己的市场竞争优势发挥到最大，创造出企业自身专用的人才培养平台，促进人才更好更快地发展。目前，自贸区科技型中小企业仍存在着缺少高尖端人才以及不能留住先进人才的问题。企业应该完善人才培训的措施、提高员工激励制度效果、加强员工知识技术的学习教育、构建一个完整的绩效考核方案等，并且更加注重靠人力来搭建科学的人才培养体系。该体系能够减少企业在对人才和技术两方面的成本，因此会减少技术研发方面的资金投放，一定程度上减轻了融资压力。

三是完善企业内部管理。完善的企业管理制度能够影响到该企业对于发展风险的态度和措施，而要想降低企业的风险并能够对外部投资形成虹吸效应从而推动企业良性发展，就要在企业管理制度结构的改善上下功夫，在这一过程中重要的是实现产权制度的多样化和社会化。自贸区中有大多数企业都是因为其管理制度属于比较守旧的家族式观念，这根本不能够顺应市场经济的发展要求，在融资方面也有许多难题。以上这些传统理念的企业应该将自身的管理制度不断推进到市场需要的方向上来，形成具有现代化和专业化共存的科技型企业。让更加专业的经理人逐渐去取代家族成员形成的管理体系。只有构建比较完整的且符合现代化的、专业化的企业管理体系，才能提升企业在一些重要事项的决策上的准确性和可靠性。只有将企业的管理制度更加落地、更加符合企业自身的现实情况，才能够更加高效地让企业内部资金进行流转，节约管理费用，减轻融资困难度。

四是加强企业品牌建设。自贸区中的科技型中小企业一般都处于初创期或者成长期，这两个时期对于企业自身来说十分重要，这两个时期如果抓好，就能打造出企业自身的品牌效应。成功的品牌效应不仅能让企业在社会上站稳脚跟，还能够融通周边供应商之间的信任度。企业只有加大自身的品牌影响力，才能够有机会在产业链中和其他各个供应商之间进行规模化发展。在规模化发展中，企业销售过程中的资金流动效率提高，利用率也随之提高，并且在这一过程中，企业能够提升自身的独特竞争力，市场竞争方面的障碍无须再过多考虑。

5.2.2.2 金融机构层面

一是优化“投贷联动”模式。我们不仅要理解还要掌握“投资联动”模式的方案，其基本思想就是自贸区先从政府获得贷款，然后选择自己能投资且想要投资的企业进行投资。在自贸区得到政府贷款后，银行会根据自贸区内选择的企业的内外部状况乃至财务情况进行全方位、多角度的合理性分析，以确保政府贷款使用方向的稳健性。此外，还有一个园区发展基金平台能够将政府资金、银行贷款、园区平台和社会上的资本进行有效整合，提高其联动效率。这一模式在政府的扶持下可信度较高。

二是提供定制化的融资产品。银行机构定制的金融产品需要符合企业的实际情况，对于处在不同阶段的科技型中小企业制定不同的个性化方案，力争量身打造。一般来说，银行只需要针对科技型中小企业的初创期、成长期和稳定期这三个时期设计三大类金融产品，如果还需细分则另算，这样才能更有效地服务处于不同阶段的科技型中小企业。

5.2.2.3 国际金融危机下政府的工作重点

一是加大税收政策优惠力度。由上述分析可知，政府更加关注处于自贸区的稳定期科技型中小企业。因为只有处于稳定期的科技型中小企业才能带来更多更持续的盈利效应。因此，对于初创期和成长期的科技型中小企业，政府应该实行更加落地的优惠政策，比如税收政策。而对于稳定期的科技型中小企业，政府应该考虑的是如何对该企业的税收结构进行完善，来为企业经营发展提速。例如，对于研发人员的科研奖励收取更少的个人所得税。

二是提升税收政策精准性。科技型中小企业与其他普通企业的区别还是十分明显的，近年来受到了政府政策的大力支持，为其制定了个性化的税收政策。但值得改进的是，政策应该划分清楚科技型中小企业和其他企业的界限，避免政策混用而丧失政策的针对性。并且该政策也要做到实时更新，这样才能保证政策的连续，科技型中小企业才能可持续发展。

三是增加税收优惠税种。科技型中小企业无形资产占比较高，企业所得税的政策优惠力度对于科技型中小企业收效甚微，其原因可能是因为科技型中小企业的税种更多的则为间接税种。科技型中小企业有大量的智力投入，这些都被称作间接税种，政府应考虑为间接税种提供更切实际的优惠，例如使企业的智力投入按一定比例扣除。

5.3 自贸区经济发展金融供给需求分析

5.3.1 自贸区助力人民币国际化任重道远

从全球范围来看，人民币在国际上的地位不如人们想象中的那么好，笔者认为应该清醒对待人民币国际化。首先，人民币在全球结算体系中所占的份额根本不符合全球第五大支付货币的身份。其次，在外汇储备货币方面，表面上人民币成为许多国家的官方外汇币种，但是实际应用起来的效果却收效甚微，在全世界范围内的储备占比仍然很低。而在我国作为世界第一贸易大国的情况下，出口产品几乎90%均使用外币结算，这就造成了我国人民币的汇率风险和汇兑成本的上升。与此同时，我国需要持有大额美元储备来维持人民币币值的稳定和实现我国的第四大宏观经济目标——国际收支平衡，这就造成了人民币受到美元币值变化的影响较大，并不能撼动美元在国际市场上的地位。我国自由贸易试验区虽然在跨境金融管理体制、产品创新、风险控制制度安排等方面进行了尝试和突破，但是在服务人民币国际化方面仍然有较大差距。一方面，自贸区内部涉外企业的需求以及规模有限，特别是在当今国际金融市场环境不稳定的情况下，境外融资成本与难度加大；另一方面，国家层面的资本项目开放制度相对零散，缺乏实施细则（尤其是金融业开放负面清单的实施效果需要系统评估），相关政策文件在立法层级上较低，使实际运行的效果较差。

5.3.2 自贸区金融市场开放相对不足

在对现有的自贸区金融开放程度的评估中，产品创新能力不断提升，但金融风险监管能力缓慢提升，金融市场互联互通水平不高，尤其是在跨境金融产品互认、规则互通方面还有大量的创新空间。中国人民银行广州分行的李思敏（2020）的研究指出，根据国际货币基金组织统计的结果，我国有超过一半的项目在可自由兑换项目中属于允许部分可兑换。也就是说，在人民币的自由汇兑环节已经实现，当前的资本市场限制主要是交易环节的可兑换（即金融市场的双向开放仍然处于管制，尤其是对于个人对外直接投资方面的限制较为明显）。另外，在岸人民币和离岸人民币之间的衔接不够完美。在岸人民币没有在它该在的地方发挥出它应有的作用，导致人民币国际化成色不足。由于离岸人民币作用机制不够畅通（事实上当初自贸区的设立在很大程度上是为了便利化开放人民币回路），离岸人民币对于在岸的业务无法高效投资（以深圳、上海为代表的自贸区开展了 QFLP 产品创新，开创了外商股权投资的新局面）。

5.3.3 自贸区跨境金融系统集成改革不足

跨境金融的改革属于系统集成创新的问题，围绕跨境金融制度设计、通道建设、市场需求以及风险管理等问题，需要全盘考虑，很显然，当前的自由贸易试验区在跨境金融服务能级方面是不足的。从跨境资金流动的需求方面来看，存在以下三方面的问题：一是境内企业跨境投融资的资金融通需求满足程度不高。主要涉及境内资金“走出去”投资和境外资金的对内股权投资问题。二是跨境贸易的资金结算能级不高。也就是说，区域性跨境贸易资金结算中心的建设是关键问题，地方结算中心往往能够对区域的经济发展起到很好的促进作用。三是居民跨境金融产品的需求问题。购买理财产品和保险产品的跨境需求往往是面向未来的民生金融重大诉求，由于资本项目管制的约束（特别是跨境金融产品运行规制的差异性），金融机构的服务能力受到限制，不能便利地开展对服务中心建设的需求。自贸区虽然承载着金融市场对外开放的制度创新任务，但是从中央到地方都赋予了自贸区探索金融风险的防范任务，而且是重要前提。笔者通过以往的自贸区金融监管改革的系统分析得出以下结论：一是自贸区在探索跨境金融监管标准合作、实施以及监督机制互认等方面都是不足的。廖凡（2018）研究指出，就跨境金融监管合作而言，执法相对于立法来说要更加受重视（笔者认为：由于金融监管更多时候是中央事权，突破难度较大，现有的“硬法”机制对于监管的能级响应有限）。没有一个具备执法权的国际机构来统一地、一致地实行国际监管的政策和准则（也就是说跨境金融监管的权威性机构缺失是前提），金融监管执法权还是没有上升到国际层面，只是在各国国内实施。二是国际上对于各国对于国际准则的落实缺乏必要的严格监管（具体到区域性的跨境金融监管层面，规制的对接成为难题）。三是跨境金融监管缺乏行之有效的争端解决机制（跨境金融纠纷的本地化解决方案并不成熟），有约束力的争端解决机制的缺位（公认的权威解决路径目前并未形成强有力的共识）使跨境金融监管合作呈现出碎片化特征。

5.4 自贸区经济发展金融供给与金融需求缺口测度

自贸区是为了建立一些可批量推广的金融发展示范区，在遵循国家统一的市场制度之下正常运行的、能够提高资源配置效率的一种金融创新的手段，因此，自贸区的发展和金融发展是分不开的，优良的金融生态是经济与金融实现良好互动的基础和前提，金融发展对自贸区乃至区域的经济发展都起着巨大的推动作用。金融生态就是一种动态的、平衡的过程，是通过金融机构自身和外部的调节机制所达到的状态。金融生态理论是周小川（2009）的先见之处。他认为应一改以往的研究方法，主张从社会大系统角度来研究金融。总之，只有具备良好的金融生态，才能够提高资源配置效率、降低成本，使经济更加健康发展。金融生态是仿生概念，强调使用生态学的方法来研究金融业如何健康有效地发展。

5.4.1 自贸区经济发展金融供给现状与趋势预测分析

结合自贸区所在省市近年来区域经济、区域金融和社会发展的总体趋势以及自贸区的规划，本书认为自贸区发展对其所在省市金融供给需求方面的影响必须考虑在内，因此在以下内容中，分析自贸区给所在省市金融运行的推动情况，用金融供给方面的金融机构信贷支持情况，即贷款余额来表达。

5.4.1.1 上海金融运行情况

一是上海国际金融中心深入推进。随着自贸区金融创新改革步伐加快，上海作为中国金融中心以及国际上代表的大都市在其中的金融开放和创新是必不可少的。截至 2010 年底，上海将 21 个对外开放的项目不断落实，外资控股的证券公司就是这之中的代表性成果，比如沪伦通、沪深 300 股指期权、长三角一体化 ETF 基金、天然橡胶期权等。随着创新型的金融产品和外资证券公司的出现，人们应更加注重科创板的成立和注册制改革的推动，以此将试验田的良性效益发挥到最大化，最终推动上海作为金融中心的金融可持续性发展。

二是自贸区金融改革取得积极进展。上海自贸区在金融方面的改革和创新出现了新的突破：临港片区作为上海自贸区的一个新的片区成功设立。落实国务院批准的《中国（上海）自由贸易试验区临港新片区总体方案》，规定新片区在管理方面的措施和方案，不断巩固新片区管理系统的完整性，有序且快速地落地总方案规定的 78 项重点的作业任务，公开并落实支持创新型人才发展、支持具有创新型人才的金融业发展等多个重要的政府举措。

表 5-1 和图 5-1 展示了上海金融机构信贷支持情况。

表 5-1　上海金融机构信贷支持情况

年份	贷款余额（亿元）	增长率（%）
2013	7964. 0	—
2014	7761. 0	-2. 55
2015	8507. 0	9. 61
2016	11466. 0	34. 78
2017	11748. 4	2. 46
2018	5764. 7	-50. 93
2019	8640. 1	49. 88
2020	10916. 0	26. 34
2021	12126. 0	11. 08
年均增长率（%）	—	10. 09

资料来源：笔者根据中国人民银行公布的数据统计整理。

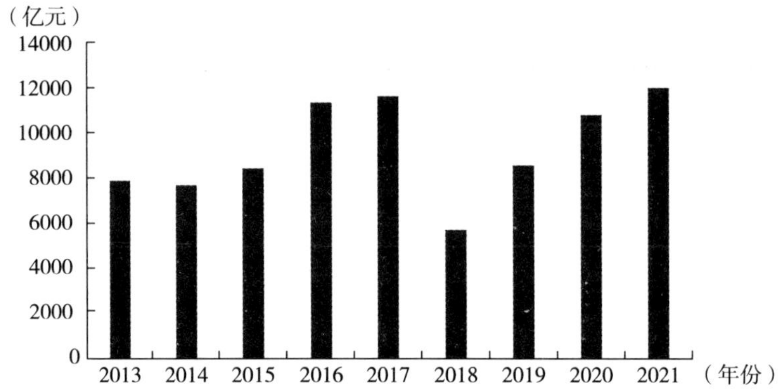

图 5-1　上海金融机构信贷支持情况

资料来源：笔者根据中国人民银行公布的数据统计整理。

由表 5-1 可知，2013~2021 年，上海贷款余额的年均增长率为 10. 09%。

我们预测上海 2022~2025 年的贷款余额，年均增长率参考了 2013~2021 年的年均增长率，则预计到：2022 年上海金融机构贷款余额将达到 13349. 51 亿元；2023 年上海金融机构贷款余额将达到 14696. 48 亿元；2024 年上海金融机构贷款余额将达到 16179. 35 亿元；2025 年上海金融机构贷款余额将达到 17811. 85 亿元。

2021 年，上海金融机构贷款余额达到 12126 亿元，是 2013 年末的 1.52 倍，年均增长 10.09%。总体分为两个增长阶段，其中 2013~2017 年基本增长平稳，在 2018 年骤减之后形成 2018~2021 年新的平稳增长阶段，在 2021 年增长至最大值（见图 5-1）。由此可见，上海金融机构贷款余额基本呈稳步上升趋势，证明上海自贸区的建立对于上海金融经济发展有促进作用，并且上海市政府和银行对自贸区政策的支持力度较大，能够产生良性循环。

5.4.1.2 海南金融运行情况

海南自贸区金融稳步发展，创新持续有效。海南自贸区的创新改革效果立竿见影，可谓五彩纷呈。一是海南自由贸易账户首次在线上审核通过并运行，使资金的兑换更加便捷和有效，为沪琼两地的业务往来和资金融通提供了切实可行的优质保障。二是建设了资金监控监测系统，对于进出岛内的资金流能够明确跟踪，全天 24 小时进行监控、根据实际情况自主切换视角，是更加智能化的系统，并且能够经过对数据的分析来对未来的活动进行可靠的预警，打击一切违法犯罪的行为，高程度保障每一笔岛内资金的安全性。三是制定并修改了《推进中国（海南）自由贸易试验区外汇管理改革试点实施细则》，根据国际形势和国内发展的需要，推出接下来要进行的创新改革项目，自贸区内的交易往来、资金流通以及跨境的投资行为都能够更加便利地进行，不会对这些行为过度设限。四是更新资产证券化的融资方式，实现旧法新作，为推出更多更加新颖的创新型产品铺路。

表 5-2 和图 5-2 展示了海南金融机构信贷支持情况。

表 5-2 海南金融机构信贷支持情况

年份	贷款余额（亿元）	增长率（%）
2013	1084.0	—
2014	1074.0	-0.92
2015	1520.9	41.61
2016	1900.0	24.93
2017	856.0	-54.95
2018	389.5	-54.50
2019	953.9	144.91
2020	970.0	1.68
2021	1141.0	17.63
年均增长率（%）	—	15.05

资料来源：笔者根据中国人民银行公布的统计数据整理。

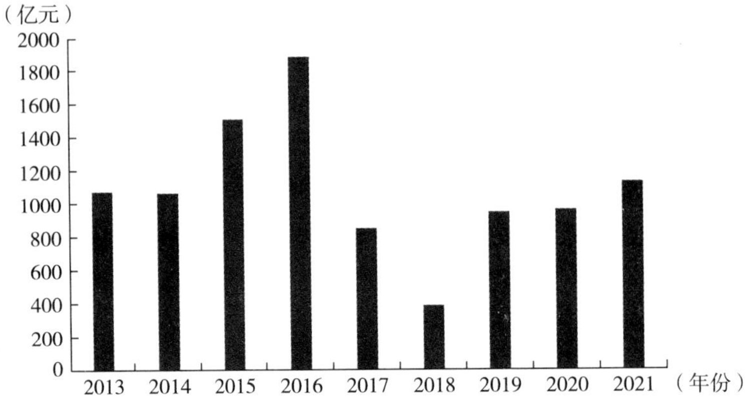

图 5-2　海南金融机构信贷支持情况

资料来源：笔者根据中国人民银行公布的数据统计整理。

由表 5-2 可知，2013~2021 年，海南贷款余额的年均增长率为 15.05%。

预测海南 2022~2025 年的贷款余额，年均增长率还参考了 2013~2021 年的年均增长率，则预计到：2022 年海南省金融机构贷款余额将达到 1312.72 亿元；2023 年海南省金融机构贷款余额将达到 1510.28 亿元；2024 年海南省金融机构贷款余额将达到 1737.58 亿元；2025 年海南省金融机构贷款余额将达到 1999.09 亿元。

2016 年，海南金融机构贷款余额最大值达到 1900 亿元，年均增长 15.05%。总体分为两个增长阶段，其中 2013~2016 年基本增长平稳，在 2017 年骤减之后形成 2017~2021 年新的平稳增长阶段，但前一个区间的贷款余额数值几乎均大于后一个区间的数值。由此可见海南金融机构贷款余额总体呈先增长后下降再缓慢增长的趋势，证明海南自贸区的建立对于海南金融经济发展有一定程度的促进作用，在特殊时期和关键时刻能够挽救海南金融经济发展于水火之中。

5.4.1.3　福建金融运行情况

一是金融改革创新与对外开放不断深化。福建自贸区内成立了全国首个台资企业的金融方面的权益保护中心，以此政策来稳定台企们的心情，让其更加专注自己的发展，且在其中上线了云闪付的每日一笔随机减免之类的惠民活动。同时，“一带一路”建设受到该区域金融的强力支持。对于跨境的外汇的安全性担保进行了简洁化的处理，更利于外资融入。促使金融机构推动人民币跨境结算的便利化水平提高，使企业在投资过程中投资货币种类的选择更加多样化。

二是人民币国际贸易保持贸易顺差。对福建自贸区的金融改革创新进行更深层次的推动，使福建自贸区内的人民币使用更加高效且方便，更好地适应政府政策的执行方向，对于优质企业要做好宣传工作。

表5-3和图5-3展示了福建金融机构信贷支持情况。

表5-3 福建省金融机构信贷支持情况

年份	贷款余额（亿元）	增长（%）
2013	6923.0	—
2014	3488.0	-49.62
2015	4298.2	23.23
2016	6558.1	52.58
2017	5263.2	-19.75
2018	5619.8	6.78
2019	8973.5	59.68
2020	10592.0	18.04
2021	10016.0	-5.44
年均增长率（%）	—	10.69

资料来源：笔者根据中国人民银行公布的数据统计整理。

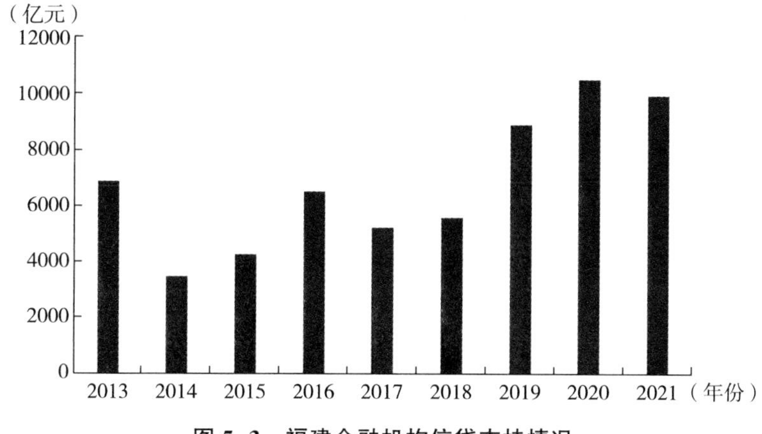

图5-3 福建金融机构信贷支持情况

资料来源：笔者根据中国人民银行公布的数据统计整理。

由表5-3可知，2013~2021年，贷款余额的年均增长率为10.69%。

预测福建2022~2025年的贷款余额，年均增长率还参考了2013~2021年的年均增长率，则预计到：2022年福建省金融机构贷款余额将达到11086.71亿元；

2023年福建省金融机构贷款余额将达到12271.88亿元；2024年福建省金融机构贷款余额将达到13583.74亿元；2025年福建省金融机构贷款余额将达到15035.85亿元。

福建金融机构贷款余额在2020年最大值达到10592亿元，年均增长10.69%。其中2016年和2019年增长最明显，但在昙花一现之后，贷款余额的增长率就又恢复到了往常的水平，增长率基本趋于一个平均值。由此可见福建金融机构贷款余额总体呈上升趋势，证明福建自贸区的建立对于福建金融经济发展有很强的促进作用，能够形成较好的良性循环。

5.4.1.4 广西金融运行情况

广西自贸区建设的金融支持力度持续增加。广西银保监局联合中国人民银行南宁中心支行等部门出台了《关于金融支持中国（广西）自由贸易试验区建设的若干政策措施》。广西有70家的企业旨在提高人民币结算的灵活性和便利性，其中包括创新措施、金融改革任务以及其他自贸区值得学习的成功经验，目前正在逐步有序地构建与广西自贸区金融活动相关联的一切金融体系。

表5-4和图5-4展示了广西金融机构信贷支持情况。

表5-4 广西金融机构信贷支持情况

年份	贷款余额（亿元）	增长率（%）
2013	2801.0	—
2014	3109.0	11.00
2015	2737.3	-11.96
2016	2616.9	-4.40
2017	3421.4	30.74
2018	4172.3	21.95
2019	5483.5	31.43
2020	7089.0	29.28
2021	6303.0	-11.09
年均增长率（%）	—	12.12

资料来源：笔者根据中国人民银行公布的数据统计整理。

由表5-4可知，2013~2021年，贷款余额的年均增长率为12.12%。

预测广西2022~2025年的贷款余额，年均增长率还参考了2013~2021年的年均增长率，则预计到：2022年广西壮族自治区金融机构贷款余额将达到7066.92亿元；2023年广西壮族自治区金融机构贷款余额将达到7923.43亿元；

2024 年广西壮族自治区金融机构贷款余额将达到 8883.76 亿元；2025 年广西壮族自治区金融机构贷款余额将达到 9960.47 亿元。

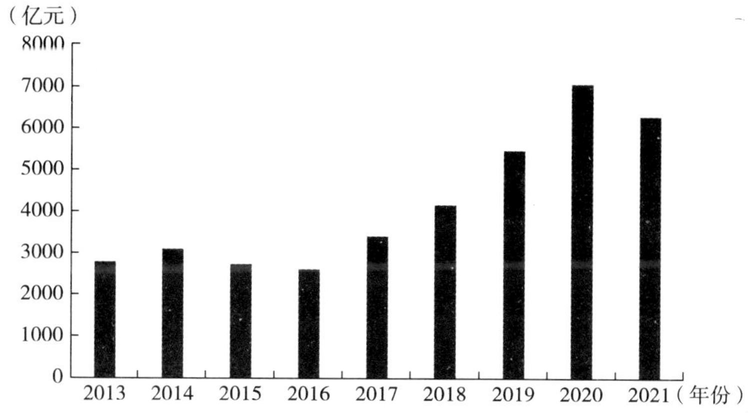

图 5-4 广西金融机构信贷支持情况

资料来源：笔者根据中国人民银行公布的数据统计整理。

从 2013 年开始，广西金融机构贷款余额基本逐年上升，在经历了 2015 年和 2016 年的短暂下降之后，重新恢复逐年增长的趋势，并在 2020 年达到最大值 7089 亿元，平均增长率为 12.12%。其中，2017~2020 年，贷款余额增长趋势最旺，直到 2021 年才稍降了些。但这并不影响广西自贸区的建立对金融机构贷款余额促进的说服力，同时也体现了自贸区发展受到了强大的金融支持。

5.4.1.5 河南金融运行情况

河南自贸区金融改革稳步推进。河南自贸区是我国建立的第三批自贸区，于 2017 年 4 月 1 日成立，根据国家的要求，全力打造出一个纵贯南北、横贯东西的全新现代化交通物流网络，辅助“一带一路”成为中原中心和全国中心，并对自贸区进行全面开放，建成内陆经济示范区。河南自贸区内进驻的企业有 7 万多家，企业的类型较多，有批发零售和制造加工等，主要进行进出口类型的交易。更进一步简化政府政策并将权利下放到各个试验区，使它们有自己行使职权的获得感，推动自贸区在资本项目方面朝着更加便捷和高效的方向进行，使贸易投资加速发展。此外，在洛阳片区新成立了河南省关于离岸金融的服务中心，它在中原银行吸引优质外资方面初见成效，能够使银行更加合理且高效地使用境内外资源，以此来服务实体经济，推动实体经济加速前进。金融服务功能在国际贸易中的优良发挥少不了河南对“单一窗口”的推进，开展创新业务，为中小企业提供更加贴心、更加系统的全流程服务。

表 5-5 和图 5-5 展示了河南金融机构信贷支持情况。

表 5-5　河南金融机构信贷支持情况

年份	贷款余额（亿元）	增长率（%）
2013	5691.0	—
2014	6828.0	19.98
2015	5755.8	-15.70
2016	6823.6	18.55
2017	6502.9	-4.70
2018	6806.0	4.66
2019	4254.0	-37.50
2020	11472.0	169.68
2021	8767.0	-23.58
年均增长率（%）	—	16.42

资料来源：笔者根据中国人民银行公布的数据统计整理。

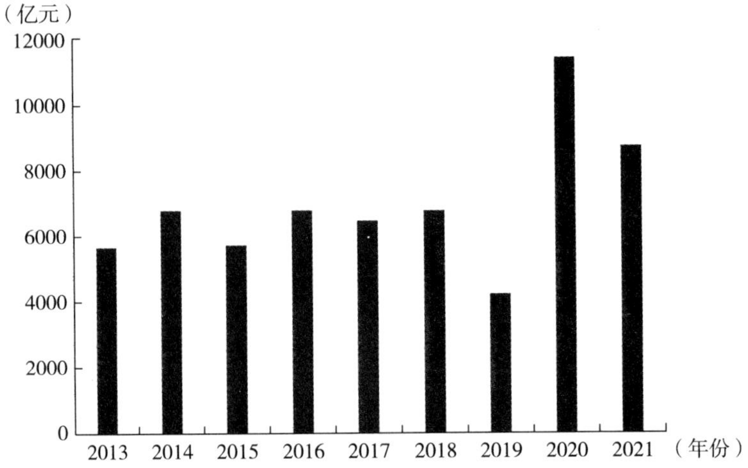

图 5-5　河南金融机构信贷支持情况

资料来源：笔者根据中国人民银行公布的数据统计整理。

由表 5-5 可知，2013~2021 年，贷款余额的年均增长率为 16.42%。

预测河南 2022~2025 年的贷款余额，年均增长率还参考了 2013~2021 年的年均增长率，则预计到：2022 年河南省金融机构贷款余额将达到 10206.54 亿元；2023 年河南省金融机构贷款余额将达到 11882.46 亿元；2024 年河南省金融机构贷款余额将达到 13833.55 亿元；2025 年河南省金融机构贷款余额将达到 16105.02 亿元。

从 2013 年开始，河南金融机构贷款余额有增有减，在 2020 年以前，河南金融机构贷款余额数值有些许浮动但变化均不太大（见图 5-5）。直到 2020 年才出现明显的上升效应，增长率达到最高的 169.68%，贷款余额也达到最大值为 11472 亿元（见表 5-5）。这恰恰说明了河南自贸区正是在这个时候才显现出来对金融经济的促进作用，考虑其传导的过程有些许的滞后效应，但河南自贸区的建立无疑是正确的、理性的。

5.4.1.6 陕西金融运行情况

陕西自贸区金融改革有序推进。陕西自贸区的创新改革主要是金融方面的进展，比如，外汇的支付体系在更新过后能够更加高效地提高人民币的使用率和方便程度，银行则负责外来债务的登记和统计工作以及再投资的实现等。陕西其实是作为西北的唯一一个省份，所以外汇管理局将其作为跨境方面区块链的首个服务平台。陕西作为联通中国和欧洲国家的融资需求的重要纽带，必须承担一定程度的金融交通枢纽作用，打造了“央行·长安号票运通”这一新型的政策性金融产品；陕西自贸区里成立了商业保理公司，这在我们国内是独树一帜的，其是以美元作为主要货币的融资行为的实施渠道。陕西省银行业的金融机构存在绿色信贷业务，因此少不了对这一业务完成情况的汇总和比较，这就需要进行业绩的考核，该考核一般是按季度来进行，按照一年四次的频率进行陕西金融机构的绿色借贷绩效的讨论改进工作，讨论和建议归入宏观评估，绿色信贷业务的发展在多项改革和措施的推动过程中越来越好。

表 5-6 和图 5-6 展示了陕西金融机构信贷支持情况如下。

表 5-6 陕西金融机构信贷支持情况

年份	贷款余额（亿元）	增长率（%）
2013	4254.0	—
2014	4850.0	14.01
2015	4538.5	-6.42
2016	3515.7	-22.54
2017	5782.6	64.48
2018	3599.1	-37.76
2019	4157.7	15.52
2020	6407.0	54.10

续表

年份	贷款余额（亿元）	增长率（%）
2021	6204.0	-3.17
年均增长率（%）	—	9.78

资料来源：笔者根据中国人民银行公布的数据统计整理。

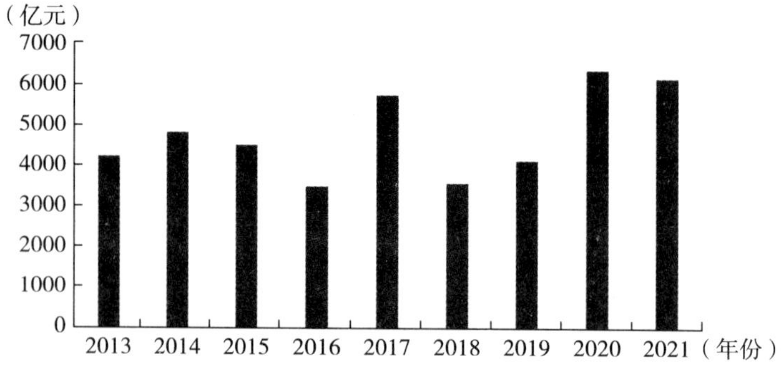

图 5-6　陕西金融机构信贷支持情况

资料来源：笔者根据中国人民银行公布的数据统计整理。

由表 5-6 可知，2013~2021 年，贷款余额的年均增长率为 9.78%。

预测陕西 2022~2025 年的贷款余额，年均增长率还参考了 2013~2021 年的年均增长率，则预计到：2022 年陕西省金融机构贷款余额将达到 6810.75 亿元；2023 年陕西省金融机构贷款余额将达到 7476.84 亿元；2024 年陕西省金融机构贷款余额将达到 8208.08 亿元；2025 年陕西省金融机构贷款余额将达到 9010.83 亿元。

陕西金融机构贷款余额的变化趋势较为特殊，以 2017 年为界，在 2017 年之前，贷款余额呈现先上升后下降的趋势；在 2017 年以后，贷款余额基本呈现上升趋势（见图 5-6）。而 2017 年的贷款余额均高于相邻两年的数值，且其增长率在这一年达到最高的 64.48%（见表 5-6）。笔者推测可能是陕西自贸区的建立在一定程度上刺激到金融机构的贷款余额，然后这个刺激效应逐渐减弱至平均水平，并产生持续影响，体现了自贸区建立的长远意图。

5.4.2　自贸区经济发展金融需求现状与趋势预测分析

5.4.2.1　上海经济运行情况

结合自贸区所在省市近年来区域经济、区域金融和社会发展的总体趋势以及海南自贸区的规划，本书认为自贸区的发展对自贸区所在省市金融供给需求方面的影响必须考虑在内，因此我们这里需要分析自贸区对其所在省市经济运行的推动。笔者选取金融需求方面的全社会固定资产投资总额、全社会消费品零售总额、净出口以及三者之总和的社会资金总量这四个指标，来衡量自贸区经济发展的金融需求。上海市经济发展遵循稳步推进上海自贸区经济发展的方针政策，坚持新发展理念，全面深化改革，将稳住增长的任务作为推动高质量发展的核心驱动，不断提高自身的发展，增强了抵御外来冲击的不确定性的能力，稳步提升了竞争优势，上海经济基本保持着良好且稳定有序的状态。2020 年以来，新冠肺炎疫情使经济发展的危险因素增多，上海经济的发展面临的仍然是挑战和机遇并存，在这段相对特殊的时期，上海市坚持稳定的发展策略，不断提高对中小企业等实体经济的政策覆盖度和有效度。在此背景下，上海积极实行中国人民银行下发的重要工作：发布并执行的货币政策要确保独立性和灵活性，符合逆周期调节的宏观经济政策的总基调，保证货币政策发挥出应有的效果；积极实施对实体经济的优惠政策，坚持对小微、民营和科创企业的扶持和帮助；落实习近平总书记对上海市的三大嘱托，保证上海自贸区新片区获得金融支持的便捷度以及带动长江三角洲的总体经济发展，更加完善地建成我国最大的金融中心和国际大都市，加速了科技创新中心的建设；坚持对区域金融营商环境的改善和完善，不断提高金融支持经济发展的效用水平，减少金融管理和服务的成本并提升效益。

由表 5-7 可知，2013~2020 年，全社会固定资产投资总额的年均增长率、全社会消费品零售总额的年均增长率、净出口的年均增长率以及社会资金总量的年均增长率分别为 5.84%、8.20%、-6.89%、5.36%。

表 5-7　2013~2020 年上海全社会融资总量　　单位：亿元，%

年份	社会资金总量	增长率	全社会固定资产投资总额	增长率	全社会消费品零售总额	增长率	净出口	增长率
2013	17150.96	—	5647.79	—	9693.15	—	1810.02	—
2014	18470.32	7.69	6016.43	6.53	10592.68	9.28	1861.21	2.83
2015	17600.39	-4.71	6352.70	5.59	11605.70	9.56	-358.01	-119.24
2016	18897.44	7.37	6755.88	6.35	12588.21	8.47	-446.65	24.76
2017	20345.38	7.66	7246.60	7.26	13699.52	8.83	-600.74	34.50
2018	21830.04	7.30	7623.42	5.20	14874.80	8.58	-668.18	11.23
2019	23199.34	6.27	8012.22	5.10	15847.55	6.54	-660.43	-1.16
2020	24568.63	5.90	8401.02	4.85	16820.30	6.14	-652.69	-1.17

续表

年份	社会资金总量	增长率	全社会固定资产投资总额	增长率	全社会消费品零售总额	增长率	净出口	增长率
年均增长率（%）	—	5.36	—	5.84	—	8.20	—	-6.89

资料来源：笔者根据中经网公布的数据统计整理。

下面预测上海2022~2025年的全社会固定资产投资总额、全社会消费品零售总额、净出口以及三者之和的社会资金总量，年均增长率还参考了2013~2020年的年均增长率，预测结果如表5-8所示。

表5-8 2022~2025年上海全社会融资总量预测值 单位：亿元

年份	全社会固定资产投资总额	全社会消费品零售总额	净出口	社会资金总量
2022	9235.68	18949.24	-637.51	27553.25
2023	9683.61	20112.73	-630.05	29178.89
2024	10153.27	21347.65	-622.68	30900.45
2025	10645.70	22658.40	-615.39	32723.57

上海全社会融资总量预测值按照2013~2020年的年均增长率来大致计算，根据结果可得全社会固定资产投资总额、全社会消费品零售总额、净出口以及社会资金总量这四项均呈现逐年增加趋势，趋势比较平稳，各项数值均在可控范围内（见表5-8）。

由图5-7可知，上海全社会消费品零售总额呈直线上升趋势，在2019年及之后达到最大值；全社会固定资产投资总额逐年缓慢上升，但明显看到全社会固定资产投资总额增长速度要小于全社会消费品零售总额的增长速度；净出口可分为三个阶段来解释，第一阶段是2013~2014年的平稳时期，第二阶段是2014~2015年的下降时期，第三阶段是2015~2016年的相对平稳时期；社会资金总量的变化趋势在前期同样受到净出口的影响，2013~2015年呈缓慢上升再下降的趋势，在2015年之后，全社会消费品零售总额和全社会固定资产投资总额的高速增长使全社会资金总量也呈相似的增长趋势。通过对以上四个指标变化趋势的分析，上海自贸区的经济发展对于金融需求状况还是比较有规律可循的，只要抓好消费、投资、净出口这三大项，再加上政府对上海自贸区在政策上的合理关照，那么上海自贸区的卓越发展是势在必得的。

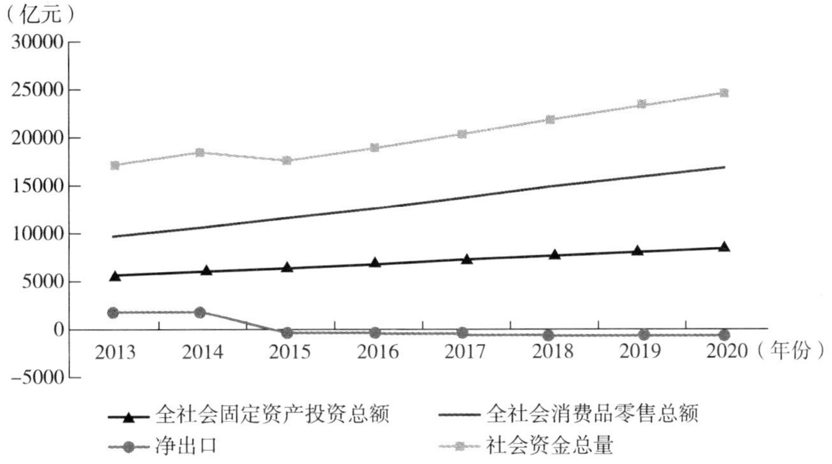

图 5-7 2013~2019 年上海全社会融资总量

资料来源：笔者根据中经网公布的数据统计整理。

5.4.2.2 海南经济运行情况

海南省坚持深化改革和供给侧改革，稳步推进海南自贸区整体发展，经济发展总体稳定，海南自贸区自成立以来对社会经济有着明显的促进作用：国内、国外的经济联通度提高，海南省外资业务的整体运行体系更加完善，呈现对外资服务的一体化进程趋势；海南省内各个市场的范围有序扩张，区域营商环境不断向好；在核心发展领域取得阶段性成果，如用于国内外交易的“单一窗口”3.0 版本的发展更新持续提速，新企业的建立更加便利。

2020 年末，我国实现了全面建成小康社会，完成了“十三五”规划内容，因此海南自贸区成立以来就广受红利、政府政策、制度改革、基础设施改进等多个方面的扶持，从根本上推进了制造业、计算机网络领域、卫生医疗与健康、物流产业等许多产业的高速增长，经济发展的力量能够循环提供，保证了可持续发展，基本迎合了高质量发展的要求。但是新冠肺炎疫情的暴发却给社会经济发展带来了巨大的阻力，同时房地产市场的起伏、结构升级、地方政府监管等因素，海南全省的经济发展遭遇一定的阻力。在此基础上，海南省的金融业在做好疫情防控的前提下，重点关注经济发展的变化方向和程度，较好地控制了相关政策实施的时间和程度，积极增加金融机构的贷款余额以及全社会的资金总量，保持与经济发展的适应程度。此外，海南省对信贷资源的合理分配不断地进步，加强了不足领域和重要企业的扶持，一定程度上增强了金融支持实体经济的力度；把自贸区的区域金融改革作为重点工作，强力推进国内外交易和跨境投资的高效性，同时借助政府之力来全力建设，同时有重点地监测和防范较重要方面的金融风险，努力为海南自贸区经济发展提供一站式的金融服务环境。

由表 5-9 可知，2013~2020 年，全社会固定资产投资总额的年均增长率、全社会消费品零售总额的年均增长率、净出口的年均增长率以及社会资金总量的年均增长率分别为 19.99%、8.03%、16.07%、18.56%。

表 5-9　2013~2020 年海南全社会融资总量　　单位：亿元，%

年份	社会资金总量	增长率	全社会固定资产投资总额	增长率	全社会消费品零售总额	增长率	净出口	增长率
2013	3379.12	—	2697.93	—	1154.87	—	-473.68	—
2014	3979.43	17.76	3112.23	15.36	1298.74	12.46	-431.54	-8.89
2015	4456.44	11.99	3451.22	10.89	1409.45	8.52	-404.23	-6.33
2016	4967.41	11.47	3890.45	12.73	1547.26	9.78	-470.3	16.34
2017	5862.43	18.02	4244.4	9.10	1729.44	11.77	-111.41	-76.31
2018	7134.77	21.70	5534.74	30.40	1852.68	7.13	-252.65	126.79
2019	9230.67	29.38	7498.03	35.47	1951.11	5.31	-218.47	-13.53
2020	11037.51	19.57	9443.98	25.95	1974.63	1.21	-381.1	74.44
年均增长率（%）	—	18.56	—	19.99	—	8.03	—	16.07

资料来源：笔者根据中经网公布的数据统计整理。

下面预测海南 2022~2025 年的全社会固定资产投资总额、全社会消费品零售总额、净出口以及三者之和的社会资金总量，年均增长率还参考了 2013~2020 年的年均增长率，预测结果如表 5-10 所示。

表 5-10　2022~2025 年海南全社会融资总量预测值　　单位：亿元

年份	全社会固定资产投资总额	全社会消费品零售总额	净出口	社会资金总量
2022	14981.37	2022.71	2022.71	15780.31
2023	18869.03	2047.18	-2022.91	18868.52
2024	23765.54	2071.95	-3528.77	22561.09
2025	29932.70	2097.02	-6155.59	26976.29

海南全社会融资总量预测值按照 2013~2020 年的年均增长率来大致计算，根据结果可得全社会固定资产投资总额、全社会消费品零售总额以及社会资金总量这三项均呈现逐年增加的趋势，趋势比较平稳，各项数值均在可控范围内；净出口则呈现逐年减少的趋势（见表 5-10）。

由图 5-8 可知，海南全社会消费品零售总额呈缓慢上升趋势，在 2020 年达到最大；全社会固定资产投资总额的变动趋势可分为两部分来诠释，第一阶段是 2013~2017 年的缓慢上升阶段，第二阶段是 2017 年之后的加速上升阶段；净出口可分为三个阶段来解释，第一阶段是 2013~2016 年的平稳时期，第二阶段是 2016~2017 年的小幅上升时期，第三阶段是 2017~2020 年的相对平稳时期；社会资金总量的变化趋势与全社会固定资产投资总额相似，均为缓慢上升阶段后出现加速上升阶段。通过以上四个指标变化趋势的分析，海南自贸区的经济发展对于金融需求状况基本是受全社会固定资产投资额变化的影响，受到全社会消费品零售总额和净出口的影响不大，故海南自贸区应该在保持全社会固定资产投资的稳定发展前提下，合理开发全社会消费品零售总额的发展路径，做到社会资金总量的每个部分都均衡发展，不能出现“偏科”现象，这样海南自贸区的经济发展在金融需求方面才能得心应手。

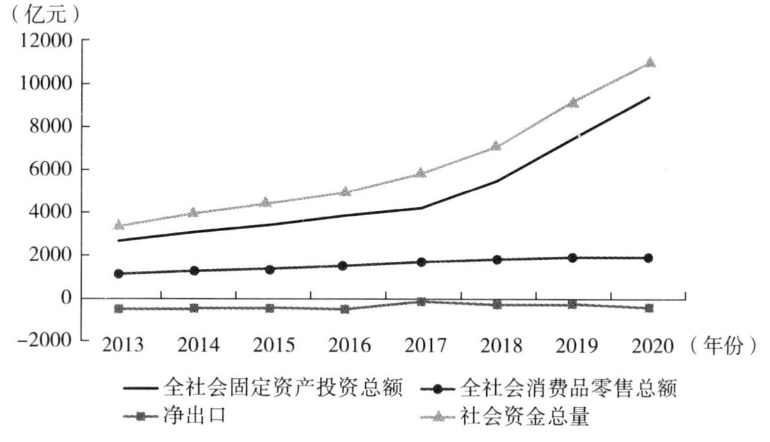

图 5-8 2015~2020 年海南全社会融资总量

资料来源：笔者根据中经网公布的数据统计整理。

5.4.2.3 福建经济运行情况

福建省认真学习习近平总书记的思想指导和党的会议精神，坚持改革开放，实施供给侧改革，坚持产业结构优化升级和产业结构的快速转型；将“六稳”

落到实处，做好建成小康社会的收官之战，推动现代化建设。福建省经济发展在长期来看逐渐向好，产业结构转型、消费扩增、提高对外开放程度、区域协调绿色发展等各方面工作均在有序开展；但受国际、国内形势等宏观因素的影响，福建省经济发展所面临的处境确实比较严峻，如投资的增长速率受到限制、居民的消费水平回落、国际贸易困难、新冠肺炎疫情对经济的冲击等。尤其是新冠肺炎疫情的影响是长期持续的，必须把疫情对经济的冲击把控在一定的范围内，才能保证经济长期发展的前进方向是向好的、正确的、合理的，还应注重抓紧优化营商环境以及经济转向高质量发展。福建省在兼顾疫情防控和经济发展的同时，合理分配相关人员在自己适合的岗位上发挥效益最大化，基本上实现经济和社会双向良性发展。福建省虽然受到新冠肺炎疫情的影响，但是基本实现了有序的企业生产和运作，持续深化改革，坚持发展实体经济，为自贸区经济的高质量发展铺路；与此同时，福建省大力支持对金融服务的创新改革，实时增强金融风险的监测和预警体系，相对有效地防范和化解了一系列风险和问题。

由表 5-11 可知，2013~2020 年，全社会固定资产投资总额的年均增长率、全社会消费品零售总额的年均增长率、净出口的年均增长率以及社会资金总量的年均增长率分别为 12.15%、10.14%、1.75%、10.60%。

表 5-11　2013~2020 年福建全社会融资总量　　单位：亿元，%

年份	社会资金总量	增长率	全社会固定资产投资总额	增长率	全社会消费品零售总额	增长率	净出口	增长率
2013	27572.84	—	15327.44	—	9543.49	—	2701.91	—
2014	32061.84	16.28	18177.86	18.60	10843.47	13.62	3040.51	12.53
2015	36752.15	14.63	20973.98	15.38	12273.03	13.18	3505.14	15.28
2016	39953.58	8.71	22927.99	9.32	13702.96	11.65	3322.63	-5.21
2017	44140.42	10.48	26110.34	13.88	15393.90	12.34	2636.18	-20.66
2018	50372.94	14.12	30314.10	16.10	17178.37	11.59	2880.47	9.27
2019	54255.88	7.71	32102.64	5.90	18896.80	10.00	3256.44	13.05
2020	55488.88	2.27	33996.69	5.90	18626.45	-1.43	2865.74	-12.00
年均增长率（%）	—	10.60	—	12.15	—	10.14	—	1.75

资料来源：笔者根据中经网公布的数据统计整理。

下面预测福建2022~2025年的全社会固定资产投资总额、全社会消费品零售总额、净出口以及三者之和的社会资金总量，年均增长率还参考了2013~2020年的年均增长率，预测结果如表5-12所示。

表5-12　2022~2025年福建全社会融资总量预测值　　单位：亿元

年份	全社会固定资产投资总额	全社会消费品零售总额	净出口	社会资金总量
2022	38126.64	18097.54	2219.23	58036.67
2023	40376.11	17838.75	1952.92	59354.10
2024	42758.30	17583.65	1718.57	60701.44
2025	45281.04	17332.21	1512.34	62079.36

福建全社会融资总量预测值按照2013~2020年的年均增长率来大致计算，根据结果可得全社会固定资产投资总额、社会资金总量这两项均呈现逐年增加趋势，趋势比较平稳，各项数值均在可控范围内；全社会消费品零售总额、净出口则呈现逐年减少的趋势，但可控（见表5-12）。

由图5-9可知，福建全社会消费品零售总额呈较缓上升趋势，在2019年达到最大后开始趋于平稳状态；全社会固定资产投资总额逐年上升，但明显看到其2018年后的增长率要低于2018年之前区间的增长率（见表5-11）；净出口可分为三个阶段来解释，第一阶段是2013~2016年的相对平稳时期，第二阶段是2016~2017年的轻微下降时期，第三阶段是2017~2018年的平稳时期；社会资金总量的变化总体还是呈上升趋势，这与全社会固定资产投资总额的变化趋势基本一致，在2020年达到最高。通过以上四个指标变化趋势的分析，福建自贸区的经济发展对于金融需求状况基本是判断全社会固定资产投资额和全社会消费品零售总额这两项的变化情况，受到净出口的影响不大，故福建自贸区应该在保持全社会固定资产投资和全社会消费品零售总额稳定发展的前提下，合理开发净出口的发展路径，做到社会资金总量的每个部分都均衡发展，这样政府政策也比较容易制定和实施并产生效果，更能受到来自政府方面的支持。

5.4.2.4　广西经济运行情况

广西壮族自治区在学习习近平总书记重要会议精神的基础上，积极落实"六稳"工作，认真实施稳健性货币政策，对宏观经济进行反周期调节，将货币政策的灵活性和高效性有效发挥，金融推动经济持续合理转型。广西自贸区在成立之后，借助地域上的特殊性，即紧邻粤东、香港和澳门等地，与粤港澳大湾区、珠

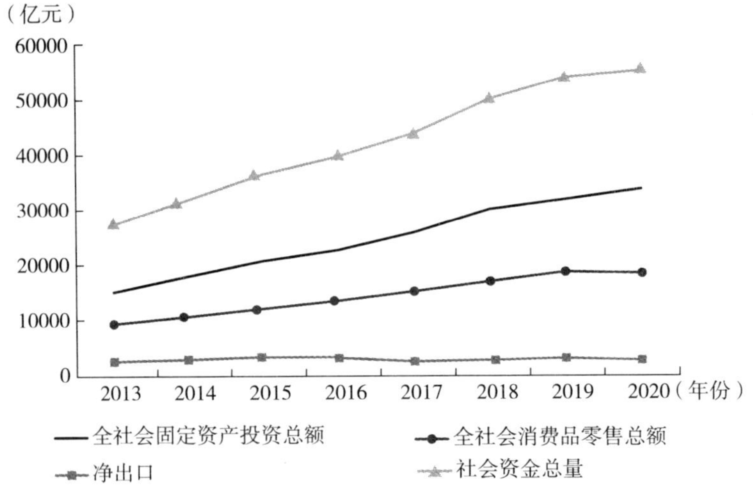

图 5-9　2013~2020 年福建全社会融资总量

资料来源：笔者根据中经网公布的数据统计整理。

江—西江经济带有更频繁的联合发展，区域间经济发展的多向联动保证了实现广西壮族自治区自贸区的良性效果和广西壮族自治区经济的发展：第一，在新冠肺炎疫情冲击的背景下，灵活地运用货币政策来规避疫情对经济发展的强大冲击，切实保证疫情防控期间企业的融资问题不被耽搁。第二，深挖货币政策的优势特点，一定程度上减轻中小微企业的融资压力和困难。第三，加快产业结构优化，在养老、养生、旅游文化和技术类产权等领域广泛分布，牢牢抓住开放工程和广西壮族自治区区域发展相联合的机遇，做好中欧互联互通的贸易平台，并将央企、民企和大湾区企业的优质力量投入桂林等地市。广西的金融保持相对平稳的发展状况，表现为：一是区域的社会资金总量在增加，但存款增速受限且风险识别过慢；二是广泛应用 LPR，缓解货币政策不能够解决的贷款利率问题，使贷款利率不再存在较高的隐性下限，更深一步缓解实体经济融资难题；三是金融机构特别注重增加资产和扩充股份，发行二级资本作为一种补充措施，增强地域方面的经济功能；四是不断增强金融风险监测体系，在使流动性不减弱的情况下，实现金融市场良性发展以及系统性风险的可控。

由表 5-13 可知，2013~2020 年，全社会固定资产投资总额的年均增长率、全社会消费品零售总额的年均增长率、净出口的年均增长率以及社会资金总量的年均增长率分别为 11.14%、7.67%、-44.20%、10.22%。

表 5-13 2013~2020 年广西全社会融资总量　　单位：亿元，%

年份	社会资金总量	增长率	全社会固定资产投资总额	增长率	全社会消费品零售总额	增长率	净出口	增长率
2013	16893.92	—	11907.67	—	4708.65	—	277.60	—
2014	19610.84	16.08	13843.22	16.25	5269.34	11.91	498.28	79.50
2015	21720.25	10.76	15654.95	13.09	5771.50	9.53	293.80	-41.04
2016	23884.23	9.96	17652.95	12.76	6349.76	10.02	-118.48	-140.33
2017	26831.99	12.34	19908.27	12.78	7037.98	10.84	-114.26	-3.56
2018	29849.09	11.24	21938.91	10.20	7663.50	8.89	246.68	-315.90
2019	32657.36	9.41	23957.29	9.20	8200.90	7.01	499.17	102.36
2020	33221.75	1.73	24843.71	3.70	7831.01	-4.51	547.03	9.59
年均增长率（%）	—	10.22	—	11.14	—	7.67	—	-44.20

资料来源：笔者根据中经网公布的数据统计整理。

下面预测广西 2022~2025 年的全社会固定资产投资总额、全社会消费品零售总额、净出口以及三者之和的社会资金总量，年均增长率还参考了 2013~2020 年的年均增长率，预测结果如表 5-14 所示。

表 5-14 2022~2025 年广西全社会融资总量预测值　　单位：亿元

年份	全社会固定资产投资总额	全社会消费品零售总额	净出口	社会资金总量
2022	26716.16	7140.58	656.98	34381.17
2023	27704.65	6818.54	719.99	34975.96
2024	28729.73	6511.02	789.03	35581.04
2025	29792.73	6217.38	864.70	36196.60

广西全社会融资总量预测值按照 2013~2020 年的年均增长率来大致计算，根据结果可得全社会固定资产投资总额、净出口以及社会资金总量这三项均呈现逐年增加趋势，趋势比较平稳，各项数值均在可控范围内；全社会消费品零售总额则呈现逐年减少的趋势，但可控（见表 5-14）。

广西全社会消费品零售总额呈较缓上升趋势，在 2019 年达到最大后开始趋于平稳状态；全社会固定资产投资总额逐渐增加，但明显看到其2019年后的增长率要低于2019年前区间的增长率（见表5-13）；净出口可分为三个阶段来解释，第一阶段是2013~2015年的平稳时期，第二阶段是2015~2016年的轻微下降时期，第三阶段是2016~2020年的相对平稳时期；社会资金总量的变化趋势与全社会固定资产投资总额的变化趋势相似，总体还是呈上升趋势，在2020年达到最高。通过以上四个指标变化趋势的分析，广西自贸区的经济发展对于金融需求状况基本是判断全社会固定资产投资额这一项的变化情况，受到全社会消费品零售总额和净出口的影响不大，故广西自贸区应该在保持全社会固定资产投资稳定发展前提下，合理开发全社会消费品零售总额的发展路径，使社会资金总量的每个部分都均衡发展，各方面兼顾，仅增加投资在长期来看是会出问题的，要保证三大项齐头并进（见图5-10）。

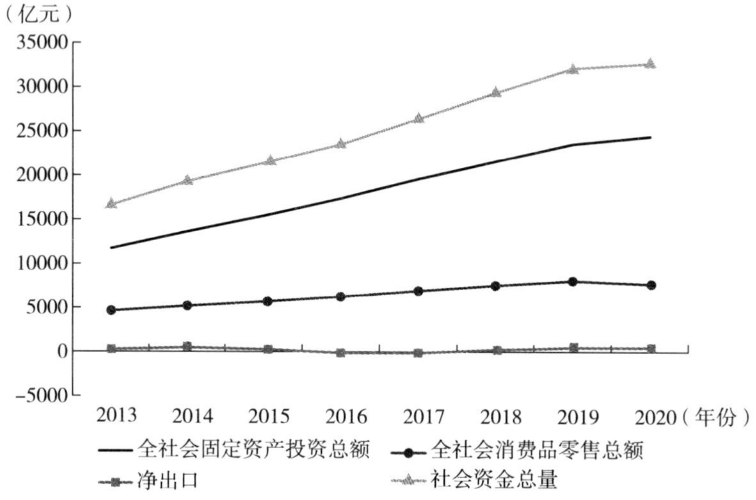

图5-10　2013~2020年广西全社会融资总量

资料来源：笔者根据中经网公布的数据统计整理。

5.4.2.5　河南经济运行情况

河南坚持深化改革以及供给侧结构性改革，稳步推进河南自贸区整体发展，经济发展总体稳定，长期来看具有较好的发展势头。河南金融发展的环境体系不断完善和改进，经济和金融的相互作用更加顺畅和高效，金融业对于经济结构的优化升级和对实体经济发展的支持提到了更高的层次；区域债券市场和黄金市场的发展迈向高质量发展阶段，直接融资方面的进展尤其突出。

2020年以来，河南省的经济发展机遇和挑战并存：一方面，河南省完成了全面建成小康社会，但是新冠肺炎疫情对经济的巨大冲击在短时间内是不可能平复过来的，会造成一定阶段的供给和需求数量的减少，经济要想保持原来的高效发展是比较困难的。另一方面，在最近几年，有许多重要的战略性工程都开始布置和运作，它们集聚了战略、交通、市场、人力等多方面的优势：中部中原城市群的崛起、黄河的生态文明建设以及经济转向高质量发展的国家方针，都将提高河南省在中原城市群中的中心地位，这也是河南省能够实现质的发展的重要历史机遇。河南自贸区经济高质量发展所需的一站式金融创新服务不断在完善，同时增强了对民营企业、制造业、新兴产业、服务业、技术创新、绿色健康等重要方面和不足方面的扶持力度。河南省借助自贸区在金融创新方面不断进步，激活金融服务效能，精准金融服务对象，不断加速金融改革区和自贸区的金融体系完善。区域债券市场和黄金市场的发展迈向高质量发展阶段，直接融资方面的进展尤其突出。河南省金融发展的环境体系不断完善和改进，经济和金融的相互作用更加顺畅和高效，金融业对经济结构的优化升级和对实体经济发展的支持达到了更高层次。

由表 5-15 可知，2013~2020 年，全社会固定资产投资总额的年均增长率、全社会消费品零售总额的年均增长率、净出口的年均增长率以及社会资金总量的年均增长率分别为 11.10%、9.23%、12.17%、10.51%。

表 5-15　2013~2020 年河南全社会融资总量　　单位：亿元，%

年份	社会资金总量	增长率	全社会固定资产投资总额	增长率	全社会消费品零售总额	增长率	净出口	增长率
2013	39076.88	—	26087.46	—	12243.51	—	745.91	—
2014	45402.84	16.19	30782.18	18.00	13777.41	12.53	843.25	13.05
2015	51907.18	14.33	35660.35	15.85	15475.80	12.33	771.03	-8.57
2016	58642.59	12.98	40415.09	13.33	17274.50	11.62	953.00	23.60
2017	64895.98	10.66	44496.93	10.10	19289.11	11.66	1109.94	16.47
2018	71014.97	9.43	48101.18	8.10	21268.00	10.26	1645.79	48.28
2019	77222.08	8.74	51949.28	8.00	23476.10	10.38	1796.70	9.17
2020	78180.95	1.24	54183.09	4.30	22502.77	-4.15	1495.09	-16.79
年均增长率（%）	—	10.51	—	11.10	—	9.23	—	12.17

资料来源：笔者根据中经网公布的数据统计整理。

下面预测河南2022~2025年的全社会固定资产投资总额、全社会消费品零售总额、净出口以及三者之和的社会资金总量，年均增长率还参考了2013~2020年的年均增长率，预测结果如表5-16所示。

表5-16　2022~2025年河南全社会融资总量预测值　　单位：亿元

年份	全社会固定资产投资总额	全社会消费品零售总额	净出口	社会资金总量
2022	58943.02	20673.80	1035.19	80131.86
2023	61477.57	19815.83	861.38	81125.49
2024	64121.11	18993.48	716.75	82131.45
2025	66878.31	18205.25	596.41	83149.88

河南全社会融资总量预测值按照2013~2020年的年均增长率来大致计算，根据结果可得全社会固定资产投资总额、社会资金总量这两项均呈现逐年增加趋势，趋势比较平稳，各项数值均在可控范围内；全社会消费品零售总额和净出口这两项则呈现逐年减少的趋势，但可控（见表5-16）。

河南全社会消费品零售总额呈较缓上升趋势，在2019年达到最大后开始趋于平稳状态；全社会固定资产投资总额呈不断上升趋势，几乎不存在较大波动；净出口从2013~2020年基本上处于平稳状态，没有较大波动和起伏；社会资金总量的变化趋势与全社会固定资产投资总额的变化趋势相似，总体还是呈上升趋势，在2020年达到最高。通过以上四个指标变化趋势的分析，河南自贸区的经济发展对于金融需求状况基本是判断全社会固定资产投资额这一项的变化情况，受到全社会消费品零售总额和净出口的影响不大，故河南自贸区应该在保持全社会固定资产投资稳定发展，在全社会消费品零售总额方面，应鼓励居民进行消费、减少储蓄，扩大省内需求。而河南自贸区要发挥自己省份的地域特色，净出口不需要向那些沿海城市和试验区看齐，只要保证自己的平稳发展就可以。关键还是要抓好投资和消费这两个方面，政府也会加大对这两项的支持力度（见图5-11）。

5.4.2.6　陕西经济运行情况

整体上来看，陕西省的发展呈现“经济持续稳定、经济结构优化升级、经济生机活力增强”的良性变化趋势，虽然投资的增速受到限制有所下降，物价有小幅的增加，但是消费则持续性地缓慢上升，就业情况相对平稳。2020年以来，产业结构升级以及新旧方案的转换不断加快，但是经济发展还有所乏力，尤其

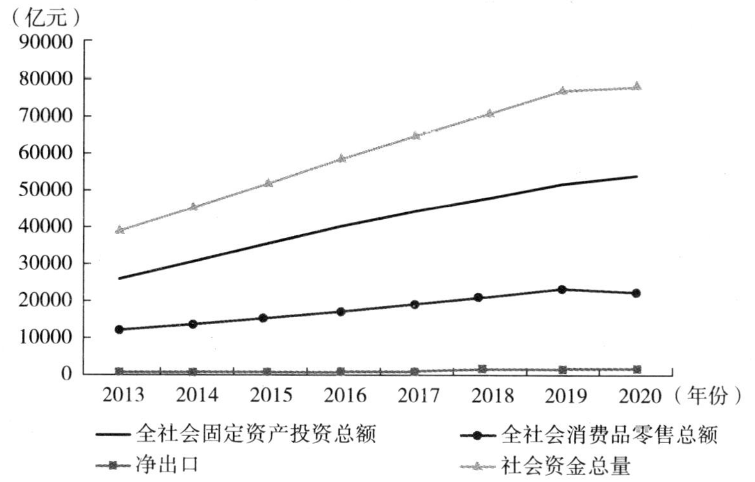

图 5-11　2013~2020 年河南全社会融资总量

资料来源：笔者根据中经网公布的数据统计整理。

是新冠肺炎疫情对经济的冲击是很大的。陕西省将疫情防控和经济发展共同推进，鼓励经济的发展和社会活动的开展有序进行。目前来看，核心的经济指标数值有所回暖，工厂的生产项目重新进行，全社会固定资产投资下降的趋势得到有效的减缓，全社会零售商品总额有望回增，国内外之间交易行为稳定增长。金融活动进一步趋平稳，金融机构贷款余额合理增加，金融市场充满新颖活力，金融基础设施足够完备，区域金融营商环境日趋优质，为陕西自贸区经济发展提供了一站式金融服务体系；在发展要围绕陕西省自由贸易试验区的经济发展来进行的基础上，不断稳步推进金融服务自贸区经济的效能提高。中国人民银行西安分行致力于提高货币政策的稳健性和高效灵活性，保证能在复杂的环境下合理应对和解决一系列金融难题，同时兼顾疫情和经济发展，为实现自贸区经济的良好效应不断努力，并确保了金融机构的贷款余额和全社会的资金总量基本能够相匹配地协调增长；在加强贷款行为的信任度和安全性的同时，更进一步增强对小微企业的支持工作和加快金融创新改革，对重要领域供给一定程度的金融支持，大力推进债券市场的融资效能，妥当处理金融风险的防范和监测工作。

由表 5-17 可知，2013~2020 年，陕西省全社会固定资产投资总额的年均增长率、全社会消费品零售总额的年均增长率、净出口的年均增长率以及社会资金总量的年均增长率分别为 9.46%、8.61%、78.94%、9.28%。

表 5-17　2013~2020 年陕西全社会融资总量　　单位：亿元，%

年份	社会资金总量	增长率	全社会固定资产投资总额	增长率	全社会消费品零售总额	增长率	净出口	增长率
2013	20340.04	—	14884.15	—	5452.65	—	3.24	—
2014	23381.44	14.95	17191.92	15.50	6159.27	12.96	30.25	835.10
2015	25383.01	8.56	18582.24	8.09	6859.09	11.36	-58.32	-292.78
2016	28619.82	12.75	20825.25	12.07	7680.75	11.98	113.82	-295.17
2017	33030.35	15.41	23819.38	14.38	8611.22	12.11	599.75	426.92
2018	36403.09	10.21	26248.96	10.20	9510.29	10.44	643.84	7.35
2019	37323.74	2.53	26878.94	2.40	10213.02	7.39	231.78	-64.00
2020	37534.04	0.56	27846.60	3.60	9605.92	-5.94	81.52	-64.83
年均增长率（%）	—	9.28	—	9.46	—	8.61	—	78.94

资料来源：笔者根据中经网公布的数据统计整理。

下面预测陕西 2022~2025 年的全社会固定资产投资总额、全社会消费品零售总额、净出口以及三者之和的社会资金总量，年均增长率还参考了 2013~2020 年的年均增长率，预测结果如表 5-18 所示。

表 5-18　2022~2025 年陕西全社会融资总量预测值　　单位：亿元

年份	全社会固定资产投资总额	全社会消费品零售总额	净出口	社会资金总量
2022	29887.64	8498.63	10.08	37955.60
2023	30963.60	7993.81	3.55	38168.15
2024	32078.29	7518.98	1.25	38381.89
2025	33233.11	7072.35	0.44	38596.83

陕西全社会融资总量预测值按照 2013~2020 年的年均增长率来大致计算，根据结果可得全社会固定资产投资总额、社会资金总量这两项均呈现逐年增加趋势，趋势比较平稳，各项数值均在可控范围内；全社会消费品零售总额和净出口这两项则呈现逐年减少的趋势，但可控（见表 5-18）。

由图 5-12 可知，陕西全社会消费品零售总额呈较缓上升趋势，在 2019 年达到最大后开始趋于略微下降状态；全社会固定资产投资总额逐年上升，但明显看到其 2018 年后的增长率要低于 2018 年之前区间的增长率（见表 5-17）；净出口

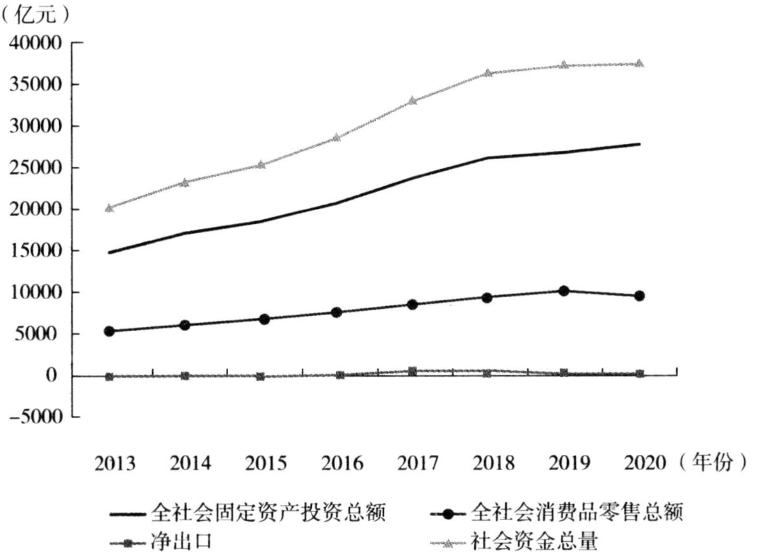

图 5-12　2013~2020 年陕西全社会融资总量

资料来源：笔者根据中经网公布的数据统计整理。

可分为三个阶段来解释，第一阶段是 2013~2016 年的平稳时期，第二阶段是 2016~2019 年的起伏波动时期，第三阶段是 2019~2020 年的相对平稳时期；社会资金总量的变化趋势与全社会固定资产投资总额的变化趋势相似，总体还是呈上升趋势，在 2020 年达到最高。通过以上四个指标变化趋势的分析，陕西自贸区的经济发展对于金融需求状况基本是判断全社会固定资产投资额这一项的变化情况，受到全社会消费品零售总额和净出口的影响较少，故陕西自贸区应该在保持全社会固定资产投资稳定发展，在全社会消费品零售总额方面，应鼓励居民进行消费、减少储蓄，扩大省内需求。而陕西自贸区由于地理位置原因，净出口不需要像那些沿海城市和试验区那样，只要保证净出口的平稳发展就可以。关键还是要抓好投资和消费这两个方面，成为带动中原地区的第二大经济带。

5.4.3　自贸区经济发展金融供需缺口测度

5.4.3.1　上海自贸区供需缺口测度

由上海金融机构信贷支持情况（见表 5-1）可知上海自贸区经济发展金融供给指标为贷款余额，可得出 2013~2020 年贷款余额的增长率。由表 5-7 可知，2013~2020 年上海全社会融资总量，其中关于上海自贸区经济发展金融需求的指标有四个，分别是全社会固定资产投资总额、全社会消费品零售总额、净出口以及社会资金总量，分别可以得到它们在2013~2020年的增长率。现需测度上海自贸区经济发展金融供需缺口，利用公式：金融供需缺口=金融供给增长率-金融需求增长率。金融供需缺口的测度也分为两种方式：一是真实的金融供需缺口测度；二是预测的金融供需缺口测度。

首先，测度真实的金融供需缺口，由于金融需求方面指标数目为四个且它们的单位相同，故对这四个指标每年都进行加权平均，求出金融需求方面的增长率。对于上海自贸区来说，各年真实的金融供需缺口如下：

2014年真实的金融供需缺口：-2.55%-6.58%=-9.13%。

2015年真实的金融供需缺口：9.61%-(-27.20%)=36.81%。

2016年真实的金融供需缺口：34.78%-11.74%=23.04%。

2017年真实的金融供需缺口：2.46%-14.56%=-12.10%。

2018年真实的金融供需缺口：-50.93%-8.08%=-59.01%。

2019年真实的金融供需缺口：49.88%-4.19%=45.69%。

2020年真实的金融供需缺口：26.34%-3.93%=22.41%。

其次，测度预测的金融供需缺口如下：

2022~2025年预测的金融供需缺口=金融供给平均增长率-金融需求平均增长率=10.09%-3.13%=6.96%。

综上所述，在真实的金融供需缺口中，2014年、2017年、2018年均为负数，即此时供给的增长率小于需求的增长率；2015年、2016年、2019年、2020年均为正数，即此时供给的增长率大于需求的增长率；预测的金融供需缺口也为正，因此预测到未来四年供给的增长率会大于需求的增长率。所以，上海自贸区要对投资、消费、净出口这三大项进行扩大，总需求增加，尽量使需求的增长率接近于供给的增长率，不断减小金融供需缺口。

5.4.3.2 海南自贸区供需缺口测度

由海南金融机构信贷支持情况（见表5-2）可知海南自贸区经济发展金融供给指标为贷款余额，可得出2013~2020年贷款余额的增长率。由表5-9可知，2013~2020年海南全社会融资总量，其中关于海南自贸区经济发展金融需求的指标有四个，分别是全社会固定资产投资总额、全社会消费品零售总额、净出口以及社会资金总量，分别可以得到它们在2013~2020年的增长率。现需测度海南自贸区经济发展金融供需缺口，利用公式：金融供需缺口=金融供给增长率-金融需求增长率。金融供需缺口的测度也分为两种方式：一是真实的金融供需缺口测度；二是预测的金融供需缺口测度。

首先，测度真实的金融供需缺口，由于金融需求方面指标数目为四个且它们的单位相同，故对这四个指标每年都进行加权平均，求出金融需求方面的增长率。对于海南自贸区来说，各年真实的金融供需缺口如下：

2014 年真实的金融供需缺口：-0. 92%-9. 17%=-10. 09%。

2015 年真实的金融供需缺口：41. 61%-6. 27%=35. 34%。

2016 年真实的金融供需缺口：24. 93%-12. 58%=12. 35%。

2017 年真实的金融供需缺口：-54. 95%-(-9. 36%)=-45. 60%。

2018 年真实的金融供需缺口：-54. 50%-46. 51%=-101. 01%。

2019 年真实的金融供需缺口：144. 91%-14. 16%=130. 75%。

2020 年真实的金融供需缺口：1. 68%-30. 29%=-28. 61%。

其次，测度预测的金融供需缺口如下：

2022~2025 年预测的金融供需缺口=金融供给平均增长率-金融需求平均增长率=15. 05%-15. 66%=0. 61%。

综上所述，在真实的金融供需缺口中，2014 年、2017 年、2018 年、2020 年均为负数，即此时供给的增长率小于需求的增长率；2015 年、2016 年、2019 年均为正数，即此时供给的增长率大于需求的增长率；预测的金融供需缺口也为正，因此预测到未来四年供给的增长率会大于需求的增长率。所以，海南自贸区要对投资、消费、净出口这三大项进行扩大，尤其是净出口，发挥地理位置优势，增加总需求，尽量使需求的增长率接近于供给的增长率，不断减小金融供需缺口。

5. 4. 3. 3 福建自贸区供需缺口测度

由福建金融机构信贷支持情况（见表 5-3）可知福建自贸区经济发展金融供给指标为贷款余额，可得出 2013~2020 年贷款余额的增长率。由表 5-11 可知，2013~2020 年福建全社会融资总量，其中关于福建自贸区经济发展金融需求的指标有四个，分别是全社会固定资产投资总额、全社会消费品零售总额、净出口以及社会资金总量，分别可以得到它们在 2013~2020 年的增长率。现需测度福建自贸区经济发展金融供需缺口，利用公式：金融供需缺口=金融供给增长率-金融需求增长率。金融供需缺口的测度也分为两种方式：一是真实的金融供需缺口测度；二是预测的金融供需缺口测度。

首先，测度真实的金融供需缺口，由于金融需求方面指标数目为四个且它们的单位相同，故对这四个指标每年都进行加权平均，求出金融需求方面的增长率。对于福建自贸区来说，各年真实的金融供需缺口如下：

2014 年真实的金融供需缺口：-49. 62%-15. 26%=-64. 88%。

2015 年真实的金融供需缺口：23. 23%-14. 62%=8. 61%。

2016 年真实的金融供需缺口：52.58%-6.12%=46.46%。

2017 年真实的金融供需缺口：-19.75%-4.01%=-23.76%。

2018 年真实的金融供需缺口：6.78%-12.77%=-5.99%。

2019 年真实的金融供需缺口：59.68%-9.17%=50.52%。

2020 年真实的金融供需缺口：18.04%-(-1.32%)=19.36%。

其次，测度预测的金融供需缺口如下：

2022~2025 年预测的金融供需缺口=金融供给平均增长率-金融需求平均增长率=10.69%-8.66%=2.03%。

综上所述，在真实的金融供需缺口中，2014 年、2017 年、2018 年均为负数，即此时供给的增长率小于需求的增长率；2015 年、2016 年、2019 年、2020 年均为正数，即此时供给的增长率大于需求的增长率；预测的金融供需缺口也为正，因此预测到未来四年供给的增长率会大于需求的增长率。所以，福建自贸区要对投资、消费、净出口这三大项进行扩大，发挥自身沿海城市的优势，在国家政策允许的条件下扩大出口，提升净出口，增加总需求，尽量使需求的增长率接近于供给的增长率，不断减小金融供需缺口。

5.4.3.4 广西自贸区供需缺口测度

由广西金融机构信贷支持情况（见表 5-4）可知广西自贸区经济发展金融供给指标为贷款余额，可得出 2013~2020 年贷款余额的增长率。由表 5-13 可知，2013~2020 年广西全社会融资总量，其中关于广西自贸区经济发展金融需求的指标有四个，分别是全社会固定资产投资总额、全社会消费品零售总额、净出口以及社会资金总量，分别可以得到它们在 2013~2020 年的增长率。现需测度广西自贸区经济发展金融供需缺口，利用公式：金融供需缺口=金融供给增长率-金融需求增长率。金融供需缺口的测度也分为两种方式：一是真实的金融供需缺口测度；二是预测的金融供需缺口测度。

首先，先测度真实的金融供需缺口，由于金融需求方面指标数目为四个且它们的单位相同，故对这四个指标每年都进行加权平均，求出金融需求方面的增长率。对于广西自贸区来说，各年真实的金融供需缺口如下：

2014 年真实的金融供需缺口：11.00%-30.94%=-19.94%。

2015 年真实的金融供需缺口：-11.96%-(-1.92%)=-10.05%。

2016 年真实的金融供需缺口：-4.40%-(-26.90%)=22.50%。

2017 年真实的金融供需缺口：30.74%-8.10%=22.64%。

2018 年真实的金融供需缺口：21.95%-(-71.39%)=93.34%。

2019 年真实的金融供需缺口：31.43%-32.00%=-0.56%。

2020 年真实的金融供需缺口：29.28%-2.63%=26.65%。

其次，测度预测的金融供需缺口如下：

2022~2025 年预测的金融供需缺口=金融供给平均增长率-金融需求平均增长率=12.12%-(-3.79%)=15.91%。

综上所述，在真实的金融供需缺口中，2014 年、2015 年、2019 年均为负数，即此时供给的增长率小于需求的增长率；2016 年、2017 年、2018 年、2020 年均为正数，即此时供给的增长率大于需求的增长率；预测的金融供需缺口也为正，因此预测到未来四年供给的增长率会大于需求的增长率。所以，广西自贸区要对投资、消费、净出口这三大项进行扩大，作为内陆城市应主要扩大投资和消费来增加总需求，尽量使需求的增长率接近于供给的增长率，不断减小金融供需缺口。

5.4.3.5 河南自贸区供需缺口测度

由河南金融机构信贷支持情况（见表 5-5）可知河南自贸区经济发展金融供给指标为贷款余额，可得出 2013~2020 年贷款余额的增长率。由表 5-15 可知，2013~2020 年河南全社会融资总量，其中关于河南自贸区经济发展金融需求的指标有四个，分别是全社会固定资产投资总额、全社会消费品零售总额、净出口以及社会资金总量，分别可以得到它们在 2013~2020 年的增长率。现需测度河南自贸区经济发展金融供需缺口，利用公式：金融供需缺口=金融供给增长率-金融需求增长率。金融供需缺口的测度也分为两种方式：一是真实的金融供需缺口测度；二是预测的金融供需缺口测度。

首先，测度真实的金融供需缺口，由于金融需求方面指标数目为四个且它们的单位相同，故对这四个指标每年都进行加权平均，求出金融需求方面的增长率。对于河南自贸区来说，各年真实的金融供需缺口如下：

2014 年真实的金融供需缺口：19.98%-14.94%=5.04%。

2015 年真实的金融供需缺口：-15.70%-8.49%=-24.19%。

2016 年真实的金融供需缺口：18.55%-15.38%=3.17%。

2017 年真实的金融供需缺口：-4.70%-12.22%=-16.92%。

2018 年真实的金融供需缺口：4.66%-19.02%=-14.36%。

2019 年真实的金融供需缺口：-37.50%-9.07%=-46.57%。

2020 年真实的金融供需缺口：169.68%-(-3.85%)=173.53%。

其次，测度预测的金融供需缺口如下：

2022~2025 年预测的金融供需缺口=金融供给平均增长率-金融需求平均增长率=16.42%-10.75%=5.67%。

综上所述，在真实的金融供需缺口中，2015 年、2017 年、2018 年、2019 年均为负数，即此时供给的增长率小于需求的增长率；2014 年、2016 年、2020 年均为正数，即此时供给的增长率大于需求的增长率；预测的金融供需缺口也为正，因此预测到未来 4 年供给的增长率会大于需求的增长率。所以，河南自贸区要对投资、消费、净出口这三大项进行扩大，作为人口大省，要扩大省内需求，增加总需求，尽量使需求的增长率接近于供给的增长率，不断减小金融供需缺口。

5.4.3.6 陕西自贸区供需缺口测度

由陕西金融机构信贷支持情况（见表 5-6）可知陕西自贸区经济发展金融供给指标为贷款余额，可得出 2013~2020 年贷款余额的增长率。由表 5-17 可知，2013~2020 年陕西全社会融资总量，其中关于陕西自贸区经济发展金融需求的指标有四个，分别是全社会固定资产投资总额、全社会消费品零售总额、净出口以及社会资金总量，分别可以得到它们在 2013~2020 年的增长率。现需测度陕西自贸区经济发展金融供需缺口，利用公式：金融供需缺口 = 金融供给增长率 - 金融需求增长率。金融供需缺口的测度也分为两种方式：一是真实的金融供需缺口测度；二是预测的金融供需缺口测度。

首先，测度真实的金融供需缺口，由于金融需求方面指标数目为四个且它们的单位相同，故对这四个指标每年都进行加权平均，求出金融需求方面的增长率。对于陕西自贸区来说，各年真实的金融供需缺口如下：

2014 年真实的金融供需缺口：14.01%-219.63% = -205.62%。

2015 年真实的金融供需缺口：-6.42%-(-66.19%) = 59.77%。

2016 年真实的金融供需缺口：-22.54%-(-64.59%) = 42.05%。

2017 年真实的金融供需缺口：64.48%-117.21% = -52.73%。

2018 年真实的金融供需缺口：-37.76%-9.55% = -47.31%。

2019 年真实的金融供需缺口：15.52%-(-12.92%) = 28.44%。

2020 年真实的金融供需缺口：54.10%-(-16.65%) = 70.75%。

其次，测度预测的金融供需缺口如下：

2022~2025 年预测的金融供需缺口 = 金融供给平均增长率 - 金融需求平均增长率 = 9.78%-26.57% = -16.79%。

综上所述，在真实的金融供需缺口中，2014 年、2017 年、2018 年均为负数，即此时供给的增长率小于需求的增长率；2015 年、2016 年、2019 年、2020 年均为正数，即此时供给的增长率大于需求的增长率；预测的金融供需缺口为负，因此预测到未来四年供给的增长率会小于需求的增长率。所以，陕西自贸区要对金融机构的贷款进行放松，鼓励放贷，同时总需求增加适当放缓，尽量使供给的增长率接近于需求的增长率，不断减小金融供需缺口。

5.5 本章小结

首先，本章通过对自贸区融资发展的战略分析得出自贸区融资发展过程中存在的融资渠道狭窄、政府支持力度不够以及融资新模式构想正在形成这三大问题，随即对企业自身层面、金融机构层面和政府层面提出了应对融资发展的策略和方案，具体为企业自身要提升技术创新能力、加强人力支撑体系建设、完善企业内部管理以及加强企业品牌建设；金融机构要优化“投贷联动”模式、提供定制化的融资产品；政府要加大税收政策优惠力度、提升税收政策精准性以及增加税收优惠税种。

其次，对自贸区经济发展的金融供需分析得出自贸区助力人民币国际化任重道远、自贸区金融市场开放相对不足以及自贸区跨境金融系统集成改革不足这三方面的问题。

最后，通过选取上海、海南、福建、广西、河南以及陕西这六个具备样本性的自贸区来对自贸区经济发展金融供给和金融需求的缺口测度。供给方的指标选择为金融机构信贷支持情况，即贷款余额；需求方的指标选择为全社会融资总量，包括全社会固定资产投资额、全社会消费品零售总额、净出口以及全社会资金总量；样本时间跨度为2013~2021年。为了更好地测度金融供需缺口，笔者查阅相关资料之后发现金融供需缺口的测度也分为两种方式：一是真实的金融供需缺口测度；二是预测的金融供需缺口测度。笔者利用公式：真实的金融供需缺口=金融供给增长率-金融需求增长率。预测的金融供需缺口=金融供给平均增长率-金融需求平均增长率。根据测度结果得出上海、海南、福建、广西、河南五个自贸区的经济发展金融供需缺口均为正，也说明需要扩大需求方、减小供给方或者两者同时进行，以不断缩小金融供需缺口。而陕西自贸区的经济发展金融供需缺口为负，就说明要扩大供给方、减小需求方或者两者同时进行，以不断缩小金融供需缺口。

6 结论与政策建议

6.1 中国自贸区建设发展金融的结论分析

2021年7月9日，在中央全面深化改革委员会第二十次会议上，习近平总书记指出要以更大力度谋划和推进自由贸易试验区高质量发展。那么当前遇到的新发展格局，如何消除国家经济良好运转的阻力，势必要加大自贸区改革的力度，方能使自贸区更稳健地走向国际经济大运行。金融是当代国民经济的核心，更是国家经济发展的核心竞争力，对自贸区金融发展的建设同样也是中国自贸区发展建设的重要一环。

基于此，本书创新性地从金融服务实体经济效率视角，从自贸区的金融建设以及产业发展的现状着手，分析自贸区的产业、资源以及区位的空间发展前景，并对各个自贸区的定位与价值进行了更深层次的分析。基于以上视角，本书分别从上市公司的角度和经济发展的角度分析了自贸区的金融供需。

6.1.1 自贸区建设发展金融供需分析结论——基于上市公司的角度

本书选取6个自贸区，对区内上市公司的经营状况、金融结构等进行深入剖析。首先，对自贸区上市公司的总体情况进行总结。1992~1997年，上海、海南、福建、广西、河南、福建六个自贸区均为上市公司公告成立的高峰期。截至2021年1月31日，本书研究的六省中，上海沪深股票市场的上市公司数量最多，达378家；福建次之，共16家；河南省94家；海南、广西和陕西上市公司数量较少，沪深股票市场公告上市的上市公司均不足70家。其次，对自贸区上市公司的金融结构进行总结。上海自贸区内，大型商业银行、股份制商业银行数量多、占比大，原因可能是上海的城镇化程度在六个自贸区内是最高的。在六个自贸区的上市公司融资缺口测算方面，从六地区融资缺口来看，上海自贸区上市公司的融资缺口最大，上海虽然金融体系较完善，金融机构数量多，资金较充足，但上海自贸区内的上市公司数量也最多。虽然上海自贸区内存在融资缺口的上市公司占比并不是特别高，但相较于其他五个地区存在融资缺口的上市公司数量还是较多的；海南、福建融资缺口也较多；广西、河南、陕西三地区的融资缺口都较小。随着上市公司数量的增加以及自贸区的逐步挂牌成立、逐步完善，自贸区内上市公司的融资需求逐渐增加，陕西增长速度最快，广西增长速度最慢。最后，在金融结构上进行总结。从金融结构来看，只有上海总部设在辖区的金融机构数量较多，原因可能是上海的金融发展水平高。从银行类金融机构构成来看，上海大型商业银行、股份制商业银行数量多，城市商业银行占比大，上海这三种类型的金融机构占比接近 70%。从六地区对比来看，上海财务公司和信托公司的占比是其他地区占比的多倍。

6.1.2 自贸区建设发展金融供需分析结论——基于经济发展的角度

本书基于经济发展的视角，从融资模式、政府支持力度、金融机构以及企业自身层面来整体分析自贸区的金融供需状况，对选取的六个自贸区分别分析了其经济运行状况、省内金融机构的信贷支持情况。最后对自贸区经济发展金融的需求现状与趋势进行了预测分析，深入探讨了自贸区金融政策发挥作用的渠道以及存在的自贸区异质性问题。本章通过对自贸区融资发展的战略分析得出自贸区融资发展过程中存在的融资渠道狭窄、政府支持力度不够以及融资新模式构想正在形成这三大问题，随即对企业自身层面、金融机构层面和政府层面提出了应对融资发展的策略和方案，具体为企业自身要提升技术创新能力、加强人力支撑体系建设、完善企业内部管理以及加强企业品牌建设；金融机构要优化“投贷联动”模式、提供定制化的融资产品；政府要加大税收政策优惠力度、提升税收政策精准性以及增加税收优惠税种。通过选取上海、海南、福建、广西、河南以及陕西六个具备样本性的自贸区来对自贸区经济发展金融供给和金融需求的缺口测度，供给方的指标选择为金融机构信贷支持情况，即贷款余额；需求方的指标选择为全社会融资总量，包括全社会固定资产投资额、全社会消费品零售总额、净出口以及全社会资金总量。根据测度结果得出上海、海南、福建、广西、河南五个自贸区的经济发展金融供需缺口均为正，也说明需要扩大需求方、减小供给方或者两者同时进行，以不断缩小金融供需缺口；陕西自贸区的经济发展金融供需缺口为负，说明需要扩大供给方、减小需求方或者两者同时进行，以不断缩小金融供需缺口。研究发现，自贸区采取的金融改革举措对金融服务实体经济的效率起到了提高作用，并且自贸区发展金融改革的政策效应会随着时间放大，即金融服务实体经济效率会随着自贸区建设的时间流逝以及金融发展举措的逐渐实施不断提高。自贸区金融的发展改革提高了金融服务实体经济效率，在这一过程中，金融集聚、金融开放和金融结构效应也都发挥了显著作用。

6.2 政策建议

6.2.1 自贸区建设发展金融供需情况的启示与政策建议

6.2.1.1 推动自贸区金融制度创新改革

如何使自贸区的金融制度福利得到充分发挥，从而将中国自贸区金融发展建设成中国深化金融供给侧结构性改革的导向。国家大力号召深化金融供给侧结构性改革，国家的目的就是避免在行业内过度浪费金融资源，以此提高金融服务实体经济的效率。而本书通过研究分析，能够得出自贸区发展建设金融的政策制度确实对自贸区提升金融服务实体经济的效率起到了关键作用。因而，中国要持续稳步地推进自贸区发展战略，一步一个脚印，推动自贸区发展金融的制度建设，助力提升区域内甚至国家金融业的整体效率，起到发展示范作用。

6.2.1.2 进一步推动对外开放

自贸区发展金融要落实对外开放的关键政策举措，要不断摸索构建更高层次、更高质量的资本市场，进一步优化自贸区的金融结构，提高金融服务经济的效率。金融开放对构建更高水平开放型经济体制起着显著作用。在风险可以控制的情况下，自贸区内实施完全开放的资本金融账户，目的是吸引更多的国内外知名企业落户自贸区，然后以局部引领整体，推进自贸区金融改革；可以着力建立直接融资体系，完善金融服务和产品的创新，摸索构建一个多层次的资本市场，不断改善金融结构，提高金融服务经济的效率。

6.2.1.3 走差异化发展道路

各自贸区发展金融改革要因地制宜，结合自己的资源优势和区位优势，发掘出一条独具一格的高效、高水平、高质量的发展建设路线。持续推进金融制度创新也是各自贸区要一直坚守的，进一步进行异质性探索，结合自身的建设情况制定别具特色、各有侧重点的金融发展路线，确立各自贸区金融建设的目标，清楚自身金融行业的特点。举一个表率例子，上海自贸区是我国的金融中心，其金融改革的目标是构建更高效率、高水平的国际金融中心。设立风险管理中心与金融压力测试中心，目的是保障整个金融系统的稳定性，在避免发生系统性风险的前提条件下，助力推动更深层次的人民币国际化。再举一个例子，天津自贸区的发展战略是同京津冀协同发展，推动“京津冀”战略，对金融产业的融资租赁方面的制度进行创新，旨在推动天津自贸区走向国际化的过程中完善自己的融资平台、实现创建世界级的融资租赁平台等战略目标。总之，各自贸区在进行金融制度的发展建设过程中，要努力完成“各区各品牌”“各区各特色”，为发展建设自贸区金融，大胆尝试属于自己的开拓创新道路，要为金融服务经济的效率提供制度供给和保障。同时，探索出一条高水平、高质量的差异化金融发展改革的道路。

6.2.2 自贸区应发展金融改革创新，完善金融服务

6.2.2.1 使融资租赁的体系变得更加完善、更加系统化

要鼓励引导自贸区发展多样化的融资交易平台载体，丰富更多层次的金融系统交易平台，同时提升自贸区参与全国金融市场交易的频繁度，鼓励并引导本自贸区内相对中小型的金融机构积极参与到当地金融市场的交易中去。例如，河南自贸区借助郑州航空港实验区自身具备的高新技术企业在区内聚集的天然优势，使中小企业股权流通与转让的渠道得到拓宽，给自贸区内的中小高新技术企业增加了融资渠道、提供了融资支持，方便他们参与到“新三板”的交易中去。此外，不仅要提升股票、证券等金融工具的投资力度，还要持续推动政府的融资平台转型路线、完善建设地方性金融体系。

6.2.2.2 给本地的金融品牌提供足够支持

一是考虑到当前自贸区金融混业经营的现状，以及结合自贸区自身的实际需求，自贸区要建立起地方性的金融控股集团，将其组建成为金融控股集团，将银行、保险、证券等不同金融领域的金融性机构的优势聚集到一起，如果能够把他们整体优势发挥出来，就能避免单个的金融机构和单一的业务板块造成的信息不对称、闭塞等问题，从而能够使金融服务得到系统性的发展。另外，要发展金融品牌，一方面可以跟从政府相关主管部门的领导，引导众多公司出资，要设置专门具有金融管理职能的控股集团。另一方面也可以号召自贸区的财政方，由他们代表政府出资，从而起到引导地方国资的支持，然后从社会民间层面吸收社会资本进行扩股增资，建立起实际控股基金，区内金融机构的股权当然由母公司进行购买。此外，也可以通过使用股权进行投资运作，具体是通过金融控股公司的兼并收购等方式，将已有的法人金融机构发展壮大。二是要采取计划设立独立的财务公司。在未来的自贸区发展路线里，必然会发展出一大批的大型控股公司。因此，自贸区应时刻做好准备，在适当时刻抓住好的发展机会，积极扶持自贸区的大型企业建立财务公司，从而提升资金链的管理，提升资金的运转效率，帮助大型企业变得更大更强。三是要推进风险投资基金的进展。可以设法将风投基金作为自贸区内高新企业投融资方面改造的关键点，将具有针对性的财政扶持政策举

措落实到位，将政府扶持资金的杠杆效应更大化地发挥出来，号召更多更高质量的社会资本力量参与到里面去，建设以政府扶持为主导、社会资本为主体、境内境外投融资互相结合的路线。同时，要另外寻找风险投资的退出机制，保障风险投资的资金循环以及正常运作，使金融和产业资本进行有机结合。四是要扶持本地的融资租赁公司和银行层面的金融公司，实现融资租赁与自贸区经济的发展相符合。自贸区可以建立本地的大型融资租赁公司，可借助政府扶持基金，结合本地的金融机构及厂商，吸引社会资本一同出资设立。

6.2.2.3 完善金融保障的内外环境

一是要不断改善金融业的环境，巩固自贸区的法制、信用环境的建设，对区内的监管方式进行不断的调整和改善。二是要增强对外贸易合作的金融合作与沟通。三是要铸造国际上的金融人才聚集地。这方面可以邀请国家金融部门以及知名的金融机构负责人和金融业的专家学者组成自贸区金融发展建设与创新的专家委员会，为自贸区发展建设金融改革与创新目标提供建议，给出良策。另外，要设定一个完善的金融层次高水平人才引进方法，提出相应举措吸引更高层次的金融人才，还要营造一个有利环境，利于这些人才进行高效、便利的工作和良好的生活，可以向本地相关院校设立的金融人才的培训基地寻求依托。

6.2.2.4 自贸区可探索的金融制度创新

一是自贸区可以探索离岸金融市场，例如离岸保险，推广发展私人银行的离岸金融业务。当然，建立自贸区离岸保险市场，其运营机制和流程必须要符合我国的经济情况。允许在自贸区内和海外分开设置在岸账本和离岸账本，这两个账本存在着相互独立和制约的关系。建立离岸金融市场可以向政府寻求政策扶持，同时要完善相关离岸保险的法律法规，加强离岸金融市场的合规监督、提高金融市场从业人员的自身素质。

二是支持设立外汇资金的周转试点，以此来给区内企业参与境外跨国公司业务交流与资金借贷等提供便利。2014 年 3 月，对于河南省申请开展跨国公司总部外汇资金集中运营管理改革试点，国家外汇管理局给予了批复。这个试点对金融制度进行了一次创新，加速了人民币资本项目的可兑换进程，也为跨国公司总部外汇资金集中运营打理起到了加强作用。对于境内外成员公司的外汇资金，跨国公司一方面在这一过程中可以集中进行分配，集中管理境内成员公司的经常项目集中收付汇和对外贸易轧差的结算等；另一方面可以在一定限额内创新境内外资金划转。这一便利能够给各自贸区吸引来中大型跨国公司，这些公司在自贸区内设立结算中心，能够给自贸区提供强劲的外汇管理方面的政策支持。当前，上海自贸区已经更新了跨国公司总部外汇资金集中运营管理政策框架，将提到的三点政策进行了整合：自贸区原有的跨国公司总部外汇资金集中打理、国内外资金池以及国际贸易结算中心外汇管理试点。

6.2.3　优化自贸区金融政策，支持自贸区创新发展

6.2.3.1　当前国内已有的金融政策总结

6.2.3.1.1　金融市场、金融机构以及金融体系的改革建设

这个方面主要包括加大力度去进行建设资本市场的各项功能，助推权益类资本、固收类资本市场的全面发展，在银行间证券市场里，增加更多的投资者种类。另外，要组织起各类别的金融控股集团，也要加快发展一些金融服务公司，比如消费金融公司、汽车金融公司等，大力促进一些中小型非金融机构发展金融服务等。要不断完善创新自己的金融产品，自贸区内要使金融机构的金融衍生品稳步发展起来，使股票、证券、基金等基础的金融工具及它们的衍生金融产品更快更好地发展起来。并在这一基础上，大胆尝试，摸索方法实施低碳金融等举措。同时，也要使金融机构的日常服务得到改善，不断创新性地发展金融机构的金融产品与业务服务，其中主要发展的是面向中小企业的金融产品与业务服务，以此来促进金融市场、信用评级市场等的发展，不断提升自贸区的金融服务，提升自贸区对区内高新技术产业的政策支持等。

6.2.3.1.2　推进金融走向国际化

应该继续在银行业、保险业、证券业、期货业等金融业落实推进对外开放政策，进一步拓宽境外投资者参与国内金融市场进行金融交易的渠道，扩大其参与规模。要满足这一点，需要不断在外汇管理体制方面进行改革。在自贸区服务方面，要从事前监管贸易管理转换成事后监管贸易管理。改革管理货物贸易进出口核销制度，使自贸区的外商投资企业负债的管理方式得到完善，逐渐放开跨境人民币使用。

6.2.3.1.3　发展自贸区民间金融的规范管理

建立较为完备的民间融资登记管理制度，设置一套民间融资较为完备的管理体系。鼓励、支持民间资本、社会资本等参与当地自贸区的金融机构改革浪潮中去。按照法律要求，可以设立一些新型金融组织或购买一些村镇银行、贷款公司等金融组织的股票。另外，要大力发展一些具有专业资产管理能力的金融机构。依照法律，自贸区应当支持并帮助社会资本聚集起来，建立股权投资企业、相关的金融投资方面的管理机构以及金融风险管理机构。在自贸区内，大胆尝试，研究设立个人的境外直接投资试点，扩大对外投资的渠道，扩大贸易及投资往来。

6.2.3.2 自贸区可争取的金融政策

自贸区除了可以由自己决定的地方财税方面优惠、引导扶持政策以及地方金融扶持举措外，自贸区应该重点在以下方面争取政策突破。

6.2.3.2.1 放宽市场准入限制条件

在合理适度的范围内，自贸区应该允许区内的金融外资机构提高本机构在合资金融机构中的持股比例，鼓励、引导区内的金融机构与跨国金融机构取得密切往来，以此来建立中外合资型金融机构。在境内外选取符合条件的金融机构，然后在区内一些培训管理基地，例如国际性金融管理中心、业务运营中心、后援支持部门等基地。对于设立了离岸账户的金融机构，对他们在自贸区区内设立离岸业务总部给予批复，支持并鼓励一些外资股权投资企业在区内成立投资基金，筛选一些符合条件的企业，为他们申请办理金融业务许可证。

6.2.3.2.2 自贸区应敢于创新实施外汇管理制度改革办法及外汇业务管理办法

要在避免金融风险的必要前提下，有选择性地筛选，按照一定的顺序性、有限制性地放宽跨境资本交易活动，来探寻设立以投资、进出口贸易为主的资本账户项目开放试点。另外，要鼓励自贸区积极探查、创新金融措施，例如参与境外贸易、投融资、境外的融资贷款以及设置出口信用保证金等制度。为了最大程度发挥外汇的避险保值作用，要筛选一些国际外溢企业进行援助。同时，要深入摸清自贸区内的第三方支付等金融机构金融业务需求缺口，包括在外汇方面的业务。设置并创新跨境货币电子商务经营管理与第三方支付经营管理制度，为成功开展个人直接参与境外投资做好事前的一系列准备。增加自贸区与香港人民币离岸中心的业务沟通，尤其是业务交流与往来，还要努力办理人民币贷款双向业务。另外，对于在自贸区内注册的金融公司与机构，自贸区要给这些机构参加境外发行债券提供支持，并允许境内金融机构使用一定比例的由发行债券所筹集到的资金。

6.2.3.2.3 增加直接融资的渠道，扩大直接融资的规模

筛选一定比例的符合条件的优质企业，支持他们发行公司债，鼓励优质债券等长期投融资工具在自贸区内集聚；鼓励金融机构不断摸索创新金融产品以及其衍生品；信托等金融工具也可在自贸区大胆尝试；支持自贸区金融机构协同搭建融资租赁等金融交易平台，鼓励金融租赁公司经营设备的租赁以及设备买卖业务。

6.2.3.3 自贸区当前可推广的金融政策

各个自贸区应因地制宜，结合自身当前发展情况，对发展现状进行分步骤总

结并学习上海自贸区等地区的金融发展经验。当然，要在管理好风险的前提下，从上海自贸区学习到或者复制到人民币跨境兑换、外汇兑换等方面的手续简单化、融资租赁行业的拓展、利率市场化等方面，当然，要有针对性以及选择性地进行复制及学习，不能全篇照搬。

6.2.3.3.1 跨境人民币业务

一是人民币的境外借款业务。如果是在自贸区内注册的公司，所要借的这笔款项是要用于在自贸区内的企业日常生产经营或项目开发等，应当给予支持，前提条件是企业从境外借用人民币资金的期限要大于一年。二是在经常账户项目、投融账户资项目的人民币跨境结算业务。在自贸区内，只有不在负面清单管理范围内的企业可以进行经常账户项目和投融账户资项目的人民币跨境结算业务。前提是要依照提交的收付款命令执行办理。三是要简单化、便利化外汇管理手续。要简化审核，比如经常项目的收结算、对外汇购付的票据审批。四是要使投融资相关的外汇登记管理手续简化，如部分业务手续可以移交银行办理，比如直接投资账户项目下的外汇办理手续以及变更登记程序，并且在此过程中要加强事后监督。

6.2.3.3.2 融资租赁行业

一是在自贸区内，筛选一部分金融融资租赁公司，按照不同的业务来设置子公司，并且允许他们在境内外范围内办理融资租赁等金融业务。二是在一定程度上宽松审批限制。对于外商投资类融资租赁企业，包含商业性质的保理公司的，自贸区所在的商务管理方应该把审批权移交给自贸区管委会。三是可以执行一些税收政策。为了促进进出口贸易和融资租赁，对于在自贸区内注册过的融资租赁企业、金融租赁公司所设置的项目子公司，都应该包含进试点范围，进行有关融资租赁出口退税的新型试点。四是对一些融资租赁公司，批准他们经营与主营业务相关的商业性质的保理业务。五是取消一部分审批手续，例如金融租赁公司进行境外租赁等境外租赁业务，对这些债权业务做好登记管理。六是在自贸区内，允许融资租赁公司、外商投资等租赁公司在办理融资租赁业务时收取租金。

6.2.3.3.3 发行大额可转让定期存单、规定外国币种利率

一是要筛选符合条件的金融机构，将其包含进允许事先经营大额可转让存单业务的金融机构名单内，允许它们在自贸区内先行先试，发行大额可转让定期存单；二是在自贸区内，放松对一般项目下小额账户的外币存款利率的上限；三是创新账户体系，允许区内居民设立自由贸易账户，方便本外币交易转换等业务。另外，针对居民自由贸易账户与境内外自贸区外的非居民账户、非居民自由贸易账户以及其他居民自由贸易账户之间，若需要进行资金借贷，可自由划出以及转

入。而且，在自由贸易账户下，居民以及非居民可享受到融资担保等业务。

6.2.3.3.4 便利化个人直接参与境外对外投融资渠道

一是要按照相关规定，给自贸区内参与就业的个人开展境外投资给予批准，例如投资证券等各种类的金融投资；二是针对一些归属境外但在区内就业的个人，允许他们按照规定在区内金融机构里办理境内非居民的个人投资账户，根据规定参与到证券投资等各类别的境内投资中去；三是结合业务经营需求，按照规定，在区内注册的中外资企业、非银行金融机构以及其他金融机构允许向境外融资，本外币种皆可。

6.2.4 自贸区体制机制创新的建议

6.2.4.1 完善自贸区相关的法律法规体系，创新区内管理制度

参考国外自贸区的常见做法，“先立法、后设区”，从字面意思理解，即应当先完善好与自贸区建设发展有关的法律体系。只有建立好稳固的法律体系后，才能够批复在省内建立自贸区，完善的法律条款和保障方便自贸区开展一系列活动。例如，新加坡设立的《自贸区法令》声明，在没得到海关部门允许命令的情况下，所有企业和个人不能进入自贸区内，更不能参与或者涉及自贸区的经济、贸易往来。借鉴国内外自贸区管理体系方面已有的经验，笔者在可以进一步完善自贸区体制机制创新的过程中得到一些启示，主要包括三方面：第一，要因地制宜，结合中国国情尽快完善适合中国自贸区发展道路的法律体系。在自贸区创新发展的进程中，国家提出各地应遵循“凡属重大改革都要于法有据”，应当在法治思维和法治方式的使用方面高度重视，充分发挥法治的引导和支持作用，协调好自贸区立法工作的相关方，确保稳步推动自贸区的法治路线的改革。第二，建立更加高效率的管理机制。在国外，自贸区一般都采用“政企合一型”的管理机制，这种管理机制使行政管理职能和运营管理职能相互独立。对于国外自贸区在管理机制方面的经验，中国应当进行资源整合，并合理借鉴，引导各地自贸区成立专项工作推进组，例如规划建设方面、金融发展方面、融资环境方面等，为了使自贸区的运营管理工作更加专业高效，应该引入专业化机构负责各地运营。第三，使管理方式变得更加灵活多样。另外，要把省级管理权限交给各个片区自己来掌握，自贸区的顶层规划、建设路线和协调沟通等方面的工作交由各自贸区的领导中心小组来负责，由片区管委会把握各类管理权限，各片区负责管理各区域的日常管理事务。

6.2.4.2 进一步建设中国自贸区创新发展机制

从国内外自贸区借鉴到的在营商环境方面的经验启示主要包括以下四个方

面：第一，转变政府管理职能，强化服务意识。各地自贸区内的政府职能部门要改变自身观念，强化服务意识，使公共服务效率大幅提高，积极主动为引入自贸区的企业提供服务；着眼于完善政府监管体制、便利贸易监管、突破创新金融产品、改革外商投资机制体制等，并进一步完善国内外营商环境，建设开放型经济体制，最终建设起活力四射的开放新高地；尽快完善与国际惯例相适应的自贸区法律法规，充分参考国内外自贸区给对外投资提供支持的相关优惠政策，为引入企业更好地参与对外投资活动营造便利的条件。第二，不断完善自贸区政策支持办法，为营造出优良的营商环境提供保障。进一步从财政、税收、人才引进、对外投资管理等方面强化政府的政策鼓励，采取有针对性的措施强化服务体系，吸引高水平创新型人才，重视高新技术的创新发展、人力资源的工作素养提升，在更高的层次面聚集起技术、资本、劳动力、数据等各类生产要素，参与到更广层面领域的资源配置；最大程度地发挥各类生产要素的竞争优势；从宏观经济政策方面，为各地自贸区内入驻企业提供政策税收优惠和便利的服务。第三，要构建起区域联动合作机制，在这个机制中，各地要发挥自身的相对比较优势，建立以企业为主体、政府为主导推动的合作机制，从而促进经济在地区间的横向结合。第四，助力电子政务的发展，提高政府工作效率。这方面可以借鉴新加坡自贸区的经验，新加坡在电子信息系统建设方面取得了先进成果。完善建设各自贸区电子政务服务平台，才能真正实现税务、工商、检查、金融等部门的登记数据相互联系、共享，让区内企业享受到更高效、更快捷的网上办理申报、登记、审批等行政服务。

6.2.4.3 改善优惠政策，完善制度红利

想要吸引优质企业入驻自贸区，要有以下几个关键要素：税收、金融、土地等。借鉴国内外自贸区的优惠政策经验，并进一步进行总结，推进自贸区制度创新的经验启示主要有四点：一是发布税收优惠制度。税收优惠福利可以节省引进企业的生产、贸易成本，提高自贸区在国际上的竞争力和影响力。各自贸区还可参考美国、爱尔兰等国家的先进做法，把税收优惠制度纳入自贸区法律体系，并结合自贸区的整体发展状况和经济社会的发展状况，对自贸区的法律体系不断修改、及时完善。根据阿联酋迪拜自贸区的做法，对以下情况免收税，包括区内企业机器设备、零件、原材料的进口，商品货物出口。根据美国纽约港自贸区倒置关税做法，为节约企业生产成本，自贸区内企业可以选择原材料和产品税率中相对低的支付。二是金融发展创新政策。首先要进行金融制度创新。各地应结合自贸区内不同行业特点，为企业提供有针对性的融资业务。三是要增强金融业的服务功能。各自贸区要不断提升金融用户的体验感，银行、证券公司等金融机构应

充分利用大数据、互联网等高新技术，使“互联网+金融”融合发展，提升客户对网上银行和手机银行的满意度。还要不断提升金融从业人员的素养，增强服务意识。四是要完善金融风险管理体系。各自贸区应不断完善金融风险管理体系，加强对各种金融机构的管控。

参考文献

[1] 艾蓉. 自贸区金融产业集聚效应及影响因素实证研究 [J]. 广西质量监督导报，2019 (9)：77-78.

[2] 安国俊，訾文硕. 绿色金融推动自贸区可持续发展探讨 [J]. 财政研究，2020 (5)：119-131.

[3] 巴曙松，柴宏蕊，方云龙，王博. 自由贸易试验区设立提高了金融服务实体经济效率吗？来自沪津粤闽四大自贸区的经验证据 [J]. 世界经济研究，2021 (12)：4-22+133.

[4] 白桦，谭德庆. 内陆国家级中心城市经济发展路径研究——基于内陆自贸区视角 [J]. 经济问题探索，2018 (10)：119-125.

[5] 白仲林，孙艳华，未哲. 自贸区设立政策的经济效应评价和区位选择研究 [J]. 国际经贸探索，2020，36 (8)：5-23.

[6] 蔡春林. 广东自贸区建设的基本思路和建议 [J]. 国际贸易，2015 (1)：17-23.

[7] 蔡兆瑞. 金融供需视角下的河南自由贸易区金融创新研究 [J]. 中国集体经济，2020 (20)：100-101.

[8] 陈爱贞，刘志彪. 自贸区：中国开放型经济"第二季" [J]. 学术月刊，2014 (1)：22-30.

[9] 陈欢，王曼怡. 上海自贸区金融创新与中国—东盟自贸区协同发展研究 [J]. 经济问题探索，2014 (3)：98-103.

[10] 陈媛媛，李坤望，王海宁. 自由贸易区下进、出口贸易效应的影响因素——基于引力模型的跨国数据分析 [J]. 世界经济研究，2010 (6)：41-47+90.

[11] 丁宏. 新一轮自贸试验区制度创新的趋势与路径研究 [J]. 江苏社会科学，2020 (4)：127-133+249-250.

[12] 杜国臣，徐哲潇，尹政平. 我国自贸试验区建设的发展方向 [J]. 经济研究参考，2020 (6)：122-124.

[13] 冯洁. 推进中国自贸区建设的对策与思考 [J]. 时代金融，2018 (36)：

17-18.

［14］冯锐，陈蕾，刘传明．自贸区建设对产业结构高度化的影响效应研究［J］．经济问题探索，2020（9）：30-46.

［15］高增安，李肖萌．自贸区设立背景下的区域创新发展及其影响路径［J］．管理现代化，2019，39（5）：56-60.

［16］龚柏华．中国（上海）自由贸易试验区外资准入“负面清单”模式法律分析［J］．世界贸易组织动态与研究，2013，20（6）：25-35.

［17］郭丽虹，王硕．融资缺口、市场化程度与中小企业信贷可得性——基于非上市制造业企业面板数据的分析［J］．财经研究，2013，39（12）：117-127.

［18］韩民春，张燕玲．中国内陆自由贸易试验区发展模式研究——基于国际比较视角［J］．价格月刊，2018（2）：54-57.

［19］何枭吟．内陆地区“自贸区+临空经济”模式研究述评［J］．技术经济与管理研究，2019（12）：138-142.

［20］胡超．中国—东盟自贸区进口通关时间的贸易效应及比较研究——基于不同时间密集型农产品的实证［J］．国际贸易问题，2014（8）：60-69.

［21］胡加祥．国际投资准入前国民待遇法律问题探析——兼论上海自贸区负面清单［J］．上海交通大学学报（哲学社会科学版），2014，22（1）：67-75.

［22］黄大富，黄丽峰，韦晓霞．广西沿边地区跨境人民币融资现状、经验借鉴与发展建议［J］．区域金融研究，2019（11）：46-51.

［23］黄志勇，蒙飘飘，申韬．面向东盟金融开放门户：广西自贸区实现后发赶超跨越发展的关键点研究［J］．南宁师范大学学报（哲学社会科学版），2019（6）：14-23.

［24］赖震平．我国商事仲裁制度的阙如——以临时仲裁在上海自贸区的试构建为视角［J］．河北法学，2015（2）：158-167.

［25］黎绍凯，李露一．自贸区对产业结构升级的政策效应研究——基于上海自由贸易试验区的准自然实验［J］．经济经纬，2019（5）：56-60.

［26］李庚香，王喜成．关于申建河南自由贸易实验区的若干思考［J］．河南社会科学，2015（6）：69-76+130.

［27］李冠华．我国沿边自贸区政策切入点的国内外经验与启示［J］．管理现代化，2020（3）：86-88.

［28］李光辉，王芮．我国自贸区建设的成就与今后重点发展方向［J］．国际贸易，2017（7）：4-6.

［29］李航. 沈阳自贸区的国际化、贸易便利化发展路径探究［J］. 对外经贸实务，2020（3）：23-27.

［30］李华. 美国自贸区实践对中国自由港建设的启示——兼论用“自由港+”引领我国新时代的自由港建设［J］. 对外经贸实务，2019（9）：23-26.

［31］李猛，胡振娟. 新加坡自贸区的制度经验及对我国的启示［J］. 区域与全球发展，2021（2）：124-141+161.

［32］李猛. 中国自贸区服务与“一带一路”的内在关系及战略对接［J］. 经济学家，2017（5）：52-59.

［33］李琼，吴小雨，成春林. 基于合成控制法的自由贸易试验区政策对金融开放的影响研究——以上海自贸区为例［J］. 金融理论与实践，2021（10）：38-48.

［34］李善民，史欣向. 高质量高标准建设自由贸易港的现实路径［J］. 人民论坛，2020（19）：60-63.

［35］李向阳. 跨太平洋伙伴关系协定：中国崛起过程中的重大挑战［J］. 国际经济评论，2012（2）：6+19-29.

［36］李艳. 金融司法能动与自贸区金融体系创新［J］. 经济与管理评论，2014（5）：89-94.

［37］李志鹏. 中国建设自由贸易园区内涵和发展模式探索［J］. 国际贸易，2013（7）：6-9.

［38］李忠. 在上海自贸区发行“丝路债券”初探——基于人民币国际化的视角［J］. 证券市场导报，2015（12）：53-59.

［39］李思敏. 自由贸易港金融开放创新：海南探索与广东借鉴［J］. 南方金融，2020（6）：3-10.

［40］廖凡. 跨境金融监管合作：现状、问题和法制出路［J］. 政治与法律，2018（12）：2-11.

［41］林晓伟，李非. 福建自贸区建设现状及战略思考［J］. 国际贸易，2015（1）：13-16+37.

［42］蔺捷. 自贸区战略下我国金融规制体系建构和路径初探［J］. 学术研究，2016（3）：78-82+183.

［43］凌一文. 自贸区建设面临的瓶颈及进路［J］. 新疆师范大学学报（哲学社会科学版），2018，39（6）：147-152.

［44］刘秉镰，王钺. 自贸区对区域创新能力的影响效应研究——来自上海自由贸易试验区准实验的证据［J］. 经济与管理研究，2018（9）：66-75.

[45] 刘贺. 从自贸区扩容看我国区域经济均衡发展路径 [J]. 经济问题探索，2018 (2)：71-78.

[46] 刘家骅. 河南自贸区建设发展研究 [D]. 广西民族大学硕士学位论文，2019.

[47] 刘明显，莫洪兰. 基于 AHP 方法的中国—东盟自贸区金融生态环境影响因素分析 [J]. 当代经济，2015 (35)：147-149.

[48] 刘轶锴. 上海自贸区金融创新与开放研究 [D]. 浙江大学硕士学位论文，2015.

[49] 刘宇，张亚雄. 欧盟—韩国自贸区对我国经济和贸易的影响——基于动态 GTAP 模型 [J]. 国际贸易问题，2011 (11)：108-117.

[50] 罗素梅，周光友. 上海自贸区金融开放、资本流动与利率市场化 [J]. 上海经济研究，2015 (1)：31-38.

[51] 欧阳卫民. 自贸区金融改革创新：目标、思路和对策 [J]. 南方金融，2016 (3)：5-8.

[52] 彭羽，陈争辉. 中国（上海）自由贸易试验区投资贸易便利化评价指标体系研究 [J]. 国际经贸探索，2014 (10)：64-76.

[53] 屈宝林，余良乾，杨扬. 广西沿边金融综合改革试验区跨境人民币贷款业务研究 [J]. 区域金融研究，2015 (10)：39-44.

[54] 任再萍，田思婷，施楠. 自贸区成立对其区位优势与协同互补性的影响研究：基于 Dendrinos-Sonis 模型的实证分析 [J]. 中国软科学，2016 (11)：180-188.

[55] 邵学峰，任春杨. 国外自贸区外商投资准入制度实践经验及启示 [J]. 中州学刊，2016 (9)：29-33.

[56] 邵学峰，任春杨. 中国自由贸易区外商投资事中事后监管制度优化研究——基于新制度经济学理论视角 [J]. 经济纵横，2016 (11)：44-48.

[57] 沈国明. 法治创新：建设上海自贸区的基础要求 [J]. 东方法学，2013 (6)：126-131.

[58] 沈伟. 自贸区金融创新：实践、障碍及前景——以上海自贸区金融创新立法为切入点 [J]. 厦门大学学报（哲学社会科学版），2017 (5)：43-51.

[59] 盛斌. 中国自由贸易试验区的评估与展望 [J]. 国际贸易，2017 (6)：9-15.

[60] 宋旭晨. 上海自贸区金融自由化模式研究 [D]. 大连海事大学硕士学位论文，2014.

［61］孙久文，唐泽地. 我国内陆沿边地区建设自贸区的路径探讨［J］. 上海经济研究，2016（10）：102-109+117.

［62］孙萌，宾建成. 上海自贸区绿色金融发展的对策探讨［J］. 经济论坛，2018（1）：37-40.

［63］唐健飞. 中国（上海）自贸区政府管理模式的创新及法治对策［J］. 国际贸易，2014（4）：29-34.

［64］王爱俭，方云龙，于博. 中国自由贸易试验区建设与区域经济增长：传导路径与动力机制比较［J］. 财贸经济，2020（8）：129-146.

［65］王冠凤，郭羽诞. 上海自贸区贸易便利化和贸易自由化研究［J］. 现代经济探讨，2014（2）：30-34.

［66］王冠凤. 上海自由贸易试验区金融服务贸易自由化研究［J］. 经济体制改革，2015（1）：159-164.

［67］王利辉，刘志红. 上海自贸区对地区经济的影响效应研究——基于“反事实”思维视角［J］. 国际贸易问题，2017（2）：5-17.

［68］王淑云. 空港型自由贸易区建设及金融发展的经验与启示［J］. 青海金融，2016（12）：46-49.

［69］王孝松，张国旺，周爱农. 上海自贸区的运行基础、比较分析与发展前景［J］. 经济与管理研究，2014（7）：54-66.

［70］武剑. 中国（上海）自贸区金融改革展望［J］. 新金融，2013（11）：12-15.

［71］项后军，何康，于洋. 自贸区设立、贸易发展与资本流动——基于上海自贸区的研究［J］. 金融研究，2016（10）：52-67.

［72］项后军，何康. 自贸区的影响与资本流动——以上海为例的自然实验研究［J］. 国际贸易问题，2016（8）：5-17.

［73］谢宝剑，杨娇，钟韵. 中国（上海）自由贸易试验区金融创新对区内企业的影响机理分析［J］. 亚太经济，2016（2）：123-129.

［74］徐明强，董大海，常百舒. 中国自贸区发展水平评价研究［J］. 统计与信息论坛，2020（6）：106-115.

［75］徐明强，董大海. 中国自贸区营商环境的构成维度及影响因素研究［J］. 管理案例研究与评论，2020（4）：96-111.

［76］阳建勋. 论自贸区金融创新与金融监管的互动及其法治保障——以福建自贸区为例［J］. 经济体制改革，2017（1）：52-58.

［77］杨大伟，孟丽. 浅析自贸区入驻企业的法律风险及监管对策［J］. 中国

商论，2019（21）：235-236.

［78］杨海坤．中国（上海）自由贸易试验区负面清单的解读及其推广［J］．江淮论坛，2014（3）：7-13.

［79］杨振华，肖军．自贸区建设背景下区域产业供应链发展优化路径［J］．商业经济研究，2021（9）：178-180.

［80］殷华，高维和．自由贸易试验区产生了“制度红利”效应吗？——来自上海自贸区的证据［J］．财经研究，2017（2）：50-61.

［81］袁杜娟．上海自贸区仲裁纠纷解决机制的探索与创新［J］．法学，2014（9）：30-36.

［82］原瑞玲，田志宏．中国—东盟自贸区农产品贸易效应的实证研究［J］．国际经贸探索，2014（4）：66-75.

［83］张帆，姜亚坤．关于中国建设自由贸易园区内涵和发展模式的分析与探索［J］．中国管理信息化，2017（14）：120-121.

［84］张军，闫东升，冯宗宪，李诚．自贸区设立能够有效促进经济增长吗？——基于双重差分方法的动态视角研究［J］．经济问题探索，2018（11）：129-137.

［85］张明，郭子睿．上海自贸区：进展、内涵与挑战［J］．金融与经济，2013（12）：21-24.

［86］张绍乐．自贸区综合发展水平影响因素评价研究［J］．区域经济评论，2017（6）：118-126.

［87］张伟，杨文硕．上海自贸区金融开放的定位与路径分析——兼与香港自由港金融演进路径比较［J］．商业研究，2014（1）：138-142.

［88］张幼文．自贸区试验的创新功能与中国发展战略的转型升级［J］．江海学刊，2017（1）：70-71.

［89］张幼文．自贸区试验的战略内涵与理论意义［J］．世界经济研究，2016（7）：5-14+52+137.

［90］赵亮，陈淑梅．经济增长的“自贸区驱动”——基于中韩自贸区、中日韩自贸区与 RCEP 的比较研究［J］．经济评论，2015（1）：94-104.

［91］郑豫晓，勾京成，王淑云，张欣．自贸区建设及其金融发展问题研究——基于郑州航空港经济综合实验区视角［J］．金融理论与实践，2015（5）：27-33.

［92］周汉民．我国四大自贸区的共性分析、战略定位和政策建议［J］．国际商务研究，2015，36（4）：38-48.

［93］周小川. 区域金融生态环境建设与地方融资的关系［J］. 中国金融，2009（16）：8-9.

［94］朱煜. 国内外自贸区评价比较研究［J］. 现代商业，2021（28）：11-13.

［95］Frank M Z, Goyal V K. Testing the pecking order theory of capital structure［J］. Journal of Financial Economics, 2003, 67（2）：217-248.

［96］Seifert B, Gonenc H. The international evidence on the pecking order hypothesis［J］. Journal of Multinational Financial Management, 2008, 18（3）：244-260.